王鼎鈞著

關山奪路

——王鼎鈞回憶錄四部曲之三

編輯前言

用青春走出一段青史

一部回憶錄，原是由一個人親身經歷的點點滴滴積累而成，屬於個人的人生精華。然而如果一個人的生命曾走過時代裂隙，經歷戰爭的斲痕，同時目睹了社會文化變遷的履跡，這樣的回憶錄，還是僅僅屬於個人的嗎？鼎公在回憶錄四部曲當中，以素雅的文字梳整自己童年至中年的生命歷程，訴說他對文學的追求和堅持，並且呈現個人成長的苦悶與時代的翻騰離亂。

從《昨天的雲》開始，戰爭的嗡響猶如遠方的隱雷，鼎公雖然因為世局的不安而失學，卻也因此意外獲致文學的啟蒙。及至《怒目少年》，戰亂已逐漸具象成眼前的疾病、饑餓、勞苦與死亡，在更切身的動盪中，他的文學靈魂首次舒展雙翼，與寫作結下不解之緣。

到了《關山奪路》，戰爭全面催折了人們的肉體和心靈，撕裂所有人據以安身立命的價值、情感、空間和土地，鼎公也從此展開往後數十載「兩世為人」、流離天涯的歲月。而在《文學江湖》裡，儘管戰火的硝煙逐漸遠去，日子卻仍時時刻刻陰翳著生存的艱難，文學在這時候帶給他安定的生活，也為他開啟一扇扇的窗，看盡文壇、媒體的紛紛擾擾，還有威權的鬆動瓦解。

這是鼎公的人生，同時也是一部波瀾壯闊的現代史詩。在他個人的磨難中，鏡射出時代的動盪裂變；而在遍地烽火的時空氛圍裡，品味得到他的人性思索與感觸，他和這段歷史互為表裡，幾乎可以說兩者合一不分。誠然，生遇那樣的年代並不是出自鼎公的意願，動亂的歲月在他身心留下印記。但他總是留心張望著，用心牢記著，用力書寫著，以自己的青春結實地履踏過這段崎嶇的歷史，最終保存了一整個時代的回音。

印刻文學非常榮幸能夠出版「王鼎鈞回憶錄四部曲」，期望藉由鼎公這部磅礴巨著，為近代華人離散記憶和戰後初期的台灣文學發展，留下一個擲地有聲的註腳。

代序

寫在《關山奪路》出版以後

最近，我和作家朋友有一次對話。他說：咱們這麼大年紀了，還寫個甚麼勁兒呢！我說：我們是幹甚麼的，我們不是要為社會為讀者寫東西嗎？他說：現代人寫回憶錄時興別人替你執筆啊。我說：我是廚子，我請客當然親手做菜。你已寫過很多了！是的，我已經寫過不少，可是我總是覺得不夠好，總希望寫出更好的來。你現在寫的夠好嗎？我不知道，我聽說「從地窖裡拿出來的酒，最後拿出來的是最好的」。

回憶錄第一冊《昨天的雲》，寫我的故鄉、家庭和抗戰初期的遭遇。第二冊《怒目少年》，寫抗戰時期到大後方做流亡學生，那是對我很重要的鍛鍊。第三冊《關山奪路》，寫國共內戰時期奔馳六千七百公里的坎坷。以後我還要寫第四本，寫我在台灣看到甚麼，學到甚麼，付出甚麼。我要用這四本書顯示我那一代中國人的因果糾結，生死流轉。

對日抗戰時期。我曾經在日本軍隊的佔領區生活，也在抗戰的大後方生活。內戰時期，我參加國軍，看見國民黨的巔峰狀態，也看見共產黨的全面勝利，我做過俘虜，進過解放區。抗戰時期，我受國民黨的戰時教育，受專制思想的洗禮，後來到台灣，在時代潮流沖刷之下，我又在民主自由的思想裡解構，經過大寒大熱，大破大立。這些年，咱們中國一再分成兩半，日本軍一半，抗日軍一半；國民黨一半，共產黨一半；專制思想一半，自由思想一半；傳統一半，西化一半；農業社會一半，商業社會一半；由這一半到那一半，或者由那一半到這一半。有人只看見一半，我親眼看見兩半，我的經歷很完整，我想上天把我留到現在，就是教我作個見證。

今天拿出來的第三本回憶錄《關山奪路》，寫我經歷的國共內戰。這一段時間大環境變化多，挑戰強，我也進入青年時代，領受的能力也大，感應特別豐富。初稿寫了三十多萬字，太厚了，存二十四萬字，仍然是三本之中篇幅最多的一本。

國共內戰，依照國民政府的說法，打了三年，依中國共產黨的說法，打了四年，內戰從哪一天開始算起，他們的說法不同。內戰有三個最重要的戰役，其中兩個：遼瀋、平津，我在數難逃，最後南京不守，上海撤退，我也觸及靈魂。戰爭給作家一種豐富，寫作的材料像一座山坍下來，作家搬石頭蓋自己的房子，搬不完，用不完。內戰、抗戰永遠有人寫，一代一代寫不完，也永遠不嫌晚。

我們常說文學表現人生，我想：應該說文學表現精采的人生，人生充滿了枯燥、沉悶、單調，令人厭倦，不能做文學作品的素材。甚麼叫「精采的人生」？

第一是「對照」。比方說國共內戰有一段時間叫拉鋸戰，國軍忽然來了、又走了。共軍忽然走了、又來了，像走馬燈。在拉鋸的地區，一個村子有兩個村長，一個村長應付國軍，一個村長接待共軍。一個小學有兩套教材，國軍來了用這一套，共軍來了用那一套。一個鄉公所辦公室有兩張照片，一張蔣先生，一張毛先生，國軍來了掛這一張，共軍來了掛那一張。有些鄉鎮拉鋸拉得太快，拉得次數太頻繁，鄉長就做一個畫框，正反兩面兩幅人像，一邊毛先生，一邊蔣先生，掛在辦公室裡，隨時可以翻過來。這都是對照，都很精采。

第二是「危機」。比方說，解放軍攻天津的時候，我在天津，我是國軍後勤單位的一個下級軍官，我們十幾個人住在一家大樓的地下室裡。一九四九年一月十五日早晨，解放軍攻進天津市，我們躺在地下室裡，不敢亂說亂動，只聽見梯口有人喊「出來！出來！交槍不殺！」接著咚咚咚一個手榴彈從階梯上滾下來。我們躺在地板上睡成一排，我的位置最接近出口，手榴彈碰到我的大腿停住，我全身僵硬麻木，不能思想。我一手握住手榴彈，感覺手臂像燒透了的一根鐵，通紅，手榴彈有點軟。叨天之幸，這顆手榴彈冷冷的停在那兒沒有任何變化。那時共軍用土法製造手榴彈，平均每四顆中有一顆啞火，我們有百分之二十五的機會，大概我們中間有個人福大命大，我們都沾了他的光。這就是危機，很精采。如果手榴彈爆炸了，就不精采了，如果沒有這顆手榴彈，也不夠精采，叨天之幸，有手榴彈，沒爆炸，精采！

第三是「衝突」。比方說，平津戰役結束，我在解放區穿國軍軍服，這身衣服跟環境衝突，當然處處不方便，發生了一些事情，今天想起來很精采。後來由於一次精采的遭遇，我又穿解放軍的衣服進入國軍的地盤，我的衣服又跟環境衝突，又發生了一些精采的事情。衝突會產生精采。

在《關山奪路》這本書裡，對照、危機、衝突各自延長，互相糾纏，滾動前進。楊萬里有一首詩：「萬山不許一溪奔」，結果是「堂堂溪水出前村」。我們家鄉有句俗話：「水要走路，山擋不住。」我還聽到過一首歌：「左邊一座山，右邊一座山，一條河流過兩座山中間。左邊碰壁彎一彎，右邊碰壁彎一彎，不到黃河心不甘。」國共好比兩座山，我好比一條小河，關山奪路、曲曲折折走出來，這就是精采的人生。

由第二冊回憶錄到第三冊，中間隔了十三年，這是因為：

國共內戰的題材怎麼寫，這邊有這邊的口徑，那邊有那邊的樣板，我沒有能力符合他們的標準，只能寫我自己的生活、我自己的思想，我應該沒有政治立場，沒有階級立場，沒有得失恩怨的個人立場，我入乎其中，出乎其外，居乎其上，一覽眾山小。而且我應該有我自己的語言，我不必第一千個用花比美女。如果辦不到，我不寫。

我以前從未拿這一段遭遇寫文章。當有權有位的人對文學充滿了希望、對作家充滿了期待的時候，我這本書沒法寫，直到他們對文學灰心了，把作家看透了，認為你成事固然不足，敗事也不可能，他瞧不起你了，他讓你自生自滅了，這時候文學才是你的，你才可以做一個真正的作家。

戰爭年代的經驗太痛苦，我不願意寫成控訴、吶喊而已，控訴、吶喊、絕望、痛恨，不能發現人生的精采。憤怒出詩人，但是詩人未必一定要出憤怒，他要把憤怒、傷心、悔恨蒸餾了，昇華了，人生的精采才呈現出來，生活原材變成文學素材。如果我辦不到，我也不寫。可敬可愛的同行們！請聽我一句話：讀者不是我們訴苦伸冤的對象，讀者不能為了我們做七俠五義，讀者不是來替我們承受壓力。拿讀者當垃圾桶的時代過去了，拿讀者當出氣筒的時代過去了，拿讀者當啦啦隊的時代過去了，拿讀者當弱勢團體任意擺布的時代也過去了！讀者不能只聽見喊叫，他要聽見唱歌。讀者不能只看見血淚，他要看血淚化成的明珠，至少他得看見染成的杜鵑花。心胸大的人看見明珠，可以把程序反過來倒推回去，發現你的血淚，心胸小的人你就讓他賞心悅目自得其樂。我以前做不到，所以一直不寫，為了雕這塊璞，我磨了十三年的刀。

多少人都寫自傳，因為人最關心他自己；可是大部分讀者並不愛看別人的自傳，因為讀者最關心的也是他自己，所以這年代，人了解別人很困難。我寫回憶錄在這個矛盾中奮鬥，我不是寫自己，我沒有那麼重要，我是借自己的受想行識反映一代眾生的存在。我希望讀者能了解、能關心那個時代，那是中國人最重要的集體經驗。所以我這四本書不叫自傳，叫回憶錄。有些年輕朋友說，他的父親或者祖父那一代到底發生了甚麼事，他知道的太少，所以對父親祖父的了解也很少，他讀了這本書多知道一些事情，進一步了解老人家。他太可愛了！

國共內戰造成中國五千年未有之變局。我希望讀者由我認識這個變局。可能嗎？我本來學習寫小說、沒有學會，小說家有一項專長：「由有限中見無限」，他們的這一手我學到了幾分。當初我在台灣學習寫作的時候，英國歷史家湯因比的學說介紹到台灣，他說歷史事件太多，歷史方法處理不完，用科學方法處理；科學的方法仍然處理不完，那就由藝術家處理。他說藝術家的方法是使用「符號」。照他的說法，文學作品並不是小道，藝術作品也不是雕蟲小技，我一直思考他說的話。

我發現，凡是「精采」的事件都有「符號」的功能，「一粒砂見世界，一朵花見天國」，那粒砂是精采的砂，那朵花是精采的花。我本來不相信這句話，詩人幫助我，一位詩人顛覆莊子的話作了一首詩，他說「我把船藏在山洞裡，把地球藏在船上。」還有一位詩人寫〈下午茶〉，他說下午在茶裡。牧師也幫助我，「一粒麥子，落在地裡死了，就結出許多子粒來。」法師也幫助我，他說「納須彌於芥子」。四年內戰，發生多少事情，每一天都可以寫成一本書，每一個小時都可以寫成一本書，我用符號來處理，我寫成一本書。

中國人看國共內戰，這裡那裡都有意見領袖，這本書那本書都有不同的說法。我寫第一冊回憶錄《昨天的雲》盡量避免議論，維持一個混沌未鑿的少年。寫第二本《怒目少年》，我忍不住了，我用幾十年後的眼睛分析四十多年以前的世界。現在這本《關山奪路》，我又希望和以前兩本不同，我的興趣是敘述事實，由讀者自己產生意見，如果讀者們見仁見智，如果讀者們橫看成嶺、側看成峰，我也很高興。

除了跟自己不同，我也希望跟別人不完全相同，有許多現象，別人沒寫下來，有許多看法，以前沒人提示過，有些內容跟人家差不多，我有我的表達方式。我再表白一次，我不能說跟別人完全一樣的話，我是基督徒，我曾經報告我的牧師，請他包容我，一個作家，他說話如果跟別人完全相同，這個作家就死了！做好作家和做好基督徒有矛盾，好基督徒要說跟牧師一樣的話，說跟教友一樣的話，作家不然，我的同行因此付出多少代價，大家衣帶漸寬終不悔。今日何日，為甚麼還要勉強做學舌的鸚鵡？為名？為利？為情？為義？還是因為不爭氣？

我的可敬可愛的同行們！「自古文人少同心」，我說的話應該跟你不一樣，你說的話也應該跟我不一樣。東風吹，戰鼓擂，今天世界上誰怕誰！一個人說話怎麼總是跟別人不一樣？這樣的人很難做好教徒，能不能做好僱員？好朋友？好黨員？可憐的作家！他只有一條路，就是做好作家，他是一個浮士德，把靈魂押給了文學。

文學藝術標榜真善美，各位大概還記得、有一首歌叫〈真善美〉，周璇唱過，咱們別因為它是流行歌曲就看輕了它，寫歌詞的人還真是個行家：

真善美，真善美，他們的代價是腦髓，是心血，是眼淚。……是瘋狂，是沉醉，是憔悴。……多少因循，多少苦悶，多少徘徊，換幾個真善美。多少犧牲，多少埋沒，多少殘毀，贍幾個真善美。……真善美，欣賞的有誰，愛好的有誰，需要的又有誰……

這首歌唱的簡直就是一部藝術史！內戰四年，千萬顆人頭落地，千萬個家庭生離死別，海內海外也沒產生幾本真正的文學作品。我個人千思萬想，千方百計，千辛萬苦，千難萬難，顧不了學業，顧不了愛情，顧不了成仁取義、禮義廉恥。看見多少瘋狂，多少憔悴，多少犧牲，多少殘毀。我有千言萬語，欲休還說。我是後死者，我是耶和華從爐灶裡抽出來的一根柴，這根柴不能變成朽木，雕蟲也好，雕龍也好。我總得雕出一個玩藝兒來。……我也不知道「欣賞的有誰，愛好的有誰，需要的有誰」。一本書出版以後有它自己的命運，自己的因緣。

最後我說個比喻，明珠是在蚌的身體裡頭結成的，但是明珠並不是蚌的私人收藏，回憶錄是我對今生今世的交代，是我對國家社會的回饋，我來了，我看見了，我也說出來了！

（在《關山奪路》新書發表會上講話，二〇〇六年七月，紐約）

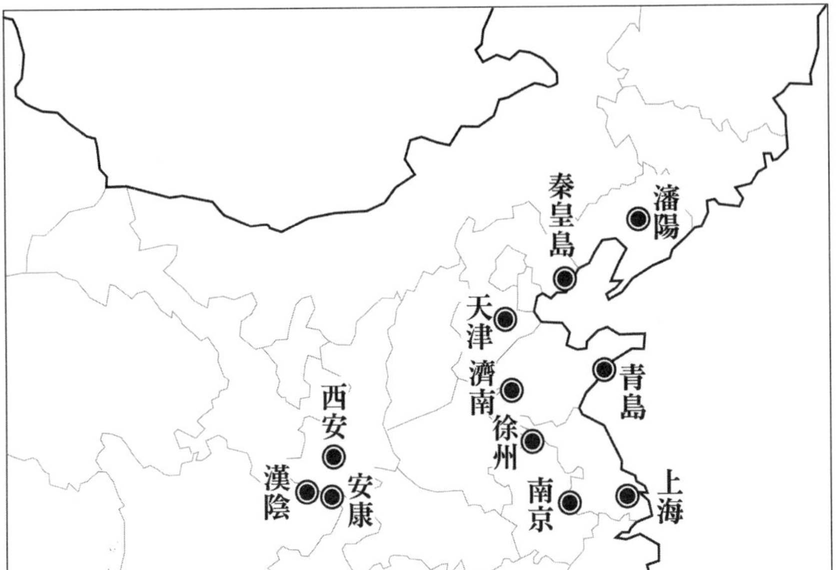

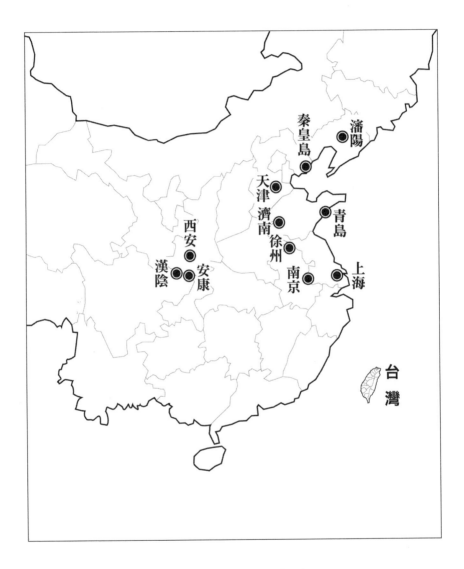

王鼎鈞關山奪路略圖

目錄

竹林裡的決定，離開漢陰

父親曾經告訴我，民國元年，他剪掉辮子，那年他二十歲。照此推算，一九四五年抗戰勝利，他五十四歲。可是依台灣的戶籍紀錄，他老人家要小四歲。我的年齡也不準確，我家的戶口資料全亂了，那年代，多少「外省人」的戶口資料都錯了、亂了。

當年中國大陸戶政不上軌道，多少人沒有身分證明，內戰中逃到台灣，台灣地方政府特准他們自行申報有關資料，申報人可能說錯，台灣的戶籍管理員的漢文程度不高，可能寫錯，戶籍員守法的精神令「外省人」大吃一驚，資料一經入檔，任何有權勢的人不能更改，除非提出「原始證件」。大家領到身分證，有人一看，他的名字是中文大字典裡沒有的字，有人一看，他的籍貫是中國地理沒有的地方，他只有承認那是他的名字，那是他的家鄉。國民黨一位中央常委、蔣介石總統的文膽，新聞界稱他為「頭號公民」，他為了更正他父親的名字，「兩把刀打到底」，奮鬥了許多年，也不知道他到底成功了沒有。

一九四五年八月抗戰勝利，日本投降，我剛剛讀完初中最後一個學期。我是個流亡學生，我們的學校叫國立第二十二中學，山東名將李仙洲創辦。學校原來設在安徽北部的阜陽，後來遷往陝西南部的漢陰，四面都是重重疊疊的大山。抗戰時期，山區比平地安全，老校長李仙洲尋找校址，入山惟恐不深，有人戲稱這地方是「李仙洲的保險箱」。

我們天天盼望勝利，歌頌勝利，想不到勝利並非戰爭結束，而是另一場大戰開始。為了回憶那一段慌亂迷惑的日子，我複查台北中央研究院編的大事記，日本一聲投降，蘇聯紅軍佔領了中國的東北三省，共軍搶先一步進入東北，佔領瀋陽，成立東北局。國民政府派熊式輝為東北行營主任，飛往長春接收，受到蘇聯的阻撓。美國軍艦替國民政府運兵，把五十二軍、五十三軍運到河北省秦皇島，準備出關。這是一九四五年九月、十月發生的事情。那時候，我還不知道東北和我的命運有重大關係。

我的注意力放在華北，尤其是山東。那時，共軍攻打山東滕縣、博山、黃縣、曲阜、鉅野、禹城、無棣，新四軍佔領我的家鄉臨沂。河北方面，共軍攻長垣、衡水、磁縣、遷安。山西方面，共軍攻屯留、長子、長治。河南方面，共軍攻開封、新鄉、安陽、修武。江蘇方面，共軍攻淮安、高郵。由八月半到十月底，僅僅兩個多月，居然發生了這麼多意外，給我們這些流亡青年造成極大震撼。

為了營造和平，美國駐華大使赫爾利從中撮合，中共主席毛澤東飛到重慶、和國民政府主席蔣介石會談，留下一份「會談紀要」，中共稱為雙十協定，但協而未定，局勢並未改善，各地的軍事衝突繼續增加。十月底，第十一戰區司令長官孫連仲率國軍北上接收，行軍至河北磁縣境內遭共軍伏擊，軍長高樹勛率部投共，他是國軍第一個起義投共的軍長；副總司令馬法武被俘，開國軍一連串總司令被俘之先河。

我特別閱讀了山東人民出版社一九九一年出版的《中共魯南區黨史大事記》，卷首有三幅地圖，第一幅地圖顯示，一九四〇年、也就是抗戰第三年，中共根據地大約佔魯南面積的百分之十五，日軍大約佔百分之三十，國軍大約佔百分之二十，還有大約百分之三十到四十的地方群雄爭逐，來去飄忽。第二幅地圖顯示，一九四三年日軍發動大規模的掃蕩之後，共軍的地盤縮小到百分之十以下，國軍的地盤縮小到百分之二十以下，日軍控制的面積擴充到百分之七十以上。第三幅地圖顯示，一九四五年十月、抗戰勝利之後，日軍收縮集中，只控制了津浦、隴海兩條鐵路沿線，國軍全無蹤影，百分之九十的面積全成解放區。

我的家鄉、山東省臨沂縣蘭陵鎮，本由日軍佔領，屬於淪陷區。抗戰勝利，日軍撤往棗莊集中，共軍接管蘭陵，成為解放區。國軍由江蘇徐州北上接收，進佔魯南各地，蘭陵又成為收復區。國軍只能留下小部隊據守，共軍又回來把他們趕出去。蘭陵一帶忽而收復，忽而解放，當時叫做「拉鋸」的地區。國軍來了，親共的居民要逃走，共軍來了，地主、知識份子要逃走。「軍事衝突」產生新的戰區，「拉鋸」製造新的難民，「復員」可能使我們無書可讀，無家可歸，政府一再告誡「復員不是復原」，我們的痛苦卻是「復員不能復原」。

「復員不能復原」，家中沒有信來，家人可能失去通信的自由，我們也不敢寫信回家。父親曾經託一位「傳教士」帶了個口訊給我，教我「不要回家」，此外不多說一個字，也不寫一個字，父親為人十分謹慎，這是他一貫作風。我無法知道詳情，只能猜想。日本宣布投降時，山東沒有國軍，受國民政府遙控的游擊隊，多半被共軍兼併或殲滅，魯南各地駐留的日軍向棗莊集中，故鄉蘭陵大概立即解放了，我既然不能回去，家人恐怕也不能留下。

我有一位表姐在校本部讀書，她的母親是我的五姨母。五姨母是個優秀的基督徒，能登台證道，姨夫精通中醫。表姐告訴我，她們全家逃到外地，分成兩半謀生，姨母帶著小表妹雲遊佈道，姨丈帶著大表哥到徐州鄉下掛牌行醫。我和表姐的家庭背景相同，她家既然必須流亡，我家當然無法安居。

漢陰多竹，竹竿比碗口粗，鄉下人蓋屋，可以用竹做樑做柱。竹林裡蔭涼，乾淨，隱祕，我常常躲在裡面思索未來。那時候，國軍雲集徐州，準備北進收復山東，蘭陵是兵家必「經」之地。我特別為母親憂慮，她裹著小腳，有嚴重的胃病，怎麼能再出來逃一次難？我父親五十四歲了，他是一個守舊的鄉紳，沒有應變的彈性。我的妹妹十二歲，弟弟十歲（也許只有九歲），都還沒有成年。一九四二年我黎明辭家的那一幕湧上心頭，父親母親都要我接替他們負起責任，我是長子，在那年代，這是長子的命運。

我還能在這裡繼續讀書嗎？對我來說，坐在課堂裡為七年以後的生活作準備，已是一種罪惡。流亡讀書本來很苦，睡在跳蚤窩裡，雪花從破窗飄進來，落在臉上，圍著破棉被發抖，米飯冰冷，帶著稻殼、碎石子和老鼠屎。但是時候來到，我忽然覺得這樣已是非份的享受，我怎麼還能幻想去讀大學？鄉中父老常說，人要大學畢業才算是讀書人，文憑即階級，大學畢業後的職位待遇，都比中學畢業生高出很多，人事環境、社會關係和發展的機會，也都在另一個層次上。可是、等我讀完大學，父母可能飢寒交迫而死，妹妹弟弟可能失散淪落，那時我捧著大學的文憑，又如何立於天地之間？從前的人家為父母辦喪事，以「訃聞」通知親友，照例說做兒子的「罪不自殞、禍延顯考」，這樣的文句受盡新文學家的恥笑，認為是沒有意義的陳套。那天我忽然有新的了解，「罪不自殞」就是自己不肯犧牲，「禍延顯考」就是反而犧牲了父母。

我需要職業，我要賺錢貼補家用，我得離開陝西到山東周邊的地帶謀生，就近支持家庭，至少、縮短距離可以使他們得到精神上的支持，他們大概已經成為難民，在山東周邊地區打轉。可是我能做甚麼呢？我怎樣離開陝西呢？老校長李仙洲沒有參加山東的接收工作，反而要在重慶受訓，他既然喪失了權位，二十二中怎能遷回山東？那時除了二十二中以外，山東人在安徽還有七所學校，在四川也有一所學校，誰能遷回去，誰不能遷回去，也成了戰後分配政治利益的一個項目。

學校不能回去，我必須回去。那時我離山東三千華里。抗戰發生以後，國民政府治下有三千萬人遷往內地，僅學校和訓練機構就有兩百零八個單位，教職員兩萬五千人，學生三十萬人。人人都想東歸，八年蓄積的人力一瀉而東，新聞報導，百萬人等候上路。那時交通非常困難，交通部特派員到芷江等飛機，他要到收復區去接收，商人、美國人都有位子，他沒有，他和空運機構爭執，交通部反而撤銷了他的差事。公務機關包一條船走長江水路，軍人強徵輪船，把船上的文官和眷屬趕上岸去，荒郊野外，任強盜劫掠一空。四川國立女子師範學校罷課，要求遷回南京，結果是教育部下令解散。

我一定得回去，我想，高爾基十一歲就獨立生活，傑克・倫敦十一歲賺錢養家，張恨水十七歲負擔大家庭的生計，我這年已經十九歲了，我總得匯點錢回家，哪怕是一塊錢，有時候對他們也很重要。我也有過慷慨大志，可是我急速縮小。回去，總應該有一條路。那時，我認為人生在一場大霧之中，四顧茫茫，但是，如果你往前走，路就在腳下，你一步一步走，路一尺一尺延長。

那時，「人生觀」是個時髦的名詞，主流思想強調「革命的人生觀」，輕視私情。我常常覺得「家」就是「枷」，耶穌說，天國裡不嫁不娶，那時我的解釋是，正因為如此，所以天國裡的人快樂。我抬起頭來從竹叢的空隙看青天，立志獨身。後來我的「獨身主義」不斷加強，一直維持到一九六三年。

那時局勢混亂，我們短期的流亡可能變成長期的漂泊，細心的女同學開始注意可以互相扶持的對象，我也曾接觸一些溫柔的目光，我從來不看她們。那時有一種說法，情愛是上帝放下來的誘餌，把我們領進責任的圈套，納入生生不已的大流，耗盡我們的生命。上帝設局騙人，他使年輕的女子都漂亮，使每一個女子都有一個男子夢寐以求。可是到了中年以後，女人的容貌越變越醜，個性的缺點也逐步擴大，她的丈夫只有忍耐適應。上帝使每一個嬰兒都非常可愛，誘惑天下父母甘願辛勤勞苦撫育兒女，孩子有了自己的思想和獨立的能力，就循序漸進去傷父母的心。

我在竹林裡獨自作成重要的決定。以前，我生命中的幾件大事，打游擊、做流亡學生，父母決定；西遷陝西，老校長李仙洲決定；放棄學業，我第一次對人生作出選擇並負責面對後果。我想，我能走出這一步，算是長大成人了！

那時，我常常作一個大致相同的夢，總是我在空中飛行，飛得很遠，但是怎麼也飛不高，一次又一次幾乎撞在屋脊上，我努力維持起碼的高度，飛得很辛苦，很辛苦，看看就要墜在地上，我醒了！滿身是汗。

同樣的夢境常常出現，不管怎樣，我還是飛。

現在，我讀詩人向明評詩的文章，他稱讚「一隻鳥在思考方向」。真的沒錯，我在竹林裡看見鳥，鳥站在樹上，頭部側向左邊又側向右邊，好像想飛、又拿不定主意飛到哪裡去。看見我從竹林裡走出來，牠飛了，不管朝哪裡飛，牠總不能永遠停在這裡。

憲兵連長以國家之名行騙

國立第二十二中學第二分校設在漢陰縣的蒲溪鎮，這裡也是世局的一個小舞台。抗戰勝利了，新戲碼帶來新演員，第一個登場的是個「騙子」。

這個人姓吳，是憲兵第十四團的一個連長，那時憲兵十四團駐在陝西，派人出來招兵。

這天，學校的布告欄裡出現了這麼一張東西：

憲兵學校招考通告

許多同學圍著它看。這張通告只有幾十個字，與其說是看，不如說大家仰著臉在那裡幻想。軍人的專業教育，有步兵學校，砲兵學校，工兵學校，名氣很大，論層次都在黃埔軍校之上，「憲兵學校」這四個字排列在那裡，和它們等量齊觀，十分誘人。校中有十幾位教師，沒人告訴我們，不管步兵學校、砲兵學校，還是憲兵學校，都不是初中學生能夠投考的。

「憲兵學校」招考通告中說，報名地點在本校教務處，考試日期是隨到隨考，通告由吳連長以招考委員具名，他蓋了個私人名章。校中十幾位教師，沒人告訴我們，這樣的通告應該由憲兵學校校長署名，應該加蓋憲兵學校的大印。

這算甚麼人師！很久很久以後，我才能夠原諒他們。

陝西漢陰地區四面環山，資訊缺乏，我們都是井底之蛙，把這張不負責任的通告，當作遙遠的、光亮的一線天空。只聽得集合號響，全校學生到大操場聽吳連長演講。分校主任陪著他走上演講台，那時候叫司令台，講台後面豎著旗杆，旗杆頂上升著國旗。那天天氣很好，吳連長就在青天白日下面，在青天白日的國旗下面告訴我們，憲兵對外代表政府，對內代表國家，是領袖的禁衛軍，是革命的內層保障。

他說，憲兵上等兵的待遇比照普通部隊的少尉。憲兵是「法治之兵種」，地位崇高，見官大一級。他說憲兵服役三年以後，由司令部保送去讀大學。他很懂群眾心理和演講技巧，引得我們一次又一次熱烈鼓掌。

當年吳連長發表煽動性的演說，由分校主任陪同登台，這位主任不但先講話介紹，並始終在場靜聽。他的態度，使我們誤以為他對老吳的話完全認可，用今天流行的詞彙，叫做「背書」。以這位主任的經驗閱歷，當然知道憲兵學校是培養軍官的地方，吳連長只是招兵，並不是代表甚麼憲兵學校招考學生。他當然知道憲兵也只是一個兵，學制兵制，對他們沒有任何另眼相看之處。可是他沒露半句口風，他是分校主任，有責任保護學生，怎麼簡直像一個共犯？我也很久很久以後才能夠原諒他

後來我知道了，人生在世，臨到每一個緊要關頭，你都是孤軍哀兵。

回想起來，吳連長是個優秀的軍人，身材高挺，威武中有文雅，紮武裝帶，佩短劍，足蹬長筒馬靴，彬彬有禮。他帶著一個班長同來，兩人都穿黃呢軍服，這種衣料有個別名叫「將校呢」，這種服裝被人稱為「黃馬褂」。黃馬褂是清代皇帝賞賜給臣子的服裝，代表某些特權，平民見了滿心敬畏，吳連長說，現在中國是世界四強之一，憲兵一律穿這種軍服。戰勝國的憲兵，世界四強之一的憲兵，就要衣錦榮歸。那時我們哪裡知道，即便是他，一個連長，也是為了出來招兵，團部破格特許他穿這套軍服。

他說憲兵十四團就要離開陝西空運到北平（北京）接收，憲兵隊的旁邊，就是北大清華。老吳的預言博得更熱烈的掌聲。北平！也就是現在的北京，我們那一代對大都市有無限的嚮往，俗話說：「到北京放個屁，也給祖宗爭口氣！」什剎海，天安門，北京大學，全聚德烤鴨，全在名家的作品裡再三向我們閃耀著。那是既不可即又不可望的天宮，如今我們卻要去做主

人。

吳連長的演講成功，大家一窩蜂報名，李孔思，我至今思念的難友，袁自立，五十年來纏繞在一條激流裡的浮萍，都上了榜。你若問人生怎麼開始，鄉中父老說過一句話：小孩子是騙大的。李仙洲沒騙我們，所以我們還沒長大，李仙洲失勢了，沒法再照顧我們，我們在山坳裡等著挨騙。

許多年後，我百劫千難寄身紐約，美國有一家汽水公司大做廣告，消費者可以拿他家的汽水瓶的瓶蓋換獎品，誰能拿出三萬個瓶蓋，可以換一架飛機。真有一個人借了許多債，買了三萬瓶汽水，交出三萬個瓶蓋，汽水公司沒有飛機給他，他一狀告到法院。大家都判斷他一定贏，誰料法官的判決是：瓶蓋換飛機，「一望而知其為不可能的事」，法官反而怪原告不能欣賞汽水廣告的「幽默」。我立刻想起老吳的幽默來，他說了那麼多「一望而知其為不可能的事」，可是我們不懂欣賞，信以為真。

四十年後，我有幸和幾位舊友通信，大家慨歎自己當年無知。騙局總是針對著人的貪念作出設計，我們妄想佔盡天下便宜，活該報應，可是政府行騙，政府縱容默許行騙，總不成體統。可憐我們懂得甚麼，書本教我們相信政府，相信長官，相信現有的制度。我們還沒學會懷疑。多年後，我從英文教科書裡看見一句話「Too good to believe.」（說得太好不可相信。）

林語堂並沒有把這句話收進他編的教本，我們沒有讀過。羅蘭夫人說：「沒有誘惑，生活是沒有眼睛的。」我們有誘惑，沒眼睛。

據黎東方教授寫的《蔣介石序傳》，當年蔣氏由廣東出師北伐，對官兵提出承諾，北伐勝利全國統一之後，凡是參與北伐的官兵，都可以得到一份田地。黎東方很委婉的說，北伐成功以後，蔣氏左右的幕僚忘記提醒他們的領袖，以致授田並未實行。換言之，授田乃是虛諾。

後來才知道，抗戰八年，軍事第一，國民政府開出多少空頭支票！各地軍政當局從未因為欺騙人民受到處罰，即使是嚴重的陷害。我們總算幸運，沒有受害，也正因為太幸運，不知道防範。抗戰雖然勝利了，國民政府還得準備內戰，網羅依然張開。如何使騙術得逞，考驗吳連長的才能，也關乎他的榮辱窮通。他的快樂要建築在別人的痛苦上。

你如果行騙，必定騙最相信你的人，騙一向朝夕共處的人，騙曾經傾心吐膽的人。有一個人欺騙他的朋友，受騙者抗議：「我們是朋友，你怎麼可以騙我？」他得到的回答是：「正因為是朋友，我才騙得到你。」這是定律，政府也得受它支配。所以公務員、軍人、青年學子受害最大。政府只好打擊擁護他的人，削弱他的基礎，飢不擇食，蜻蜓咬尾巴，自己吃自己。

我後來知道，騙子得手以後逃走了，消失了，他再也不會和你共同相處，你沒有機會追究報復，可是「國家」不同，國家無計可逃，無處可藏，他永遠面對被騙的人，還等著被騙的人對他效忠，為他犧牲。種種昨日，「國家」大而化之，難得糊塗，被騙的老百姓可是刻骨難忘哪！到了關鍵時刻，這些人若是士兵，只要每次戰鬥每個人少放一槍，敵人就脫逃了；若是公務員，只要每個人每天積壓一件公文，民怨就增加了；街談巷議，只要每個人傳播一句流言，民心就渙散了。這也是你應得的懲罰。

也許政治人物命中註定要說謊，拿破崙承認，他在公眾之前沒說一句老實話。抗戰八年，每一個相信國家許諾的人都受了傷，都正在護理謊言重創後的心靈，而中共新興乍起，猶能以遙遠的理想鑄造鋼鐵騎士！我寫這篇文章的時候，美籍華人小說家哈金的《戰爭垃圾》（*War Trash*）出版，描寫「韓戰」後的劫餘人物，哈金對我說，他喜歡人家把這本小說的名字譯成《戰廢品》。中國對日抗戰製造大量廢品，但中共養精蓄銳，國共內戰可說是廢品對新品的戰爭。

那年代，這裡那裡，高尚的理想都短命，「什麼都是假的，只有騙子是真的。」我寫這篇文章的時候，這句「格言」正在中國大陸十二億人民中間流行。

我算是個「思而後行」的人，也還算有一點理想，那時吳連長住在學校附近的農家，我特別去見他，問他：憲兵十四團以河北為駐地，是否已經定案？他的回答斬釘截鐵：精銳部隊駐精華之區，十四團團部當然駐在北平，憲兵在全國各地的防區圖早已畫好，領袖已經核准，軍事委員會的命令已經下達，三個月內就要開拔。

我一向痛恨官兵欺壓良民，屢次幻想自己變成劍俠，路見不平拔刀相助。我問他：憲兵是否真能夠整肅軍紀？老吳（我們私下都管他叫老吳）拿出一本小冊子給我看，上面寫著：憲兵是國家「法治之兵種」，主掌軍事警察，兼掌普通司法警察。憲兵是「民眾之保，軍伍之師」，抑強扶弱，除暴安良。他說，政府馬上要實行憲政，推行法治，但「徒法不足以自行」，憲兵這個「法治之兵種」負責興利除弊，伸張正義。他張開雙臂說，他代表國家政府號召有理想有膽識的青年。

他用簡要有力的言詞批評了軍紀，他說，抗戰把軍紀抗壞了。軍紀關乎民心，民心關乎國運，誰來力挽狂瀾？憲兵！憲兵由領袖親自指揮，國運在領袖手中，也在憲兵手中，這番話一片救國救民的情懷，把我感動了！軍人欺壓百姓太多了！太過分了！我見過，我恨過，我作過多少除暴安良的夢，現在我想，機會來了！

我一直想做作家，那一年，陝南的《興安日報》副刊採用了我幾篇文章，加強了我的野心。那時流行的文學理論說，作家第一個條件是豐富的、深刻的生活經驗，所謂「生活」，那時指接觸、了解、扶助勞苦擔重擔的，關懷被侮辱和被損害的。憲兵擧足軍民之間，哪裡有弱者到哪裡去，見人所未見，經人所未經，豈不是進了寫作素材的寶山？

那時，我想，高尚的作家和低微的職務常常並存，薪水加上稿費，雙倍收入，也就足以和大學畢業生的出路比美了吧？那時聽說稿費的標準是千字斗米，在我的家鄉，一斗米的重量大約是一百市斤，可以供四口人吃二十天。魯迅是大師，每千字稿費五元，可以買二百五十斤米。那時我讀到謝冰瑩女士一篇文章，她說，有一次她需要用錢，找某某書店想辦法，書店查帳，她的版稅早已都領去了。談話之間，一群學生來逛書店，有幾個學生買了她的書，書店立時把版稅結算給她。這一類故事我覺得很迷人。

我決定離開學校，沒有跟任何人商量。我念過「卜以決疑，不疑何卜？」以後世事茫茫，我的盤算落了空，天不絕人，只有文學未曾負我。

參加學潮，反思學潮

依中國傳統，人在別離的時候要給對方留下好感，讓他以後想念你，謂之「去思」。可是，我們沒能這樣做。（也許大家都做不到，公共廁所才會那麼髒。）

現在我要記述另一個重要「演員」，他是我們那一班的班長，名字叫曹湘源。這個「湘」字與湖南無關，他的原籍是山東日照。

湘源瘦高個子，皮膚黝黑，微微駝背，功課勉強及格，籃球打得很好，得體育老師和軍訓教官歡心。他的年齡比我們大，在山東打過游擊，有領導能力，那時我們快要畢業了，畢業班的學生開始有自己的意見，對校方沒那麼順從，曹湘源遇事肯出頭，自然而然成為我們的領袖。

老吳來招兵，湘源也報了名，我們少數有意無意帶動了多數，總共約有五十個人參加。這些人的共同之處是，都心志浮動，討厭「讀死書」；都懷鄉心切，希望離開陝西，回到山東的周邊地區；都對二分校的那個黑臉主任有強烈的反感，很想出一口氣；都嚮往學潮，那時校本部（也就是高中部）的學生正在造反，他們把當時的校長軟禁起來，清查學校的帳目，轟動了大後方。校本部造反之前，重慶、昆明的大學生有了集體的政治活動，響應中共的主張。

湘源對大家說，咱們不能無聲無臭走了，總得再鬧一場才甘心。他說「再鬧」，是因為我們為了王吉林同學的醫療和喪葬，已經鬧過一次，回憶錄上一部《怒目少年》有記述。他這麼說，多數人贊成，現在不怕學校開除，士氣高昂。回想起來，那時有人因為「走」、所以敢「鬧」，有人根本是為了「鬧」、才決心「走」。多年後，讀北大校長蔣夢麟先生寫的回憶錄《西潮》，他說學生鬧風潮好像小孩吃糖，越吃越多，越吃越想吃。我現在接下他的話頭繼續說，學生鬧風潮好像男女接吻，有頭一次就想有第二次，就想有以後許多次，就想升高、擴大、再進一步。

我對湘源說，咱們已經是憲兵團的人，吳連長還沒走，咱們一舉一動他都看在眼裡，咱們大鬧天宮，會給他留下甚麼樣的印象呢？湘源立刻說：「走，咱們找他談談。」

我猜憲兵是個講紀律的部隊，大概反對我們的行為，誰知老吳表示完全同情，他說人應該爭取自己應得的權利，這是原則，憲兵團沒有任何意見。他的態度這樣開明，我和湘源都很興奮，現在我理解，老吳要利用這件事觀察我們，進一步了解我們的思想、個性和能力。我們和學校的關係越惡劣，也對他越有利，我們自己斷了歸路，沒有回來讀書的可能，只能死心塌地做一名憲兵。不管湘源多精明，我有多謹慎，又怎能敵這個老狐狸。

湘源頗有統御的才能，第一招他先樹立共同目標，使人人爭其所必爭，把大家凝聚為一體。他說十萬知識青年從軍的時候，他們有路費，有安家費，還有一筆慰勞金，我們也應該有。可想而知，大家個個點頭稱善，樂觀其成，於是曹湘源應天順人，發號施令。

我想出四大理由，寫成一紙請願書。我們在校園裡遇見分校主任，不等我們開口，他先說知識青年從軍是中央發動，一切優待都有法令依據，你們想比照辦理，錢從哪裡來？曹湘源上前一步，指著他的鼻子說：「你貪贓枉法是老手，這點小事難不倒你。」分校主任一聽，掉頭就走，曹湘源舉起拳頭追趕，我從後面把他抱住。

湘源愛打鬥，總想揍那個分校主任，每次都是我攔住。我主張談判爭取，說話不妨客氣一點，目標絕不放棄。湘源是領袖人才，他馬上說：聽你的！你去做談判的代表好了！我事事出頭，那個主任因此有點恨我，他只知道我是個壞學生，他永遠不會知道，沒有我，他要受一頓皮肉之苦。

我們那一夥裡頭有個同學姓崔，魯西菏澤人，心眼多，他出了許多點子。我們從不集合在一起開會，由徐秉文同學奔走串聯，輪到應該說話的時候，數我能言善道，可以說個起承轉合。同學們說，那次胡鬧是靠徐秉文的「腿」，我的「嘴」，曹湘源的拳頭和崔某某的「鬼」。我應該把細節寫出來嗎？算了吧，回想起來，那時心情絕望，自暴自棄，白天興高采烈，夜間寂寞空虛。

吳連長「批准」我們胡鬧以後，就離開蒲溪小鎮到漢陰縣城暫住。我們耀武揚威的鬧了幾天，安家費和路費弄到手，也領到畢業文憑。湘源對我說，咱們最後來個高潮，為全校同學爭一點權利。甚麼樣的高潮呢，湘源拿出一張字條，上面寫的是：

要民主（學校實行民主管理，取消對學生的高壓手段。）

要和平（停止內戰，使師生能順利還鄉。）

湘源絮絮的說如何如何，我心裡想，這不是中共的口號嗎。湘源好像在說，寫一份文件逼分校主任簽字，再寫一份文件，請全體同學照文件內容發表聲明。我沒有注意聽他的話，心中一直想，這是中共的口號啊，民主，和平，延安才說出口，重慶和昆明的學生立刻響應，昆明重慶，延安，遠在天邊，曹湘源是從哪裡弄來的？

看到口號，想起中共，由中共想到家鄉，由家鄉想起父母。離家時，父母的叮囑是讀書，自己的抱負是讀書，李仙洲辦這所學校收容我們，也是讓我們有書可讀。可是我決定不讀書了，以後也永遠與學校無緣了，過去，夢是這樣短促，未來，偏離目標是如此之遠，我不覺流下眼淚。

我說，算了吧，這兩篇文章我作不出來。

為了「怎樣鬧」，我和湘源有過多次爭辯，可是這一次，他靜靜的收起字條，一句話也沒說。他找不出第二個人替他做文章，最後的高潮只有放棄。

跟後來大專院校沸騰全國的學潮來比，我們是茶壺裡的風波，不過由模型可以看大廈。領導學潮的人總是提出理想，例如反內戰，要和平，再帶領大家謀現實利益，例如爭公費，爭菜金，然後兩者統一，例如停止內戰，國庫省下錢來增加老師們的薪水，免除學生的學費，改善學生的伙食。哪個學生能反對增加公費、反對改善伙食、反對替清寒學生募助學金？尤其是，助學發展成開舞會，反內戰發展成罷課：壞學生歡迎罷課，逃避功課的壓力，逍遙自在，好學生也由他罷課，減少競爭的對手，自己躲起來用功，憑成績出類拔萃。所以擁護政府的「忠貞學生」蒼白無力。

學潮使學生立刻獲得權力，與校長（或者也包括縣長省長）分庭抗禮，恍如白晝飛昇的神話人物。學潮也解放了學生的智力體力，大家拋開功課，自由發揮，居然無往不利，每個人立地成為拿破崙。這般情境非常迷人。鬧學潮是挑戰既存的社會秩序、價值標準，學生以小搏大，在如醉的昂揚中，也模糊覺得難以善了，索性豁了出去，說句漂亮話，就是寧為玉碎，於是行動步步升高，故意走絕路。後來大規模的學潮在全國各地發生，國民政府束手無策，正因為找不出辦法逆轉人性。

湘源未能盡興揮灑，頗感遺憾。事後回想，我那一時的軟弱，也許正是命運的憐惜。後來知道，我們入營以後，憲兵團查考我們在校的紀錄，對我們這樣一群新兵特別偵防，惟恐中共份子滲透。倘若真的照曹湘源的意思做了，以後在憲兵營裡，這一段紀錄勢必成為杯弓蛇影，我們的腦子裡好像裝著延安的指令，憲兵團非得像敲破核桃一樣取出核桃仁來看清楚不可。我們要受到加倍的猜防，加倍的打壓，加倍的嫉恨。後果更不堪設想。

曹湘源也許不會這樣想，那時他對我言聽計從，文稿是我寫的，他也許以為可以把責任推得乾乾淨淨。後來知道，湘源並非中共份子，他從來不談政治，我們那個學校歷次鬧事，都跟中共沒有關係，風行草偃，我們並不知道風從哪裡來。

湘源後來脫離憲兵十四團，到四川進國立第六中學，六中一位體育教員介紹他參加中共的地下黨，始終留在四川。他總算有本事，歷史問題一大堆，卻也熬過層層疊疊的政治運動，幹到四川省德陽縣人大常委，不過我那次拒絕合作，到底使他少了一筆政治資本。也正因為如此，後來西安、北京的校友編校史，認為我們的胡鬧沒有進步的意義，不肯寫下一筆。

秋風蕭蕭，很想無牽無掛走掉算了，但是忍不住還是寫了幾封信。一封給五叔，他是一位山砲營長，自從進入緬甸作戰就斷了音訊，信箋上有我的眼淚。一封給校本部讀書的二表姐，說明我的去向。一封給師範部的凌仲高老師，謝謝他指引我到二十二中來讀書。還有一封給訓育處，告訴他們怎樣處置我以後的信件，我本來寫的是請他們把來信一律退回，不知怎麼又撕掉重寫，信件由二表姐代收。這個決定對二表姐的影響大極了，說得誇張些，這件事改變了她的生命，一如她改變我的生命。我們都出於無心，惟其無心，才使我驚悚人世禍福之難測。

再想一想，我該向兩個人當面辭行，一位是國文老師牛錫嘏先生，一位是事務員畢礎基先生。我和牛老師的因緣，《怒目少年》有記述，以後還要提到他。我和畢先生的關係是，我替學校抄繕名冊文件賺零用錢，他在他的職位上照顧我。我向他辭行，拿出用手工做的紀念冊請他題字。他想也沒想，提筆就寫。好像他早已想好了句子，正等著我。他寫的是：

冰山有淚逢春瘦
雛燕無家入網樓

我一向愛讀律詩，長於記誦對仗，這兩句話很像是律詩中的一聯，後來常念誦，常思想，陸陸續續有了解讀。

「冰山」應該是指國民黨，我們的靠山。國共兩立，互為消長，抗戰八年，共軍壯大，在日軍佔領區到處建立根據地，在國民政府統治區到處發展地下組織。那時世界思潮向左，中共在國際間到處有聲望，有支援，它趁著日本突然投降的機會，在華北和東北出面接收，國民黨正像開始融化的冰山，暗暗縮小。

「雛燕」當然是指我們這些流亡的孩子。抗戰已經勝利，流亡學生的身分還能維持多久？故鄉成了解放區，又如何回老家？小鳥不能永遠在空中飛翔，總要有個落腳之處，慌不擇路，一頭撞進網裡，還以為那是個鳥窩呢！

他應該是這個意思，他的經驗多，閱歷廣，世事如棋，他能看出下一步、再下一步。後事正如他所說，我們落入了捕鳥人的網羅。由他寫下的兩句話，可以體會他對我們的同情。往大處看，多少人正被勝利沖昏了頭腦，他很清醒。

我們這一群迷途羔羊離開蒲溪鎮往西走，曹湘源是頭羊，吳連長是牧人，憲兵十四團是飼主。第一站先到漢陰縣城，老吳在那裡等著我們。下午出發，昏黑到達，住在城南一個小村莊裡。農家沒有大房子，我們草草分成幾組，各自找個宿處。我們住的地方，湘源沒來看看，湘源和他左右一批人住在哪裡，我們不知道。我們顯然已經分化。

湘源放下行李，立即帶著親信人馬，連夜急行軍奔回蒲溪，蔣夢麟說的那塊糖他沒吃夠，他非把分校主任和事務主任痛打一頓，二十二中這一章難畫句號。依他設想，蒲溪是個偏僻的小鎮，簡陋的農舍散布各處，一夥人蒙上臉，半夜三更闖進去又打又砸，呼嘯而去，結果必定不了了之。這件大動作他完全瞞著我去幹。

曹湘源一再說過，我們是「益者三友」：學友，難友，盟友。他說一同度過艱難困苦的人，彼此必定終身結交，同舟共濟的情義，到老猶在。可是湘源以後的行為顯示，盟友是可以隨便拋棄的，狡兔死、走狗烹，帝王將相之間的事，也可以發生在平民身上。江湖行第一步，我就領受了深刻的教訓。

那一夜，湘源撲了個空。對方都是老江湖，料到曹湘源有此一著，他們藏起來了。

第二天，聽說老校長李仙洲將軍在漢陰，我提議大家去向他辭行，他以無限愛心創校，我說「即使咱們給他磕一個頭也應該」。我和湘源一同到第二十八集團軍司令部洽商，老校長拒絕接見。

這才知道，學校遷到陝西以後，不斷有學生投軍，老校長召見過知識青年從軍的三百人，考取軍校第一分校的兩百人，除此以外，參加砲兵第十二團的，參加海軍的，參加蘭州特訓班的，還有我們這批投入憲兵的，他一律不見。褒貶臧否，他心中有一架天秤。

許多年許多年以後，我想起這件事來，還覺得十分慚愧。

這是我和湘源最後一次合作。

最難走的路，穿越秦嶺

那幾天，憲兵十四團的吳連長很得意，招兵能一網撈上來五十多個「知識青年」，他立了大功。他料定我們是煮熟的鴨子，丟在漢陰城外不理，他帶著班長和曹湘源住在城裡，每天陪著他吃喝遊逛，他認為掌握了湘源可以掌握我們全體。

誰曉得事有不然。

這一夜，我又在作那個夢，夢裡一心想飛。我終於飛起來，飛得很勉強，費盡力氣拉高，還是往下墜。哎呀，我的肚皮幾乎要擦著屋頂了！就在這十分危急的時候，有人把我一把拉上來。

那個姓于的同學拉我起床，把我引到另一農家、另一間屋子，滿屋子大約有三十個人，都是我們投入憲兵十四團的同學，眾同學中間坐著一個軍官，憲兵中尉。

中尉望著我點點頭，不說話，同學們個個眼睛朝地上看，也不說話，他們正陷於重大的疑難之中。終於拉我起床的于同學打破沉默，他向我介紹，那位軍官是憲兵第六團的鄭排長，他引述鄭排長的消息，開到北平去服勤務的並不是十四團而是六團，十四團留在陝西不動，吳連長欺騙我們，大家聚在這裡商量怎麼辦。

我衝口而出：「既然六團駐北平，我改投六團。」

鄭排長微微一笑，他這才開口對我說話，一口陝西腔。他說他是本地人，做事要對得起當地父老，絕不說半句假話騙人，尤其不能欺騙純潔的青年。他說十四團不可能駐北平，司令部要他們留在陝西，派到北平去接收的是他們第六團，六團在西安一帶的勤務已經移交給十四團了，正等候飛機空運北上。

我以快刀斬麻的方式表態，影響了猶豫不絕的同學們。大家釋然，鄭排長欣然。那時六團駐在西安附近的寶雞整訓，鄭排長也是來招兵，也看準了流亡學生是個兵源，他也想到一分校和師範部去演講，碰了軟釘子，於是追到漢陰來挖角。他是怎樣及時找到這些同學，這些同學又怎樣想到把我拉進來，至今是謎。

滿屋子學生，沒有一個想留在陝西，空運北上多神氣啊，更加上要發洩對吳連長的不滿，立即形成一致的意見。這一次分裂把我和李孔思分開了，我曾在病中蒙他照顧，他於我有恩，可是他為人落落寡合，平時很難傾心吐膽。唉，反正以後的遭際禍福難料，也只有各人去碰各人的運氣了！袁自立想了半天，也沒通知他的好友陳培業，我們都有遺憾。

鄭排長也帶了一個班長來，姓張，他的老家就在鄰村。我們連夜遷到那個村子去住，在張班長家過中秋節，張班長的母親是個慈祥的老太太，氣氛很溫暖。第二天夜裡，張班長帶我們再換一個村子，經過「三遷」之後，我們從此和老吳、還有老吳帶走的那些同學斷了音訊，四十年後，一九八六，我才找到其中幾個人，但是一直找到今天，始終沒找到李孔思。

張班長說，我們「失蹤」以後，吳連長酒氣薰天，提著馬燈滿村搜尋，逢人便照，曹湘源望著空屋大哭一場。四十年後我寫信告訴湘源，你如果每天有兩個小時和我們在一起，鄭排長無從乘隙而入，湘源回信承認錯誤。不過我一點也不後悔改投六團，我非常需要離開陝西。

由漢陰到寶雞要經過漢中北上，沿途全是十四團的勤務區。有沒有第二條路可走？有，那要從安康穿秦嶺到西安，十分辛苦。我堅持要走辛苦的山路，躲開十四團的勢力範圍，以免被他們扣留。鄭排長說，他是本地人，強龍不敵地頭蛇，老吳鬥不過他。我說，扣留我們的未必是老吳。他說，六團團部會向十四團團部施壓力，我說，我們突然脫離了十四團，是我們理虧，團部出面交涉，也起不了多大作用。同學們都認為我的見解正確，大家討論時，鄭排長非常注意的看著我。

最後決定走山路，六團有個醫官回團部，由他帶隊。秋風黃葉，上路的心情淒涼。好吧，天下沒有不散的筵席，天下也沒有不散的冤家。第一站去安康，走的是回頭路，半路要經過蒲溪。後來越想越發覺鄭排長會辦事，由漢陰到蒲溪五十華里，由蒲溪到安康九十華里，二分校就在蒲溪大道旁邊，鄭排長極不願意我們走這條路，他得防止我們回到學校裡面看看，進了學校和老同學敘舊，也許改變主意又留下讀書。許多人從軍出於一時衝動，求學讀書是永恆的願望，他必須使我們遠離誘惑，以防功敗垂成。

他設法弄來一輛大卡車輸送我們，當年漢陰汽車極少，想必他費盡了力氣。老吳不能把我們立刻帶走，也是因為交涉車輛。車過蒲溪時特別加快速度，努力甩掉我們的舊夢。也是老天幫他的忙，學校門外的公路上有一個老者採樵歸來，彎著腰挑著一擔木柴，汽車與他擦身而過，嚇得他踉蹌跌倒，車輪捲起的飛塵埋葬他，露出一顆白蒼蒼的頭顱，顯出他在掙扎。我們在車上大笑，這一笑，我們忘記了二分校，確保了鄭排長兵運的成果。這一笑，也笑出軍心和民心之間的鴻溝。我們還是一個「准兵」，這老樵夫的痛癢已與我們無關，成為我們的開心果。以後國府調兵遣將，軍人和民眾始終各有各的喜怒哀樂，彼此很難產生通感。

安康和流亡學生有緣，抗戰初期，教育部在此收容華北青年，送入四川。一年前，學校由安徽西遷，一分校設在安康，我由老河口坐船溯漢水而上，在安康「起旱」步行到蒲溪。

如今抗戰勝利，走來時路，說是青春結伴好還鄉，心中卻只有惶惑。

僅有的喜悅是匆匆拜訪《興安日報》，《興安日報》副刊第一個把我的文稿用鉛字印刷出來，它對我有重大的意義。報社是一座兩層的小樓，編輯部設在樓上，副刊主編萬鈞先生和一分校的戴子騰老師早已等著我。我結識萬主編出於戴先生介紹，我來向他倆告別。他們對我投入憲兵，沒有一句詢問、一句安慰、一句勉勵，完全避開這個話題，無聲之聲應該是不以為然。倒是報社的總主筆，我第一次跟他見面，他誇獎我寫的〈評紅豆村人詩稿〉，對我不再讀書深為奇怪，問明原因之後，嗟嗟兩聲，相當動聽。萬鈞先生從樓下排字房請來一位王先生，好像是編輯部的負責人，他顯然十分忙碌，握個手，送給我一本艾蕪的《文學手冊》。

這是我今生看見的第一家報館，雖然簡陋，紙張和油墨的氣味惹我喜歡，端正莊嚴的鉛字，比手寫體多了幾分神聖，好像文字一經鉛印，便入「古典」。它每天載著信息，漫天飛翔，觸手化作靈魂的營養，幕後的工作者豈是常人。這半日流連，產生我無窮的遐想。

他們登過我幾篇文章，早就說給我一點稿費，見我遠走他方，連忙東拼西湊拿出來以壯行色。我想起班上有位同學非常窮苦，而且生了慢性疾病，今天回想，也許是黃疸。我當場寫了一張字條，授權那位同學來領錢。這筆錢是我生平第一筆稿費，錢數不多，給了他，我心裡覺得很甜。有時自己也奇怪，為甚麼會覺得付出是甜美的？難怪我一生不能聚財。

兩年以後，我在河北省秦皇島有了落腳之地，特地寫信給《興安日報》，我說我是當年流亡學生中的忠實讀者，我要求他們寄幾份報紙給我看看。真難得，他們果然照辦，而且是逐日付郵，連續一個星期。還是那樣粗糙的土紙，還是那樣缺邊少框的鉛字，一切並未因抗戰勝利而改進。我本來想給他們的副刊再寫幾篇文章，這回我不要他們的稿酬，我要用文字酬答他們，可是他們的副刊已經取消了！我把報紙拿在手上撫摩久之，也悃然久之。

四十年後，定居四川的郭劍青學長來信告訴我，老同學留在四川的為數不少，有位某某，聽到我的名字，表示當年曾得到我的資助。我想如果他肯來封信，開個頭，從此溫故知新，彼此都可以添製許多美好的回憶。可是他沒來信，只撂下這麼一句話。唉，四十年後，他還有這麼一句話，也難得了。

寫到這裡，又得加幾行註解。一九四五年抗戰勝利，接著是國共內戰，一九五〇年，國民政府失去中國大陸，退守台灣，國共雙方隔著海峽，嚴厲隔絕一切聯繫，大家「兩世為人」。一九八〇年左右，國共都改變政策，中國大陸和台灣和美國都可以自由交流，我開始設法尋找大陸親友，自稱「望鄉台上看前生」。戴子騰住在湖北老河口，我寄去一份厚禮，他和我通信多次，但時存戒心，萬鈞住在湖南耒陽，根本拒絕和我聯繫，我完全沒有機會對他表示回饋。他們在我的心中分量很重，我在他們的心目中分量很輕，不能對稱。

在安康，鄭排長安排我們住在安康警備司令部控有的一座房子裡，我們一步踏進大門，恰逢幾個大兵烤狗肉下酒，他們用廣東大兵特有的方法，如我在第一本回憶錄《昨天的雲》裡所記。我們聞見香氣，聽見他們猜拳行令，也聽見如此議論我們：「這就是那批鬧學潮的學生。」我才知道風潮也是成名的捷徑，難怪誘惑多少「英雄」入彀。這是我對安康最後的記憶，回想起來並不舒服。

以後的路程是由安康北行。還記得在安康城北渡漢水，初覺風寒衣單，迎面漫山紅葉，血光火色，聯想國共兩軍正在東北華北作戰。我們此去正是走向殺聲重圍，山尖峻峭，山脊像刀劍陣勢，不知怎能穿得過去。想起「上帝不能造兩座山中間不留空隙」，人從山縫裡找路，人也在山縫裡耕種，生兒育女。

穿越秦嶺山區到西安，中間要經過鎮安、柞水。在我們之前，一九四五年，日軍進攻河南西部的時候，李永剛教授由河南走避敵鋒，奔陝西安康，再由安康穿越秦嶺到西安，走的也是這條路線。他事後著《虎口餘生記》，沿途經過的村莊城鎮，他都記下名字和里程，我把書中記述的里程加起來，由安康到西安一共是五百七十華里。

這一段路，他攜家帶眷走了十天，我們輕裝趕路，作息不同，他記下的那些地名，除了幾個重要的城鎮，我都不知道。各有因緣，大概我們留宿的地方他也不知道。我走路很慢，而且容易疲勞，大家遷就我，在山中花了一個星期的時間。後來我聽說李孔思和陳培業脫離十四團，再回學校讀書，也走過這條山路，他們晨昏疾行，只用三天。分校主任本來拒絕收容他們，經過全體教師說情，級任導師擔保，他們以悔過待罪之身，勉強讀完最後的課程。

記得第一站在東鎮街投宿，鎮安縣境。這是一個依坡而建的小鎮，層層石級穿街而過，見婦女挑著兩桶水掙扎而上，心中惻然，那時只聽說自來水，沒見過，暗想山中人哪一年有這個福氣。想起全家逃難時我在外鄉自己挑水的經驗，罣念現在有誰替我家挑水。

那一夜，我們投宿山家，鄭排長忽然出現，他一直遠遠的尾隨我們。他為甚麼不辭辛苦呢，不經一事，不長一智，我後來知道，他惟恐我們有人反悔，特意在後面攔截。中秋剛剛過去，月亮反而更團圞皎潔。他帶來一瓶酒，託山家做了兩樣菜，說是陪我們賞月。我們坐在山村的小院裡，夜色中四圍皆黑，我們先看見光，後看見山，最後看見月。月光下看重重疊疊山，世界如同廢墟，人和月的關係反而親切，忘了月球也是廢墟。有幾位同學輪流向我勸酒，靜悄悄望著我的臉讓我一個人說話，我醺醺然，忘了我是誰，恍惚第三次世界大戰結束，文明毀滅，惟我倖存。又以為自己是李太白，笑傲江湖，五嶽看山不辭遠。

不經一事不長一智。原來勸酒出於鄭排長安排，趁我沒注意，他離座走進屋去檢查我的書包，取走我的畢業文憑。他以為我沒有文憑就沒有其他出路，也就沒有脫隊的動機，我的態度可能左右其他同學。經他導演，這些同學都做了稱職的演員。我同甘苦共患難的夥伴啊！不經一事，不長一智，後來我到台灣，又遇見美酒當前惟我獨尊的場面，一夥平時自視甚高的人忽然謙虛和藹，我就料到是怎麼一回事了。

鄭排長雖不光明，仍然磊落，我們接受新兵訓練一個多月的時候，他忽然來到營房探訪我們，他只說來看看大家，沒有一句八股，然後他掏出那張文憑當眾還給我，說明他為甚麼扣下我的文憑。

還記得鎮安縣城很小，站在市中心可以望見城牆，牆高剛剛超過人的身長。縣政府的規模大約三房一廳，石牆瓦頂，算是全城最好的建築，衙門大開，門外沒有衛兵，黑黝黝空蕩蕩的大堂中間擺一張方桌，鋪著紅布，非常安靜，桌上沒擺文房四寶，古人稱道的「花落訟庭閒」，也許就是這般模樣。但願不是這般模樣，因為這並不代表民間沒有爭執，更不表示所有的爭執都已公平解決。

還記得有個地方叫火地塘，那裡的小旅店，依我們抗戰流亡時的標準看，也太簡陋骯髒。此去東北也是赴湯蹈火，所以記住了這個地名。徹夜山風呼嘯，默誦「我是太陽，我是永遠不滅的火」，這支歌一向使我熱血沸騰，火地塘之夜卻不能增加體溫。一度唱到「母親啊，謝謝你的眼淚，愛人啊，謝謝你的柔情，別了！這些朋友溫暖的手。」流下清淚，因為我已一無所有，也就一無可捨，也就沒有那份能捨的悲壯，這才體會到「捨」也是福氣。

一路投宿，多在山家，石板蓋的小屋，立在石塊鋪成的小徑旁。沒有院子，屋子裡濕氣很重。疊石為灶，大石當床，小石當枕頭，只差石頭不能當被子蓋在身上。原來石頭有香味，還有一種石頭夜間發光。一宿無話，好像睡在石頭縫裡，山靜似太古，我恍惚覺得是一個長生的人猿，從史前活到西元一九四五年。

山中人腿短，個子細小，像山上的苦竹，他們爬山太多，腳趾抓著鞋子生長。男女都穿自己染色的粗布，黑如鐵片。七歲八歲的孩子光著屁股，但是眉清目秀，看了覺得「疼」愛。他們沉默，不問山外事，我們喧譁，不問山中事，彼此面對面，中間隔著無形的山。

書上說，秦嶺以南的人吃米，秦嶺以北的人吃麵。我們在秦嶺，吃的是水煮玉米屑、加入白蘿蔔、用醬油攪拌成團。滋味不壞，一面吃一面算計缺少哪些維他命。我們能買到的菜只有豆腐，想零食，只能兩元法幣買一斤核桃。兩塊錢算甚麼呢，安康的豬肉二十幾塊錢一斤，這裡胡桃滿山是，他們收兩元法幣還覺得賣了好價錢。

每天夜晚我都要想一想：人為甚麼要世世代代住在山裡？為甚麼不離開？「路是人走出來的」啊！那時候，魯迅的每一句話都是格言。我告訴自己：一定要走，一定要走出去，山路崎嶇，上山一身汗，下山一身冰冷，一天之內好幾個寒來暑往，由腳掌到足踝都磨出高溫，如炙如烤。走啊走，推開群山萬壑，人要走路，山擋不住。一路都是晴朗的天氣，風雲變幻都在山外，偶然夜間有一陣小雨。夜宿農家，枕上聽雨打蕉葉，早晨一看，門外並沒有芭蕉，怎麼回事，想了很久。

越走山勢越高，登上最高峰，有一片平地，沒長樹也沒長草，居然有座廟，廟門居然加了一把大鎖。山風如海嘯，逼得我們不能走，在地上爬。這地方沒有鳥，山坡擋風，樹木才有機會歪著插在石縫裡。我大喊一聲，聲音被風裹去，連我自己也聽不見。高山比較接近太陽，反而比平地冷，書本上說，高處水氣少，熱量散發也快。不敢想像高寒最處，四顧無路，不知道自己怎麼能來到這裡。天空大了幾圈，下望群山羅列在雲中，一望無盡，雲無盡山也無盡，看山尖把雲海戳破，冒出頭來，想像海上仙山。我並不指望遇見神仙，只盼出來個和尚，可是沒有。

越過這座最高的山峰之後，山路忽然平坦了！後來研習小說戲劇，情節衝突到達最高潮以後結束，跟秦嶺山勢吻合。多年後，我的秦嶺經驗幫助我領悟甚麼是「法自然」。到此山勢盡，衣服不再每天濕透，汗水流完，心中一喜。路漸漸平坦，兩旁巨岩有如拱門，大概就是谷口。谷形南北狹長，據說這是清軍追擊白蓮教的戰場，清軍利用地形，設下埋伏，打一個大勝仗，來一次大屠殺。這地方怎麼能打仗！縱是深山最深處，兵家也有理由必爭。

看見瓦房騾馬，看見舉世聞名的窯洞，陝西土質有黏性，氣候又乾燥，陝西人藉山坡或土丘挖洞居住。窯洞名氣大，裡面住過王寶釧、毛澤東。看見以一排窯洞作校舍的中學，學生進進出出，活潑可愛。有些窯洞分兩層，如同樓上樓下。洞門長圓，一團漆黑，很神祕，想起陝北的無產階級革命。再往前走，踏上公路，看見中央軍官學校七分校的學生，人字呢軍服，寬皮帶，英挺鮮亮。沒想到日後大對決，大崩潰。

匆匆過西安，夕陽西下，人也實在累了，不能欣賞城門城牆的古意，只嫌灰暗沒落。當年我們徒步穿越秦嶺，發揮了抗戰時期鍛鍊而成的毅力，但是結局很可笑。我們在西安鑽進火車，那時火車一路震動顛簸，座椅用木條製作，屁股像挨了板子一樣痛。夜間行車，無從領略秦川風光。西安到寶雞，一七三公里。寶雞下車，魚貫而入一個大院，四面有圍牆。我們還沒坐定，大門口已布下雙崗衛兵，我想出門寄一封信，竟不可能。實在沒想到，出了李仙洲的保險箱，關進憲兵團的保險箱，第一個保險箱想使我們與日軍隔絕，後來第二個保險箱想使我們與社會隔絕。

新兵是怎樣鍊成的（上）

我們在寶雞城內略事休息，開到一個叫做馬營的小鎮去接受新兵訓練。今天看地圖，馬營在寶雞城東南，隔著渭河，我不記得有河，因為受訓形同囚禁，根本不准外出。

馬營沒有寨牆，出操的時候，操場和田野連在一起，但是班長們好像能使用巫術，他們在操場四周建起無形的高牆，我們能望見田間的小徑，卻不能走上去，我也從來不想走上去，我的心思意念到操場的邊緣為止。即便是野外教練，我們的「陣地」也選在馬營鎮的東南，馬營的房屋隔斷視線，我們看不見那河，更看不見寶雞縣城，他們用心剪掉我們思想的翅膀。

馬營的營房本是一座廟，那時鄉鎮廟宇都有大院子，容納信眾朝拜，都有很高的圍牆，阻擋外面的紅塵，正適合做管理新兵的地方。「鐵打的營房流水的兵」，流水已把廟內的任何痕跡沖刷得乾乾淨淨。我在魯南參加游擊的時候，中共的八路軍從不住廟，如果萬不得已要住，官兵不入正殿，葷腥不入廟門。國民政府的軍隊是魯莽的，流亡期間見過幾座廟宇，正殿神像所穿的錦緞袍服都不見了，據說是被軍官的太太扒下來使用了。我能想像，馬營這座宗教信仰的中心如何一步步遭受破壞。

我們各地來的新兵編成一個連，叫做補充連。那時憲兵連的編制是每連三個排，每排三個班，每班十個人。編隊時，每排第一班都盡量挑選長相好、反應快的兵擺出來，排橫隊集合的時候，這一班站在最前面，好比一本書的封面，上級長官來訓話的時候，可以看見最好的陣容。那時候，上級長官會突然提出一個問題來，伸手一指，要一個兵回答，他總是隨意從第一班挑人，列兵能答上來，連長才有面子。我們流亡學生分散在三個排裡，卻又大部分集中在每排的第一班裡，這種安排顯出我們是補充連新兵中的精英。

我編入第一排第一班，全連集合的時候，這一班站在全連的前面，尤其是面子中的面子。我的個子高，站在第一班的排頭。「排頭兵」也是個榮譽，他是本班的標兵，操演班隊形變換的時候，排頭兵要立刻了解口令的意旨，要以最快的速度跑到指定的地點站好，全班列兵跟進，如果排頭兵錯了，全班的行動都錯，如果排頭兵慢了，全班的行動都慢。據說在火線上如果正副班長同時陣亡，排頭兵立刻暫時代理班長。

我們立刻知道憲兵根本不能保送升學，我們的薪餉服裝和步兵完全相同，憲六團服勤的地區並非北平而是瀋陽。真奇怪，也不知消息從哪裡來，立刻人心浮動。班長不動聲色，他們有經驗，知道怎樣走下一步棋。

那時練兵，操課作業全在戶外，營房只是睡覺的地方。倘若老天下雨，大家可以窩在地鋪上，釘鈕釦，寫家信，伸懶腰，十分舒適。所以雨天是軍中四喜之一，軍中流傳一首四喜詩：「早操逢陰雨，病號蓋被子，安寢無崗夜，月底加菜時。」第二句需要解釋一下，早晨起床以後，人人把棉被疊得方方正正，整天不碰不摸，晚上睡覺才准許打開。若是生了病，准了全休的病假，就可以蓋上被子休息，滋味十分甘美。

可是福兮禍所依，暗帳也可能在下雨天欠下。

下雨天也是擦槍的時候。那時，上面發給我們一枝步槍，「漢陽造」，漢陽兵工廠的產品，在中國步兵的武器中輩分很高，射出去的子彈把槍管槍口磨大了一圈，射程也短了，即使在游擊隊裡，這種舊槍也是姥姥不疼，奶奶不愛，可是現在我們得好好的伺候它。軍中對擦槍要求很高，規定很瑣碎，那沒上過戰場的人不能領會「武器是軍人的第二生命」，只覺得這玩藝兒既麻煩、又無聊。那位于同學，漢陰之夜把我從床上拉起來的那個人，協助鄭排長挖人，功在六團，他在擦槍時想起讀書的日子，他說了幾句憤慨的話，「那些和我們競爭的人正在物理！化學！我們在這裡玩弄一塊廢鐵！」停了一會兒，他居然又說：「我們不知道他們的盡頭（意思是前程遠大），他們已看見我們的盡頭（意思是從此完蛋）。」他越說越氣，舉起手中的步槍往地鋪上一丟。「老子不甘心！」

我才知道，在一種權力之下，無論那權力多小，多暴虐，無論那權力給你多大痛苦，總有受苦的人攀附它，出賣同類，逢迎它的需要。「暴虐」也有它的規律，也有一些識時務的人順從那規律，給暴虐供給營養。于同學放言無忌，小報告到了班長的耳朵裡。

全連官兵緊急集合，站成戲劇舞台所謂「三面牆」的隊形，當時的「軍語」稱之為講話隊形。連長先作了簡短的訓話，他說于某某嚴重破壞紀律，不可饒恕。接著兩名班長把于同學架出來，按倒在隊形缺口處的地上，打屁股。他們朝這人的口中塞一塊軟木，防他因疼痛咬斷舌頭，又在他小腹底下墊一個枕頭，防他疼痛時擠破睪丸。最後一個步驟是，兩名班長拉緊他的褲子，否則棍子打下去，褲子的褶皺會像刀刃一般縱橫割裂他的皮肉，使他久久不易復元。

本班的班長負責行刑，用鄉下人挑東西的「扁擔」代替軍棍。我不敢看，閉上眼睛，聽聲音知道行刑的力度，知道挨打的皮肉之苦，想像各個人不同的表情，真個是感同身受！聽覺果然可以代替（或者說包括）視覺和觸覺，四年後我進廣播電台寫廣播稿，這番體驗幫助了我。

打完了，隊伍解散，班長立刻架起挨打的人，協助他艱難的踱步。班長知道挨打的人不可立刻躺下休息，要扶著他走滿多少步，才可以把他領進禁閉室，把他平放在門板上養傷。班長立刻褪下他的褲子，雙手蘸滿燒酒，為他推拿。他們還有一個偏方，把舊鞋的鞋底燒成灰，敷在打破了皮的地方，幫助傷口提前癒合。這是一套制式作業，惟有如此，挨打的人才不會留下後遺症，成為連隊的棄材。

新兵的抱怨立刻無聲，竊竊私語也消失了，人人對班長的眼神反應靈敏，自己的面部表情卻逐漸麻木，然後隨著操場上基本教練的進度，每個人的肢體動作機械化了。人人隨著班長的大呼小叫驚魂不定，同時又中規中矩，全部生活沒有餘地可以躲避，沒有餘暇可以喘息，以前，生活是悠然神往和忐忑不安合成的，現在只有麻木。

我們在馬營受訓六個月，前三個月高潮多，每月都有一個人受到這樣的大刑伺候，另外兩個受刑人是陝西當地的青年，他們離家近，情緒更容易浮動。班長們也實在能幹，他一天花多大精神監視我們，教育我們，打罵我們，連半分鐘休閒也沒有。他好像永不疲倦，永不睡眠，我們日日夜夜一切的過失，他都能立刻發覺。

他們每一次舉起扁擔來的時候，我都閉著眼睛，堅持不看。我心裡一直想，他們行刑的動作怎麼這樣熟練，默契怎麼這樣好，他們究竟幹過多少次了？尤其是受刑者嘴裡的那塊軟木，每個班長行囊裡都備有一塊，一定是經過多次試驗改進，定出規格，代代相傳。經驗是從甚麼時候開始累積的？傳統是花了多少時間形成的？在此之前，究竟有多少人咬斷了舌頭、擠破了睪丸？

在第一次大刑的震懾之後，各班班長面目一變，整天不說、不笑，只發口令，打人。他們管打耳光叫燒餅，管拳頭叫麵包，管腳踢叫火腿。那年代，我們沒有人見過麵包，也吃不到火腿，班長們使用這些代稱，顯示他們的幽默。

原來新兵訓練就是挨打，操課教材無非是打人的藉口。起床號已響，你起身的動作慢了，要打；起床號未響，你起身的動作快了，要打。熄燈號未響，搶先上床，要打；熄燈號已響，還沒有上床，也要打。他們打起人來真狠、真下毒手。

夜間緊急集合是一個完善的樣本。緊急集合的號聲，把大家從夢中驚醒，穿衣服的時限是五分鐘，動作慢一拍的人要挨打，罪名是「老百姓」。有人匆忙中把褲子穿反了，並不驚怕，好像挺有幽默感，該打，罪名是「老油條」。有人擔心自己來不及，穿著衣服睡覺，該打，罪名是「神經病」。老百姓，老油條，神經病，班長每天動手動腳，念念有詞。

尤其是「老百姓」，這一條是每個新兵的原罪。班長打一下，罵一聲活老百姓，打一下，罵一聲死老百姓，好像和老百姓有深仇大恨。兵士來自民間，帶著民間的習性和身段，也許和軍事訓練的目標相背，但是你不該因此汙辱老百姓，不該藉此醜化老百姓，以致教育出幾百萬卑視百姓、欺凌百姓的官兵來。

也就是這個時候吧，解放軍走出解放區，蹲在收復區農家的灶門，親親熱熱叫聲老大娘老大爺：「解放軍把鬼子打退了，蔣介石要下山來摘桃子，……」

以我親身體會，那時國軍士兵所受的訓練，要把「兵」從百姓中分化出來，與百姓對立，以百姓為恥。這樣的軍隊怎麼能得到老百姓支持。一九四九年，那時國民政府已吞下一切苦果，我到台灣賣文為生，下筆東拉西扯，不知輕重。我給具有軍方背景的《掃蕩報》副刊寫了一篇文章，直陳軍中不可把「老百姓」當作罵人的話使用。忘記過了多久，國民政府通令全軍，徹底廢除「老百姓」一詞。當然不會是根據我的意見，我想文章既然登在報上，而且是軍方的日報，軍方有人看過，反映到決策階層。

後來知道，立法定刑有所謂「法準」。班長打人並沒有準則，早操跑步的時候，有人踩掉了前面列兵的鞋子。班長立刻把他揪出來，拿刺刀當戒尺打他的手心，打得很多，很重，挨打的人怕痛，沒有軍人氣概，要狠打。有人硬挺著挨打，很有形象，把打人的班長激怒了。他一面用力打一面說：「你有種，你好漢，我一定要打到你哭。」後來挨打的人流下眼淚，班長打得更凶，一面說：「你哭，你哭，我一定打到你笑。」後來，唉，挨打的人一面挨打果然也一面笑出來，笑聲淒厲，混合著哀傷、憤怒、絕望，完全不是人類的聲音，我至今回想起來，毛骨悚然。

班長們常說，你的事到了我的手裡，要多輕鬆有多輕鬆，要多嚴重有多嚴重，這叫「提起千斤，放下四兩」。多謝那些班長給我啟了蒙、開了竅，五十年代的台灣，國府以「白色恐怖」安內，許多事不可以常情常理度量，我把千斤四兩的心法傳給好幾位朋友，幫他們趨吉避凶。據說殷海光教授聽到這八個字，嗟歎久之，他把這八個字轉換成學術用語，稱為「不確定感」，並附以英文原名。他在一篇文章裡說，國民黨用「不確定感」統治台灣。

挨過板子的人，左手手心腫得像托著一個包子，他用一隻手吃飯，咬著牙。有位同學幫他穿衣服，流下眼淚，班長發現了，也挨了幾拳。班長認為流淚是一種批判，一面打他，一面追問：「班長甚麼地方做錯了？你說！你說！」

有一個新兵，唉，我也別說他的姓名了，相貌骨架都好，如果有心培養，將來是個人才。可惜他有個壞習慣，話多。也不知他從哪裡得到的消息：憲兵學校快要撤銷了，由中央軍校設一個憲科，訓練憲兵軍官。

倘若這樣，憲兵與步兵砲兵同列，喪失了自許的特殊性，很難再宣傳自己是「法治之兵種」，做不成「革命的內層保障」，也不再是「領袖的近衛軍」。虛幻的榮寵喪失了，對憲兵是難以容忍的毀謗。班長們叫這個同學站在院子裡，一床棉被蒙在他的頭上，一夥幾個班長把他圍在中間，輪流推他，推到那個班長面前，那個班長踢他一腳，或捶他一拳，再把他推給另一個班長，這有個名堂，叫「八國聯軍」。如果在三伏天，烈日下，蒙在被子裡的人又痛又熱，懲罰的效果最大，我們冬天受訓，聯軍的戰果稍稍減色。

這個陣式像排球選手練球，「八國」原則上穩站不動，把你打得東倒西歪，很有娛樂效果。班長們笑容滿面，邊打邊問：你知道不知道為甚麼受處分？起初當然不知道，這是執迷不悟，該打，後來回答知道了，好，罪有應得，繼續打。

八國聯軍進攻的時候，我正坐在第三排楊排長的臥房裡，他召我個別談話。他聽見窗外八國聯軍的殺伐之聲，沉默下來，他好像考慮要不要介入。依照訓練時期的不成文法，排長不能干涉班長的教育手段，為的是保持班長的權威性，班長是搏捏新兵人格的工匠。但是他好像認為夠了，再打下去太過分了。就在這個時候，我聽見連長的聲音，他像喊口令一樣：「好了！歸隊！」結束了列強的「侵略」。連長名叫朱騰，從此他在我心目中留下好印象。

我在西元二〇〇二年追述西元一九四五年的新兵訓練，閱讀資料，發現軍中有些口耳相傳的金科玉律，由大清朝的湘軍淮軍，民國初期的北洋軍閥，經過北伐抗戰，一直留傳到國民政府的台灣時代。

例如，「合理的要求是訓練，不合理的要求是磨練。」這兩句格言在軍中已有百年以上的歷史。訓練既然可以包藏在磨練之中，磨練也就可以冒充訓練，磨練和折磨的界限模糊，以折磨新兵為樂趣的心態，也就百年不絕。

班長們常說「好鐵不打不成釘，好人不打不成兵」，打打打！他們警告「雞蛋碰不過石頭」，「胳臂拗不過大腿」，胳臂又細又短，是弱者，大腿又粗又壯，是強者，恃強可以凌弱，識時務者為俊傑，否則「不打勤，不打懶，專打不長眼」。後來知道，這些話也是不朽的經典。

排長們說話和行為比較文雅，對班長的這一套採旁觀的態度，不管怎樣，班長把我們「打碎了、和成泥、再捏一個」，他樂觀其成。我們的張排長提醒我們「義不掌財，慈不帶兵」。言外之意，一切小心。後來有位姓何的來當過幾天排長，他沒那麼含蓄，他告訴我們軍中流行兩句話：「連長打死人，團長殺死人。」也就是，連長可以把一個兵打成重傷，如果這個兵的傷養不好，死掉了，連長可以報這個兵病死，上面不會追究。作戰的時候，團長可以用抗命或作戰不力的罪名就地槍斃士兵，上級也不會調查。他豪情萬丈，自己甘願先吃兔子後餵獅子，也就是「我先殺你，上級再殺我，我看見你死，你看不見我死。」

我對這種訓練非常失望，他們要把我打造成沒有個性、沒有正義感的動物，他們要我對暴力屈服，承認一切現狀合理，這哪裡像是訓練「民眾之保、軍伍之師」？這樣訓練出來的機械人，又怎能擔任「革命的內層保障、領袖的近衛軍」！他們強調的是紀律，是服從，班長常常反覆訓示：你可以折斷一根筷子，你不能折斷一把筷子。他只是要把我們變成筷子。

班長們聯手營造了一種看不見、摸不著、深入骨髓的恐怖氣氛。他們確實精力過人，料事如神，我們的過去心、未來心、現在心，全在他們的掌中。他們永遠不休息，似乎也永遠不睡覺。半夜，人人熟睡的時候，一個新兵起來上廁所，班長立即跟蹤而至。偶然，兩個同學趁左右無人，說幾句悄悄話，轉臉一看魂飛魄散，班長不知何時從天而降，逼你把對話重排一次，再罰二十個臥倒起立。

兩個月以後，我們同學之間斷絕了一切溝通，如果還有誰找你攀談，那人準是班長派出來的線民。我們每一個人都像是裸體，都好像透明，班長不戴手套，愛摸我們那裡就摸那裡。夜晚熄燈以後，我倒在枕頭上，努力使呼吸均勻，惟恐有人數算我呼吸的次數。我合上眼再也不睜開，惟恐看見班長的眼睛正在上方注視，看我是真睡還是假睡。據說，在電影院裡，如果一個男孩目不轉睛看前排的一個女孩，那女孩的後腦會覺得有壓力。我每夜總是帶著這種壓力。

新兵訓練和流亡學校的新生訓練確乎不同，兩者的區別，並非僅僅是嚴格到甚麼程度的問題，而在新兵、新生一字之差。設立學校是教學生如何求生，使自己生存也使別人生存，新兵訓練卻是教人求死，不是你死就是我死，或者同歸於盡，依軍中通用的語言，這是「有我無敵、有敵無我」，這是「必死不死、倖生不生」。這是最特殊的一種訓練，也是最反常的一種訓練。

所以當年國民政府對大兵沒有退伍後的照顧，一將功成萬骨枯，但求勳業彪炳，大兵都不該活到七老八十。五十年代，國府退守台灣，知恥知病，痛改前非，尊稱老兵為榮譽國民，負責養老送終。八十年代，台灣解嚴，人民可以自由遊行請願，老兵也為自己的利益走上街頭。竟有做過大官的人不以為然，依這位退休特任官的意見，老兵當年在營，作戰不力，這個戰役也沒成仁，那個戰役也沒取義，一路敗退到台灣，依賴政府養活直到耄耋之年，他們還有甚麼資格爭長爭短？他的意見能代表某一些人。大官不拿士兵當人，士兵不拿老百姓當人，老百姓到底是人啊！他能夠反饋啊！

我後來逐漸明白，軍隊的存在是一種非常的存在，和各行各業不同，因之，軍人所受的訓練，「老百姓」很難了解。那時，建立軍隊的特殊性，要從人人挨打的時候甘之如飴開始。他要摧毀我們每個人的個性，掃蕩我們每個人的自尊，要我們再也沒有判斷力，再也沒有自主性，放棄人生的一切理想，得過且過，自暴自棄。據說人到此時，從自輕自賤中生出勇敢，萬眾一心，視死如歸。我稱之為「無恥近乎勇」。

新兵訓練是一種輪迴，以前種種譬如昨日死，以後種種譬如今日生。如此這般捏塑而成的士兵，當然不會愛民，一個人格破碎的人很難有愛，更難有大愛，除非後來從宗教情操得到救贖。如此這般成長的人又怎會威武不屈？如果班長是他們的教士，「胳臂拗不過大腿」、「別想拿雞蛋碰石頭」，是他們代代相傳的聖經，後來內戰的戰場上，處處有「四十萬人齊解甲」的大場面，也就事出有因了。

那時，跟我們隔著秦川平原生聚教訓的中共，可不是這樣練兵的！我得承認，自大清朝廷、北洋政府、國民革命軍是一套文化，中共的解放軍另是一種文化。

如果說，當年憲兵團的苦修也使我受到甚麼造就……一九四九年，我逃到台灣。台灣成為反共基地，國民黨「向敵人學習」，出現了所謂白色恐怖。我憑著馬營的學習心得，可以料到他們做甚麼、怎樣做，我能理解、能忍受、能躲閃、能坦然相對。我把自己可能受到的傷害減到最小，可是也萎縮成一棵從未盛開的花。

地球總是在轉。國民政府退守台灣以後，教育發達，軍隊素質提高，憲兵上等兵都是高中畢業，打罵教育完全廢除。服役時有成就感，三年退伍，轉業管道也多，當憲兵是青年的一條好出路，可惜我早生了幾十年。

新兵是怎樣鍊成的（下）

有這麼一個故事：法國文豪雨果出國旅行，到了某國邊境，接受檢查登記，他和值勤的憲兵有一番對話：

「你叫甚麼名字？」

「雨果。」

「你靠甚麼謀生？」

「筆桿子。」

於是，憲兵在登記簿上寫道：姓名：雨果；職業：販賣筆桿。……

我現在記述的那個年代，中國一般憲兵的程度大概也就是如此吧？軍史記載，一九三一年國民政府成立憲兵，明文規定要小學畢業才可以報名，事實上當時國民教育不發達，學童入學率很低，招兵時降低水準，只要識字就行。

說到識字，當年文化界曾經辯論「文盲」的定義。有人說，只要有一個字不認識，就算文盲，翻開《康熙字典》看，我們有多少字不認識，我們都成了文盲？有人說，只要認識一個字就不是文盲，中國人的宗法觀念強烈，無論如何都認識自己的姓，中國沒有文盲？這一次，憲六團吸收了很多陝西鄉村和山區的青年，其中有些人不會寫自己的名字，他們到底算不算文盲？

新兵訓練掌握在班長手裡。各憲兵團選拔優秀的上等兵，保送進憲兵學校軍士隊受訓，結業後成為班長。所謂優秀，是指木馬跳得高，單槓耍得轉，打野外跑得快，立正姿勢站得久，並不重視他們的學科。

我們新兵連有九個班長，三個副班長，我們很快發現他們除單槓木馬和立正稍息之外，嚴重缺乏必須的知識，只有一位郭班長，名叫郭偉，高中畢業，學冠群僚。當年馬營有難同當的陳百融同學幫助我回憶，寫出九個班長的姓名籍貫，他們多半來自陝西省的鄉村，我今天隱惡揚善，也不必都寫在這裡了。

我們那一連新兵的程度懸殊。招兵除了「只要識字就行」，還有意外收穫。那時抗戰突然勝利，時局激烈變動，出現了一些走投無路的人，臨時有飯就吃。有一個人姓馬，模樣瘦、高、黑，果然長了一張狹長的臉。戰幹團出身，業已做到步兵連長，卻突然變成和我們一同入伍的新兵。他對班長們十分恭順，並且從不和我們任何新兵交談，很懂得適應環境，班長也從不難為他。還有一位姓崔，身材矮胖，臉上有白麻子，第二十八集團軍軍官訓練班畢業。還有一位，據說是黃埔軍官學校砲科畢業，大家將信將疑，六團到瀋陽，他果然做了某軍的砲兵連長。新兵趙靜佚，他的姐姐是國民政府駐美外交官，我們經過上海時，這位姐姐曾來探望弟弟。國府要人魏道明有個外甥，流落陝西，也進了招兵人員的網羅。熊允頤軍長的兒子與繼母不和，離家出走投軍，更是憲兵連的「特殊材料」。鳳翔先修班的流亡學生也來了十來個，他們是高中程度，連同我們這三十個初中畢業生，人數超過全連三分之一。據說自憲兵成立以來，新兵的成色從來沒有這樣十足可觀。不久六團開往東北，經過南京，南京當地的憲兵開了個歡迎會，六團沙團長致詞的時候，特別提出「一個連有五十個中學畢業生」，贏得熱烈掌聲。

這一批新兵給那些班長很大的壓力。有人說笑話，軍訓教官懂1234，音樂教員1234567，數學教員懂1234567890，現在是只懂1234的人當權，管理教導懂1234567890的人，班長們有自卑感，他們必須打人維持尊嚴。他們知識不足以服人，道德不足以感人，氣質不足以誘人，但膂力過人，打人最方便，最佔優勢，收效也最快。多年後，我讀某一位俄國作家寫的故事，他說他母親一向用體罰管教孩子，母親常說：「打一次比不打兩次更有效。」班長們一定完全同意。

班長在訓話的時候說過多少次：「你們是龍也得盤著，是虎也得蹲著」，以馴獸師自況，有優越感也有危機意識。這是沒知識的人打有知識的人，這是行騙的人打被騙的人，也是吃飽了的人打吃不飽的人（新兵連的伙食很壞）。

每天晚點名後，班長有一段單獨訓話的時間，每一排三位班長輪流值星，值星班長可以對全排訓話，我有機會領教三位班長的言論，他們努力突出自己的文化水平。一個班長很得意的說：學如逆水行舟，不進則「推」。你們不長進，我就要往前「推」。一面說，一面做出推動的手勢。

有一次，某班長表示他也懂平面幾何，喊過「向右看齊」的口令之後，嫌隊形不夠整齊，大吼一聲：「兩點之間可以成直線，你們有這麼多點，為甚麼還不直？」他不知道，「點」越多，線越不直。

班長訓話到段落處，照例高聲問我們「聽見了沒有？」依照我們所受的訓練，全班必須喊破喉嚨，齊聲回答：「聽見了！」

再問：「聽懂了沒有？」

再答：「聽懂了！」

三問：「記住了沒有？」

三答：「記住了！」

回答的聲音必須一次比一次雄壯，一次比一次肯定，我們覺得可笑，無聊，但是班長很有成就感，人人一本正經。

有一個班長說，部下必須相信長官，信心可以產生無比的力量。他舉了一個例子：一張鈔票明明是一張紙，大家相信它是一塊錢，它就是一塊錢。這話沒有經濟學常識，一張紙能夠當作一塊錢，因為國家有生產力，銀行有準備金。不過我們仍然齊聲高呼：聽見了！聽懂了！記住了！

確實記住了，我直到今天沒有忘記。

幾個月後，我們開到瀋陽，趕馬車的人沿街喊著「一張票！一張票！」（一張一元的鈔票。）意思是，市內車費由一塊錢起價。不久物價上漲，通貨貶值，趕馬車的人照樣喊叫一張票，這張票已經是十元的鈔票了，雖然大家比以前更希望那張紙是一塊錢，又有甚麼用。

一九四八年八月，國民政府改革幣制，金圓券出籠，當時幣值很高，多少人把黃金美鈔送進銀行換那張紙。幾個月後，幣值慘跌，老百姓用鈔票糊牆，焦頭爛額的我還草草想過：那位班長現在怎麼樣了？他怎麼修改他的訓詞？

為了表示自己有文化，班長們常在訓話時誦念四首勸學詩，那是四首七律，作者吳澄，陝西的一位進士，陝西籍的班長們以他為榮。班長念詩，囫圇吞棗，我始終聽不清全文，我也懷疑班長了解全文。我還記得有一聯是：

人不修習何異獸
蛇能變化亦成龍

意思不錯。四首律詩的最末兩句都是：

拳拳相勉無他意
三十年前好用功

班長如此反覆叮嚀，實在教我傷心。我們那時不到二十歲，「三十年前好用功」，無異責備我們輕易放棄了學業，浪費最寶貴的光陰。學者說，三十歲以後，人多半是重複、加強他三十歲以前學到的東西，三十歲以前奠定廣度，三十歲以後只能堆積厚度，老進士的話可以如此解讀。可是你們把我從學校裡騙出來以後，怎麼可以再對我們念誦這樣的教條！他們迫切需要材料使用，卻不知此時勸學，失言失人，他們但充面子，不計後果，也可能不知後果。

每天晚點名的時候，照例要唱憲兵學校校歌，這是我們跟憲兵學校惟一的關連。我們是被他們用憲兵學校的名義騙來的，校歌聲中有綿綿的新愁舊恨，對別的新兵，校歌連這一點感應也沒有，因為他們根本聽不懂。

試看歌詞：

整軍飭紀，憲兵所司，民眾之保，軍伍之師。
以匡以導，必身先之，修己以教，教不虛施。
充爾德性，肅爾威儀，大仁大勇，獨立不移。
克勵爾學，務博爾知，唯勤唯敏，唯職之宜。
軍有紀律，國有綱維，孰為之率，惟爾是資。
完成革命，奠固邦基，匪異人任，念茲在茲。

歌詞的體例仿照中華民國國歌。國歌源於黨歌，黨歌歌詞本是孫中山先生參加黃埔軍校開學典禮的訓詞，那時是一九二四年六月十六日。一九三七年制定國歌，沒有考量十三年來文化風尚和社會需要，只求在文獻形式上延續傳統，就歌詞論歌詞，已是一失。憲兵學校校歌繼承了國歌歌詞所有的缺點：文言深奧，一般國民很難接受；整齊的四言詩，沒有長短錯落，節奏呆板；國歌歌詞押的是Ong韻，離暮氣太近，離昂揚的朝氣太遠。憲兵學校的校歌不見前鑑，押司、資、茲，聲音從牙縫裡出來，押施、師、知、基，有「氣」無力。而文字艱深又超過國歌。

黃埔軍校校歌押Wu，同樣不顧聲韻，使人想起蘇東坡在〈赤壁賦〉裡形容的「其聲嗚嗚然」，可見當年南京重慶主持文宣大計的人，如何忽略了聽覺。他們只想到繼承已往的五千年，沒設想開創未來的五千年。後來這種模仿繁衍成派，陸軍後勤學校校歌、陸軍化學兵學校校歌、工兵學校校歌，都學黃埔，不避Wu韻。國防管理學院校歌、中山理工學院校歌，都學國歌，四言一句，不避Ong韻。這些歌詞有共同的「特色」：你得讀過許多文言文、才看得懂，即使讀過許多文言文、也聽不懂。

憲兵學校校歌的曲譜倒是容易唱，聽來也雄壯，裡面有一段掌故。當年中華民國教育部用孫中山先生的一段遺訓作詞，公開徵求曲譜。負責決審的大人先生，採用了一首莊嚴肅穆的黃鐘大呂之音（程懋筠作曲）。另一首較為輕快活潑的進行曲，列為第二名（于鏡濤作曲）。拍板決審的大員但知滿足自己的廟堂趣味，脫離大眾國民。中華民國國歌的曲子，起初太強調字的單音，像祭孔的音樂，後來由低音到高音，差距太大，要受過聲樂訓練才唱得完。普通常見的情形是，開始大家一齊唱，以後調子越來越高，唱的人越來越少，最後七零八落，潰不成聲。有人說，這是象徵國祚不永。

憲兵學校成立，處處想表示憲兵的特殊和不凡，不但採用了這首幾乎成為國歌的曲譜，也模仿國歌作詞，全體憲兵都唱這支歌，事實上成為憲兵的軍歌，那年代，也是一首大多數憲兵唱不清、大多數老百姓聽不懂的歌。

也就在這時候，山東、河北、安徽、江蘇，農村出身的中共幹部，喜氣洋洋的傳播他們炮製的順口溜：

想中央，望中央，中央來了一掃光！
想中央，望中央，中央來了更遭殃！

愚夫愚婦、男童女童琅琅上口。

每天晚點名之後，全連官兵一同朗誦軍人讀訓，製作文本的人簡直拿大兵開心！例如：

第三條：敬愛袍澤，保護人民，不容有倨傲粗暴之行為。

第十條：誠心修身，篤守信義，不容有卑劣詐偽之行為。

招兵時「卑劣詐偽」，練兵時「倨傲粗暴」，帶領「只要識字就可以」的「老百姓」，念模糊不清的咒語。班長訓話，從來不敢引用這些條文。晚點名時，班長入列，我個子高，做排頭第一名列兵，三位班長就站在我旁邊，我聽得見他們隨眾朗誦，咬音不準，因為他們不知道那是幾個什麼字，有時候，他把第九條的「褻蕩浪漫」和第十條的「卑劣詐偽」調了包。最優秀的上等兵經過深造升為班長，而「最優秀的上等兵」不過如此！

就在我們嗡嗡作聲、不知所云的時候，黃河北岸中共士兵琅琅上口的是：

人民的軍隊愛人民！

一聽就會，觸類旁通。

班長也有教我們非常佩服的地方，他們的立正姿勢很標準。他們上單槓、跳木馬有如舞蹈。他們臥倒、起立、踢正步漂亮迷人。他們只有把心思都花費在「術課」上，他們也的確是很好的教練，很慚愧，我們沒有人能得他們的真傳。我腿長臂短，練單槓有生理上的弱點，團部派人下來檢查成績的時候，我丟人出醜，不堪細表。三年以後，我能登上輪船，離開上海，倒是幸虧有那麼一點單槓功夫。感謝「不合理的訓練」！它也能救命。人活得越久，抱怨越少。

我們為了把立正站好，吃了很多苦，花了很多時間。對於立正，步兵操典冗長瑣碎的規定，每一個班長都背得爛熟，到了排長，能把立正和正心、誠意、修身、齊家掛鉤。我們站得腰痠背痛，頭暈眼花，站成木雕泥塑，死灰槁木。這是一樁永遠修不完也修不好的把式。我不相信這樣可以「泰山崩於前而色不變，麋鹿興於左而目不瞬」。我不相信一位大將「獨立三邊靜」的時候，需要「兩腿並立，兩臂下垂，中指貼於褲縫」。我只相信這樣可以產生很好看的衛兵和儀隊。

踢正步的經驗也痛苦不堪，我也懷疑有任何價值。尤其是，訓練踢正步，先要「拔慢步」，腿抬起來，手臂伸出去，做出正步走的姿勢，卻站在原地不動，簡直是一種苦刑，弄得人人夜裡睡不好，白天站不直。那時規定，齊步走每步七十五公分，每分鐘一百一十四步，腳尖向左十五度；正步走又要腳尖向右，幹甚麼！學芭蕾嗎！都是我們不該做也做不到的事情。

後來我讀到蔣介石主席一段訓詞，他說，「可以先求內容、後求形式，也可以先求形式、後求內容。先有形式、後求內容，易；先有內容、後求形式，難。」是了，他想先有形式、後求內容，他想由徒具形式的教員，訓練出精神內涵充實飽滿的學生。

也許時間太短，倘若政權無限延長……可惜世上沒有無限延長的政權。

現在知道，當我們恨不得個個站成植物人的時候，大河南北的共軍，正在苦修另一門功課：戰士怎樣背著炸藥包，挨近碉堡，悄悄坐下，背上的炸藥包緊緊靠在碉堡上，自己斷然引爆。他犧牲了，可是碉堡也炸出缺口來，被後繼者一舉攻下。他們完全不需要甚麼立正姿勢。解放軍從來不問全班士兵的鼻尖是否在一條線上，全班的棉被是否摺成有稜有角的豆腐塊。他們臥倒、起立，也不必像天橋的把式一樣好看。

現在知道，我們那些班長，每天在操場上呼天搶地，不過是為了「齊步走」全排士兵的腳掌同時落地，為了「槍放下」全班士兵的槍托同時落地。那時候，大河南北的共軍幹部，正在訓練他們的戰士如何對付國軍的坦克，他們輕輕鬆鬆，以各種姿態，各種腔調，對坦克發出譏諷：

一怕天黑看不見。二怕步兵被切斷。三怕飛雷和炸彈。四怕集束手榴彈。五怕戰防槍。六怕戰防砲。七怕火箭砲。八怕黑頭穿甲彈。九怕有溝過不去。十怕白灰煙幕彈。十一特等射手打它的瞭望眼。十二英雄上車塞進手榴彈。

班長常常問我們：世界上有物理博士，有化學博士，你們可聽說有軍事家博士？沒有，確實沒有。班長又問：為甚麼軍事家沒有學位呢？答案只有他自己知道，他說，因為軍事學問太高深，單說立正姿勢已是神妙莫測，誰也沒有資格發給他博士學位。班長侃侃而談，洋洋得意，雖然對列兵講話，也站出一個漂漂亮亮的立正來，彷彿他就是軍事家。那時我已知道，大學沒有軍事家學位，所以世上沒有軍事家博士。

我寫這篇文章的時候讀到新聞報導，專家指出，踢正步有礙健康，減損戰力，「踢正步的過程中，腳後跟經常猛烈著地，在醫學上確實有傷及腦部之虞。世界上踢正步的國家早已不多，美、英部隊不踢正步，軍力一樣強大。國軍踢正步應係沿習自日本明治維新後的新陸軍，日本則學步自德國普魯士軍人。戰後的德國已不踢正步了。」老天爺！專家的發現往往是生活經驗和常識的學術化，我懷疑，除了踢正步以外，訓練立正姿勢也「有礙健康、減損戰力」，我們有許多人「立正」時昏倒在操場裡。而且我懷疑，後來內戰正式開打，國軍坐困孤城，死而後已，正是「立正」訓練的長遠影響。

兩位好心排長怎樣庇護我

馬營的打罵有教無類，我卻沒挨過打。新兵訓練分「術課」和「學課」兩大門類，傳統偏重術課，像單槓、木馬、跳遠、拳術等。我已在回憶錄第二冊《怒目少年》裡面說過，我有相當程度的「麻煩症候群」，不能承受嚴格的體能訓練，馬營新兵連六個月，我的術科成績落後，挨打的機會很多，本該每天小打一次，每星期痛打一次，可是居然沒有。

這是奇蹟，我有奇遇。多年以後，我寫出兩句眾人引述的話來：「每一層地獄裡都有一個天使，問題是你如何遇見他；每一層天堂上都有一個魔鬼，問題是你如何躲開他。」馬營如果是地獄，我有幸遇見天使。

入營第一天，我們魚貫進入營房，一個軍官站在大門以內的走道旁注目看我們每一個人。後來知道，他是新兵連第三排的楊排長，那天他是全連的值星官，他要觀察我們。由這件事情可以推論他是一位既優秀又盡責的排長，他這麼一看，發生了我和他今世來生的殊勝因緣。

新兵連的三位排長是：第一排排長張志華，陝西臨潼人；第二排排長姓黃，廣東人；第三排排長楊書質，河北滄州人。楊先生有「書生氣質」，使我聯想「下馬草檄，上馬殺賊。」開訓一個星期，我的弱點完全暴露了，楊排長庇護我。後來知道，楊排長對連長說，現在抗戰勝利了，中國位列四強之一，軍隊的素質逐漸提高，如果憲兵的知識水準比他們低，就很難執行勤務。楊排長說，文武全材難得，只有取人之長，兼收並蓄，量材施用。訓練新兵，他主張要給體質比較文弱而文化資質優秀的青年留下一席之地。當時在六團、甚至在憲兵司令部，這都是相當「前衛」的看法，感謝朱騰連長接受了他的建議。

那時，在新兵連的三位排長之中，楊排長年紀最輕，今天推算，只有二十四歲。他的學識豐富，據說，他在憲兵學校受訓的那兩年，每逢星期假日，人家坐茶館，進戲院，三朋四友打麻將，他去聽名人演講，到圖書館看報紙雜誌。

那時憲兵學校有學員隊和學生隊之分，學員隊招收軍校畢業生，施以一年的專業訓練，使他具有憲兵軍官的資格；學生隊則是憲兵軍官的「科班」，受完整的憲兵軍官教育，是憲兵的嫡系正統。楊排長出身學生隊，年輕有為，說句很俗氣的話，行情高，面子大，他也說服了第一排的張志華排長。

馬營受訓六個月，連上對我的術課沒有嚴格要求。訓練進行到後期，每月舉行全連術科大競賽，評審官給每個新兵打分數，給每個班算出平均分數，給全連九個班排定名次，如果名次低，班長的考績也低。第一排第一班趙班長提出異議，認為我的分數會把第一班的名次拉下來，對他不公平。楊排長從中運作，連長同意，把我調到第二班，評審官核算第二班的成績，把我排除在外，也就是說，全班十名新兵，只拿九個人的分數來平均。

當時我們每一分鐘都控制在班長手中，班長絕對不許我們有「私密」的空間和時間。楊排長為我製造喘息的機會，他做值星官，一定找我個別談話。連上有一挺輕機槍，按規定由第一排排頭扛著出操，我調到第二班以後，頓時輕鬆許多。西北風裡學築城，挖戰壕，指導員看楊排長的面子，叫我到他的辦公室裡寫壁報，免除勞役。第二排黃排長以值星官的身分訓話的時候，強調術課重要，然後叫著我的名字說：「他的腿太長了！」表示原諒。如此這般，給人的印象是全連長官都護著我。

回想起來，他們那時都是時代青年。楊排長年紀最小，當年才二十四歲，他個子不高，但望之有威。朱連長比他大幾歲，態度光明磊落，治兵大處著眼。張排長年齡最大，當年三十五歲？閱歷豐富，有苦口婆心。三人風格不同，借用憲兵訓練的口號來形容，張排長穩重，「鋼膽沉著」，楊排長朝氣蓬勃，「熱心慧敏」，朱連長慷慨有大志，「向前向上」。

這樣三個人，他們帶我去北平我就去北平，帶我去瀋陽我就去瀋陽。

軍事訓練一切講話都有標準說詞，千口一腔，輾轉重複，十分乏味，但楊排長常有自己的見解。有一次，他以值星官身分對全連士兵講話，他提出一個問題：為甚麼要受軍事訓練？我們說為了報國，我們又說這是一種義務，他都裝做沒有聽見。他的答案是：軍事訓練可以使青年人養成終身使用的良好習慣，像整潔、勤勞、勇氣、效率、合群等等。他的角度不同，他從青年的利益看問題，答案新鮮。二十年後，我看到美國海軍的招兵廣告：「你想免費周遊世界嗎？」我又想到當年楊排長的見解多麼「前衛」！

楊排長常常找我個別談話，他有一間小小的臥房，除了床鋪，只容得下一張書桌。我們隔著桌子面對面坐下，在操課時間，他是一個不動而威的長官，個別談話的時候，他像一個溫和的教授。我能有一段時間完全脫離班長的掌握，已是一種幸福，何況又能分享人生道路上先行者的智慧。他雖然年輕，分寸拿捏得準，他暗中庇護我，但從未直接告訴我。他也從來沒有一句話談到政治（那該是指導員的工作），只談青年人立身處世。還記得他引用成語，解釋甚麼叫「有為有守」，他指出，我的性格偏向有守，遠離了有為。那時候，他看出我的沮喪和萎縮。

我必須記下來，他屢次問我有甚麼計畫，他叮囑我：如果想做甚麼事，務必先和他商量。

我心中暗想，事到如今，個人的一切權利已遭剝奪，個人的一切發展已遭堵塞，我還能有甚麼計畫？我只希望六團帶我走出關中，走回華北地區，尋找我的父母妹妹和弟弟。我並沒有把這個意念說出來，說出來也沒人相信，也許增加另一種猜疑。我心裡的事情，他們知道得越少越好。

多少年來，我十分思念楊排長，有一天恍然大悟：親愛的楊老師啊，你是擔心我自殺吧，你是用防範自殺才說服朱連長的吧，士兵自殺，連長要記過調職的呢！

了不起的排長，你難道料事如神，那時我的心裡的確常常冒出自殺的念頭來。那時士兵自殺也是軍中常事，奇怪，我們是新兵，不知怎麼都聽說了自殺的方法：你不是有一枝步槍嗎，你側臥在床上，蓋好棉被，被窩裡抱住步槍，彈倉裡裝上子彈。你悄悄用腳趾拉開扳機，推子彈上膛，槍口抵住喉部，再用腳趾去扣扳機，驚天動地，一了百了，螞蟻也有十分鐘的轟轟烈烈。班長降級，排長記過，連長調去坐冷板凳，一個個灰頭土臉，教你知道我的厲害。

縱你班長有天眼通，連長有天耳通，你們也不知道我悄悄的演習過一次，當然用空槍。你看不起腳趾，沒想過一髮能動全局，槍機卡察一響，全身震動，若有所失，若有所得，赤條條來去，滋味很迷人呢。可是我幾乎弄假成真，我不知道彈倉裡真有子彈。

必須解釋一下：「漢陽造」步槍是把子彈裝在薄銅片做成的彈夾裡，再把彈夾裝進彈倉，滿夾有五發子彈，最後一顆子彈上膛，空彈夾自動跳出倉外，叫做「漏夾」。平時彈倉裡不該有子彈，我沒有事先檢查，幸虧只有一顆子彈，我用腳趾把子彈推進槍膛，聽見空彈夾噹啷一聲落下，好傢伙，槍在警告我。幸虧是漢陽造，幸虧沒有第二顆子彈，險哪！

我怎麼能自殺，父母家人掛在心上，我得活著。我只是研究自殺，排練自殺，寧可百日不用，不可一日無備。我既然掌握了自殺的方法，隨時可以實施，反而好像吃了定心丸。親愛的楊排長，我一直活著找你，我終於找到你，一直活到廿一世紀。

二表姐突然來到馬營，引起一陣鬨動。她已在二十二中畢業，考進西北農學院，成為當時的明星級人物，女大學生。大學生有向上級控訴的能力，他們只好讓我們見面，連長特別讓出他的辦公室，供我會客。我那當砲兵營長的五叔，音訊斷絕已久，現在忽然匯給我法幣三萬元。二表姐是我指定的代理收信人，學校訓導處把信轉給她，她把錢領出來送給我。我很感傷，我說我已輟學，不配再花用這筆錢，咱們退回去吧。二表姐比較理智，主張收下，我這才想起，我有機會進二十二中，多虧二表姐導引成全，流亡學生的生活十分困苦，她現在考上大學，正是需要金錢支援的時候，我就用五叔這筆錢補報了她這份人情吧！五叔能夠為家鄉培養一個人才，也是一樁善舉。

但是二表姐堅持給我留下一半。那時對我們來說，一萬五千元是很大一筆錢，有了這筆

「基金」，加上半工半讀，二表姐讀完大學。我突然有了這筆錢，一時手足無措，那時候，我們沒有任何私人空間可以收藏它。二表姐走後，我急忙報告班長，班長教我報告連長，連長教我存放在排長那裡。我拿著厚厚一疊鈔票去找楊排長。楊排長沒說話，他只是找一張報紙把錢包起來，又找一根線捆紮了。他替我保管這筆錢，分文沒有短少。

我承辦過一件重要的事情。抗戰勝利，政府對士兵頒發「參加抗戰證明書」，對尉級和校級軍官頒發「抗戰勝利紀念章」，都附有一張證明。新兵補充連收到一百多張空白的證明書，由我用毛筆填寫番號和姓名，我愉快的完成了工作。連部有一位准尉司書，可是連部的官長都指定由我填寫他們的名字，他們認為我的書法比較好，「插柳學詩」下的功夫還在身上。不過我心裡有意見，士兵只是「參加」了抗戰，尉官校官才值得「紀念」，將官不論他做過甚麼，一律頒發「抗戰勝利獎章」。一個人對抗戰的貢獻有多大，竟完全由官階決定！還有，證明書的紙張柔軟，容易起毛，不耐久藏，難道要士兵裝成鏡框揹在背上？

我的「學科」成績畢竟不錯。楊排長為我們講解步兵操典，張排長為我們講授作戰教範和陣中勤務令，這三門功課合起來簡稱「典範令」，十分重要。張排長年資深，已經訓練過好幾批新兵，不管新兵程度有多低，他都要照上面制定的課程表對牛彈琴，心中一定無可奈何。這一次面對我們這批流亡學生，他算是遇到知音，尤其是我，對他的講授時時心領神會。

他似乎想知道楊排長有沒有看錯人，講課時隨機拿一些問題考問我，例如背誦步兵操典第一條，背誦立正姿勢的要領等等。還好，我都能答得上來。

我甚至超出他們的期望。楊排長講操典講到步兵衝鋒，操典規定，衝鋒前要子彈上膛，關好保險。我不明白為甚麼要關保險，依我揣想，士兵跳出陣地，平端步槍，衝向敵人，子彈既已上膛，當然要在雙方刺刀尚未碰觸之前射出這顆子彈，殺傷敵人，操典要我們關上保險，不知留下這顆子彈作甚麼用？楊排長聽了大為驚奇。

野外演習有個項目叫「步測距離」，測量的公式是兩步算一複步，人人背誦公式「複步加複步乘二分之一，等於公尺數」。這個「複步乘二分之一」是甚麼玩藝兒，難倒了多少新兵，也難為了多少班長。有一次，在操場裡，張排長當眾要我背誦這個公式，我脫口而出的是「複步加複步的一半」。他的第一個反應是我答錯了，既而一想，滿面堆下笑來，可不是？「複步的一半」多好懂，多好計算，要複步乘二分之一幹甚麼！

據說，這兩樁公案都寫進了新兵訓練的例行報告，由連部貢獻給團部；據說，團部彙報材料時加入這兩條，上達憲兵司令部；據說……

有一次，張排長突然問我：假使你守在陣地裡，你抬頭一看，敵人的砲兵就在眼前，你怎麼辦？我覺得這個問題很奇怪，作戰時，步兵在第一線推進，砲兵在第二線支援，怎會先出現敵人的砲兵？我憑直覺反問：「他的步兵在哪裡？」張排長一笑：「算你答對了！」

那時，我和他怎麼也沒料到，一年以後，國共內戰全面爆發，兩年以後，共軍有了砲兵。司令員料定國軍縮守據點，不敢出擊，就把砲兵調到第一線攻城。有時候，守軍的確可以抬頭看見共軍的砲兵，若問怎麼辦，正確的答案是一點辦法也沒有。

張排長講課旁徵博引，他講到子彈的速度，也講到聲音的速度，我發現子彈的速度比聲音快。有一天他問我們：聽見槍聲害怕不害怕？大家齊聲高呼不怕。再問為甚麼不怕，一片鴉雀無聲。我想起一個答案，我說子彈先到，聲音後到，聽見槍聲、子彈已經飛過去了。這個答案傳遍全團。

二十年後，我在台北《中國時報》「人間」副刊寫五百字小品專欄，使用了這個答案，表示人生有些恐懼是多餘的。台灣最前線金門島上的駐軍打電話來，他們需要這篇文章做士兵的教材，並且問我另外還有沒有這一類的文章。

我的術科也並非一無是處。訓練後期，步槍實彈打靶，每人射擊兩發子彈，每一槍的滿分是十二環。我一槍打十一環，一槍打十二環，楊班長初露笑臉，張排長提高嗓門說我「太慌張了」！他認為瞄準時沉著一點，兩槍都可以打十二環。我聽了，體會出甚麼是「其詞若有憾焉，其實乃深喜之」。論射擊成績，全連新兵僅此一人，我到底參加過游擊隊，見過準星尖。就憑這點虛名，後來有人想調我去執行罪犯的死刑，也就是做劊子手，我當然拒絕，那是六團開到瀋陽以後的事了。國共內戰，我只放過這兩槍，這是我的幸運。

靶場規則也有悠久傳統。事先畫定範圍，通知村長鄉長，臨事派出哨兵，阻止行人通過，以防誤傷百姓。列兵進入靶場以後一律臥倒，不准起立，步槍一律與身體平行，不准「出槍」（把槍管伸出去），槍機一律拉開，暴露空空的彈倉，沒有子彈在內，以防誤傷官兵。列兵就射擊位置，班長跪在他的身旁，指導監看每一步動作，射擊手打完子彈，歸回原位，班長還要檢查槍內有沒有多餘的子彈。如此謹慎周密，使我動心，影響了、或者加強了我以後行事的風格，或者還及於行文的風格。

「團教練」野外演習，我又有一次精采的表現。有一個項目是指揮官下達行軍宿營的命令，命令的內容分中、前、右、左、後五個部分。演習完畢，全連成講話隊形聽連長講評，朱連長首先點了我的名，要我複誦演習時聽到的命令。命令的內容看似複雜，其實次序井然，流亡學校也有軍事訓練，也有野外演習，軍訓教官也下達過這樣的命令，我喜歡條理分明的東西，印象很深。朱連長臨場抽考，我拼湊前後記憶，不足之處再稍加編造，居然一氣呵成，很像那麼一回事。等我複誦完畢，朱連長大聲問全連新兵「聽到了沒有」，連問兩次，十分高興。

這一連串考驗使楊排長很有面子，各班班長對我另眼相看，似乎再也沒有人非議我的特權。

楊排長的大動作是改革新兵連的伙食。那時新兵穿不暖也吃不飽，高級軍官常引用拿破崙一句話：「困苦與匱乏，乃優良士兵之學校。」作戰的時候，挨凍受餓很尋常，平時不預習怎麼行？可是怎麼不想一想，平時養得壯，上了戰場才挺得住啊！

連上有專人管經費辦伙食，官名很奇怪，叫做「特務長」。它本是特別勤務的意思，出操上課行軍宿營是一般正常勤務，被服裝具柴米油鹽就是特別勤務了。後來我到聯勤補給機構工作，有兩位同事的職銜是特務員。這些特務長、特務員都和情報間諜沒有關係，可是共產黨雖然知彼知己，也還沒精細到這般程度，後來特務長、特務員做了俘虜，還真受到些特別審問。

那時軍官、軍士和大兵各有進餐的地方，菜飯成色有別，軍中辦伙食的準則是：「官長要吃得好，班長要吃得飽，兵有多少吃多少。」結果是，新兵半飢半飽。那時士兵腰間都紮一根皮帶，開飯的時候並不解開，吃過飯以後，肚皮脹大，用手指插進皮帶測試，如果插不進兩根手指，算是吃飽。有一次，某班班長問列兵吃飽了沒有，別人不敢回答，有個膽大的坦白說沒吃飽。班長要他自己測驗，看到了測驗的結果，吩咐他「把皮帶紮緊一點」。我們天天唱「太陽空氣水，蔣委員長說它是三寶」，從來不提澱粉和脂肪。有時連開水也短缺，我們照〈以賽亞書〉所說：「以艱難當餅，以困苦當水。」

寫到這裡，我應該談到我們的待遇。招兵的人說，憲兵上等兵的薪餉比照步兵少尉，當然沒那回事，到底比少尉差多少呢？我找到軍政部當年編製的「陸軍官兵待遇比較表」，那時少尉薪俸每月法幣四十二元，戰時加給三十元，生活補助費二百五十元，合計法幣三百二十二元。二等兵餉金每月法幣二十元，草鞋費六元，合計法幣二十六元。少尉薪資是二等兵的十二點三倍。二等兵拿到的二十六元又是多少錢呢，我還記得當時陽春麵每碗一元，今天這個時代的人，可以用二十六碗陽春麵的價格，想像當年二等兵的購買力，「國家」給的伙食吃不飽，他沒有資財自己補充。

我們每天活蹦亂跳，攀高舉重，熱量消耗很大，楊排長看在眼裡，動了惻隱之心。全連伙食雖由特務長負責主辦，卻又由三位排長輪流監督，每人任期一個月。戰時菜金少，物價高，人所共知，沒有甚麼可說的。抗戰突然勝利，菜肉的價錢降下來，楊排長認為新兵可以吃得好一些，就在輪到他值月的時候提議改善。

這是對特務長的挑戰，也微妙的碰觸連長的威信和利益，另外兩位排長知道不妥，但是誰也沒有反對。以前，每天早晨，新兵推舉出來的採買，帶著炊事班長，向特務長領當天的菜金。楊排長的改革方案是，每月一日把上半月的菜金都領出來，到十六日再把下半月的菜金都領出來，統籌支配，貨幣可以發揮更大的效用。

楊排長的設想沒有錯，然而特務長豈是好惹的？他欺楊排長不知世道險惡。一號那天，楊排長派人來領錢開伙，特務長把全月的菜金都給了他，卻不告訴他全月一次付訖；而楊排長以為只支取了半數，另外還有一半到十六號再領。他用全月的菜金辦半個月的伙食，當然有明顯的改善，可是他十六號再去找特務長，才知道本月份已無錢可用，這一下子麻煩大了。

楊排長必須馬上解決兩個問題：第一，下半月的菜金如何籌措；第二，下半月的菜比上半月差得多，他如何向全連士兵解釋。張排長黃排長都為他分憂，各自對本排士兵說明委曲，他們誰也沒懷疑楊排長貪汙。我不知道楊排長如何度過難關，即使在個別談話的時候，他從未提過半句。他才二十四歲吶，這麼有擔當。

不久，團部要把楊排長調到另一個連去做排長。團部沒有發表書面的人事命令，只由主管業務的人打了個電話，並且指定前往報到的日期。楊排長認為團部作業程序違反規定，提出異議，但是團部置之不理。於是楊排長集合全連士兵告別。

記得正是黃昏，地面晦暗，天空明亮。記得楊排長別出心裁，教我們蹲下。記得他說捨不得分離。記得他提高了聲音說，團部把我調來調去，從來沒有人事命令，我好像是一條狗。

暮色漸濃，我們看不清他的臉色，只見他舉起手帕拭淚，只聽見他說：「他們拿人當狗！」這句話觸動了每個新兵的傷心處，全場同聲大哭。

團部慌了手腳也發了脾氣，一個排長居然跟新兵建立這樣深的感情，這還了得！這種反應我了解，大地主僱個奶媽照顧小孩，就慎防孩子愛他的奶媽。

楊排長暫時留下來，六團開往瀋陽的日子近了，穩定新兵的情緒要緊。楊排長暫時留下，這筆帳秋後再算。通過楊排長，我彷彿看見憲兵團的黑暗面。該看見的，總有一天會看見，但是現在未免太早。

由寶雞出發　另一種流亡

六團不去北京，大家頗為失望，大概團部為了安撫軍心，頒下一套說詞，各位班長異口同聲告訴我們，六團此行由西京長安出發，先到南京，再到以前滿洲國的新京長春，一共是三個京城，北京去不去又有甚麼關係？

陝西本土生長的新兵，父祖三代沒有跨出潼關，偷偷的問我西京到新京有多遠。我說不知道，即使知道也不能告訴他們，路程確實遙遠，說出來也許把他們嚇跑，如果跑得掉，也還罷了，如果跑不掉，抓回來，審問情由，他們也許把我供出來，我也許落一個動搖軍心。

今天我為了寫這篇文章，特地翻查資料，掌握了一些里程數字，我們由陝西寶雞出發，由寶雞到西安，一七三公里。由西安到徐州，八六〇公里。由徐州到南京，三四六公里。由南京到上海，三〇九公里。然後海軍把我們運送到葫蘆島，一三八四公里（七四七海里）。由葫蘆島到瀋陽，二九三公里。瀋陽到長春，三〇五公里。一共是三千六百七十公里。

我想，他們的父母聽到這個數字，難免會掉下眼淚。動身前，班長放出空氣，全團坐飛機直飛南京。事實是，我們到寶雞車站坐火車，一列專車升火待發，班長像西部牛仔趕牛，把我們裝進車廂，站長鎖上車門，班長站在車廂尾部監視，誰也不許離開座位，哪像出征？倒像起解。經過灞橋車站，想起折柳送別。經過咸陽車站，想起杜甫，想起「妻子爺娘走相送，塵埃不見咸陽橋」。而今軍情嚴密，這些本土新兵根本沒有機會通知他們的家人。

列車由寶雞開出，一路經過秦嶺之北，陝北高原之南，三面皆山，狹長的盆地，渭河流過，正是所謂八百里秦川。胡宗南沿著渭河布防，監視延安，號稱反共長城，盛傳蔣緯國曾經在此擔任第一師第一連的連長，師長先給他拜年。

這是中國古代歷史大量書寫的地方，走路都會踩著秦磚漢瓦。今天回想，這一片河山大地我是「虛度」了！單說咸陽，秦始皇發號施令吞滅六國，楚漢相爭，先進咸陽為皇上。還有西安，世界四大古城之一，與開羅、羅馬、雅典齊名，十一個朝代在此建都，總計一千一百年。這一帶有帝王陵墓七十二座，一般古墓八百座，咸陽一地就有帝王陵二十七座。「南方的才子北方的將，關中的土埋皇上」。今天多少人不辭萬里，到陝西觀光，我們當年只是像河水一樣流過。

那時我孤陋寡聞，倒是知道「鳳鳴岐山」、「暗渡陳倉」都在寶雞。車過虢鎮，想起盛世出美女，長安街頭多麗人，虢國夫人「淡掃蛾眉朝至尊」，使一個尋常的地方顯赫至今。月台上「武功」車站的站牌，使我想起西北農學院，看日上三竿，正是二表姐上課學習的時候吧，今生再見遙遙無期。咸陽、西安，赫赫出現，默念王維的「西出陽關無故人」，李太白的「西風殘照漢家陵闕」。然後臨潼，「溫泉水滑洗凝脂」，中國式的性感，點到為止，想像多於色相。然後華山，崔灝的「天外三峰削不成」。那時候我好像正在以苟全性命的「我」祭弔臨刀一快的我，麻木壓倒一切，這些詩句都像病灶一樣鎖在我的心裡，沒有跳動一下。唉，這一片河山大地我是「虛度」了！

今世千變，今生無法改變，多少次重讀文史，讀到對關中的描述，惹我反覆沉吟。寶雞是炎帝出生的地方，咱們號稱炎黃世胄，那是咱們民族的祖居。那也是周文王的發祥地，道家張三丰得道處。渭水，姜太公曾經坐在岸邊釣魚，他釣到周文王，也有人說是文王釣到了他。武功，蘇武牧羊，他最後葬身武功，這個地名好像諷刺他一生的遭遇。馬嵬坡，楊貴妃，「不見玉顏空死處」，她盡力扮演自己的角色，演得太好也是錯。扶風出了個馬援，留下豪言壯語，馬革裹屍，抗戰八年的口頭禪。馬援在光武帝面前聚米成谷，解說戰局，也許是「沙盤推演」的創用人？馬融，偉大的經學教授，絳帳前面是學生，絳帳後面是樂隊，開視聽教育之先河？臨潼，秦始皇墓，郭子儀墓，班超墓，班超投筆從戎，抗戰時期中國青年的偶像，但不知當初招兵人員騙他沒有。那時還沒發現地下有兵馬俑，我們都是地上的兵馬俑，成行成列，灰頭土臉。華陰，帝堯在這裡接受「多福多壽多男子」的祝福，他說兒子多了負擔重，煩惱多。他忘了男孩子是兵源。

然後就是潼關了。

聞一多詩：「請告訴我誰是中國人，啟示我如何把記憶抱緊。」聞一知十，不可勝記，當年我只是從火車的車窗看見站名，當時無法消化，事後一生反芻。我總覺得似曾走入歷史又走出歷史，八百里秦川是時光隧道，我被巨大的力量吸進去，又擠出來，難割難捨，至今悵然有失。我常想，我不是一九四九年離開上海的時候離開中國，也不是一九七八年離開台北的時候離開中國，一九四六年，我離開關中的時候，就離開中國了。

潼關在陝西、山西、河南三省交界的地方，峭壁大河，地勢險要，隔著黃河與山西境內的風陵渡相峙。風陵渡地名有詩意，實際上埋伏殺機，那裡有個著名的砲兵陣地，可以封鎖潼關出口，使鐵路不能暢通。抗戰勝利，共軍搶先接收風陵渡，經常發砲射擊出關的火車，損害很小，困擾很大。列車必須在靠近潼關的一個小站停下來，加煤加水，充分燃燒，蓄積足夠的力量，高速衝出潼關。

過關要穿越幾座隧道，火車進了隧道以後，噴出來的黑煙特別多，濃煙裡夾帶的煤屑也特別多。可憐我們哪知道厲害，有一個新兵氣喘，嫌車廂裡悶得慌，要求坐在無廂的平台上，班長准了，我的心臟「二間瓣閉鎖不全」，也需要新鮮空氣，援例提出同樣的要求，班長也准了，沒人警告我們平台車坐不得。火車經過隧道的時候，我倆幾乎窒息，雖然抱頭踡曲，耳朵裡、鼻孔裡、連步槍的槍管裡都塞進許多煤灰，槍管的表面居然深一塊淺一塊，有幾處塗上顏色，事後怎麼也擦不掉。

出關就是河南境了。第一站靈寶，「專列」火急，卻停在站上不走，令人非常意外。耳語傳來，團部有長官帶眷隨行，她們坐在專用的車廂裡，沒人告訴她們要關窗子，過隧道的時候，有兩個幼小的孩子窒息而死，專車因此停下來，團長派人去找塊土地，匆匆埋葬孩子的屍體。六團長征，參謀作業似乎很差勁，沒有把穿越隧道當作「情況」下達指示。

紅日西沉，我們在站上等得心焦，忽然奉令全團下車步行。共軍把鐵路挖斷了！由靈寶到澠池，一百零六公里的路段不能通車。我們徒步行軍，找地方宿營，路上看見鐵軌和枕木狼藉滿地，鐵路局工程人員業已趕到，正在收拾搶修。抗戰勝利，日本投降，中共為了阻撓國軍進入淪陷區接收，或者說阻止國軍向解放區進攻，施出這一手絕招，國軍來了，我退卻，讓你修路，你走了，我回來，再把鐵路挖斷。共軍樂此不疲，國軍疲於奔命，非僅軍事進展緩慢，戰後經濟也受到無情的打擊。《中國鐵路橋樑史》記載了這一段史實。

這時候，中共破壞鐵路還在中小學階段，枕木上的鐵釘很難拔起來，中共沒有技術，沒有工具，破壞力很小。但是他們長於組織動員，人多好做活，沿線農民一起出動，排列就位，即使一個人拆掉一枚釘子，一夜之間拆完三十里二十里不難。我們走到澠池再登火車，火車開到徐州時，中共又把我們剛剛走過的鐵路、由開封到徐州一線拆成幾段。那年代，農民可以用鐵軌打造器械，用枕木做家具，這兩樣東西是鐵匠木匠最愛。中共規定「扒」下來的枕木鐵軌歸農民所有，但是又規定由中共照價收購。「照價」並非照市價，而是照中共設定的「公價」，公價即是低價，很低的低價。這樣仍然是「歸農民所有」，宣傳的口號喊出去，很能調動農民的積極性。

中共肯研究，能發展，他們把退休的築路工人請來做師傅，提高技術，加快進度。有時軍情緊急，拆下來的枕木和鐵軌來不及連夜運走，他們就一層一層架起來，從底下點火向上燃燒，枕木是最理想的乾柴，立時燃起熊熊烈火，枕木燒烤鐵軌，修路的材料一併損毀，路基旁邊也就出現火燒連營的景觀，中共破壞鐵路這就進入了大學的階段。

後來，扒路專家創造更驚人的成績，他們發明了一種前所未有的辦法，利用鐵軌和枕木本身的壓力，「輕而易舉」，把十里二十里長的鐵路掀起來，鐵軌仍然連在枕木上，豎成波形的曲線，像一道長長的籬笆（這個鏡頭曾經登上當時的報紙），然後一二三，大家同時使勁，把它推向另一側，翻身倒地，鐵軌彎曲了，枕木的釘眼也擴大了，整段材料不能再用，一夜破壞、一個月不能修復，這就進入了研究院的階段。全國驚歎，都說八路軍果然有「扒路」的專長。我後來進後勤補給單位做事，完全了解「扒路」的厲害，軍事運輸只能靠空中的飛機和海上的船艦，戰爭的成本越來越大。

這一段徒步行軍的經驗很痛苦，踏過黃河沖積而成的平原，黃土又鬆又厚，走一步比平地上走十步還累。強風陣陣，詩人說過中原的風「風中有骨」。黃塵像漫天濃霧，前後列兵都是個水墨渲染的影子，好不容易擦乾淨的步槍，槍管裡又裝滿塵土。我們腳步蹣跚，不能再維持隊形，沒走多遠，就要脫下鞋子倒掉其中的塵土。一年前流亡學校西遷，我步行橫貫河南，那次路線偏南，隔黃河很遠，經驗完全不同，這一次，我總算體會到中國人跟黃土的密切關係。

在這次艱難的行軍中，我看見楊排長替他的一個小兵揹背包。那時，一個步兵的貼身裝備總重八十磅，據說這個標準是由羅馬時代沿襲下來，再由歐美傳到中國，中國軍事訓練是由西方「橫的移植」，這算是一個旁證。那小兵還沒成年，瘦小孱弱，怎能和羅馬武士一樣負重致遠！楊排長一句話也沒說，伸手從小兵肩上取下背包。

雖說是專車，倒也停停靠靠，讓另外一列專車通過。那時有一件事比運送憲兵更緊要，就是把日軍俘虜向沿海幾個港口集中，遣送他們回國，我們因此在徐州車站停了很久，他們的專列和我們並排停在兩條路軌上，相距咫尺，我們憑窗把他們看個夠。他們總有兩三天沒刮鬍子了吧，當然也就有兩三天沒洗臉，個個閉著眼睛不看外面的世界，軍服起皺，頗有汙漬，鈕釦還是整整齊齊扣好。我們這邊有人丟了一包香菸進去，他們又丟回來，面無表情，動作僵硬，倒也看不出對抗的意思，算是表現了節制和禮貌。

日兵也和我們一樣，一律不准出走車廂。有一個兵，也是一個小兵，臉上還沒長出鬍子，不知怎麼上了月台，挨他的班長一頓拳打腳踢。小兵挨打的時候直立筆挺，一度跌倒在地，趕快爬起來站好立正姿勢，他受的訓練也就是我們所受的訓練。那日軍班長下手極重，滿臉悲憤，他好像要藉著這個犯規的小兵，宣洩他的亡國之恨。太過分了，車站站長走出來，用日本話喝令住手，還是日本話管用，那班長馬上回座去了。那個小日本兵大概聽過一些謊話吧，他的長官會告訴他，中國快要被英美列強瓜分了，中日同文同種，必須出兵援救。他的政府會告訴他，日本地方小，人口多，中國地方大，人口少，日本佔領中國，開發中國，利己利人。他是到了幾歲、到了哪一年才了解真相？

徐州離我的家鄉蘭陵大約七十公里，徐州北面，微山湖，窯灣，宿遷，抗戰逃難，父親曾經帶我們全家從那些地方經過，我在回憶錄第一冊《昨天的雲》裡有記述。我不知道家人到底怎樣了，人到徐州車站，沒有可供遠望的廣度，沒有可供眺望的高度，感覺另一種窒息。戰敗的俘虜可以還鄉，戰勝國的青年沒有枕頭的地方。那是使天下父母傷心的時代，衛生醫療水準低，死亡率高，孩子很難長大。教育不發達，上進的路少，孩子長大了也很難成器，成器的子女又很難有機會回饋父母。樹挪了死，人挪了活，年輕人遠走江湖尋出路，離家的那天，親友送行，臨別贈言是：「孩子，你要騎著馬回來，不要爬回來！」孩子沒有馬，難回來，有了馬又越走越遠，回不來。這些日本孩子回家去了，他們爬著回去，我如果回家，也是爬著回去。

後來我看到山東省政府的一份報告，一九四六年五月，也就是我在徐州車站停留的時候，中共在魯南展開清算鬥爭，魯南各地已有一百萬難民逃到徐州，大半住在郊區的九里山一帶。我到瀋陽安頓下來，輾轉和父親取得聯絡，知道我的五十多歲的父親、帶著十二歲的妹妹、十歲的弟弟，再度經過窯灣、宿遷，逃到徐州，我幾乎就從他們身旁經過！咳！我是一個甚麼樣的兒子！他老人家慈悲，母親去世，他隱瞞了，他自己經歷的困苦和危險，一句也沒說出來。當然，該知道的事、後來終於都知道了，我惟一能做的、就是以漫長的憂鬱，度過我的青年和中年。

我們從徐州轉彎南下，莫名的疲倦忽然襲來，昏沉沉作了個夢，一個已經作過的夢，我夢見駕著一架小飛機在天上飛，越飛越低，我很想拉高，用盡氣力枉然。眼見飛機就要撞上高樓了，就要擦著屋脊了，就要在地上墜毀了，生死關頭，我醒了。

我由寶雞到徐州，一路上沒有好好的睡上一覺，越接近徐州心裡越急，失眠越嚴重。我有個幻覺，彷彿到了徐州就北上山東，面對故鄉，我的心理是還鄉赴難的心理。到了徐州，我們南下，背向山東，越走越遠，幻想破滅，現實無奈，長期的緊張突然放鬆，代之以鄉愁。那時我已有預感，蔣介石主席犯了太多的錯誤，國軍很難收復山東，我家只有另覓一個無罪的空間。我離開家鄉，並不在一九四三年由蘭陵西行之時，而是在一九四六年由徐州南下之日，從那一天開始，我成為一個真正的異鄉人。

時醒時睡，睜眼一看到了宿縣。三年前，我在日本兵的監視下經過徐州，來到宿縣，然後步行前往阜陽，做流亡學生。三年後，我在班長的監視下經過徐州，來到宿縣，做山東蘭陵的流亡子弟。前後比較，毫無長進！我知道我會繼續貶值，我預感很難妥善盡到長子的責任，我已知所謂親友，是一群等著看笑話的閒人。我的左胸疼痛，頭腦發熱。這樣不好，我警告自己切勿再傷春悲秋，切勿再顧影自憐，我得冷冷的迎接未來，抗戰時期接受的意志教育、理智教育現在發生作用，情感使人脆弱，我密封起來。

睜眼一看到了蚌埠。蚌埠東望，想起阜陽，想起國立第二十二中學。

蚌埠離南京還有一百七十五公里，山東人看來自此以下已是江南。我和江南的緣分淺，我們走南京經上海，完全因為解放區不准通行，萬不得已繞道而過。後來我曾在上海居住，卻沒有到過蘇杭，正如我曾在天津居住，卻沒去過北京。那些年實在沒有好奇心去旅行，也沒有欣賞風景的那一份敏感，山水逼人來，也只是等閒交臂。

睡眼惺忪，匆匆幾瞥，我對南方的農鄉仍然留下深刻的印象。看那鋪天蓋地、深深淺淺的綠！簡直一個翡翠世界。遠山肥腴豐滿，線條柔和，像老母雞孵蛋似的伏在地上，流露母性，彷彿萬物從她而生。農夫也穿短褲，腿部也顏色暗淡，肌腱隆起，那張臉卻是細緻從容，沒有寫著勞苦，如果拍張半身照片，寄回關中，有人會說他是個讀書人。火車馳過，清風從窗口湧入，如清冷的泉水潑進，空氣裡有微微的香、微微的甜。「人人都道江南好」，南方和北方多麼不同，就拿關中來比，關中如巖，江南如玉。關中如獸，江南如禽。關中如城堡，江南如花園。關中如木刻，江南如水彩。

我看見「浦口」，到了！長江對岸就是南京下關。

南京印象　一疊報紙

那時，我們渴望和平。到了南京，第一件事情是看報，隊伍入城，我沿街向賣報的報童買了幾份日報，沒想到買報這麼方便！進了營房，全身披掛未卸，站在窗下打開報紙，恍如與世界重逢，心情激動。那時東北是世界注目的焦點，報上說，國軍收復瀋陽之北的重鎮四平街，考其時為五月十九日。國軍繼續向北推進，佔領長春，那是一九四六年五月二十二日。這一段時間，史家稱為東北國軍的巔峰期。二十三日，國民政府蔣主席飛瀋陽視察，那時我有個可笑的想法：你怎麼不等我們到了瀋陽再去視察？我們是你的禁衛軍、是你的內層保障啊！六月六日，蔣氏接受美國特使馬歇爾調停，對東北國軍下達停戰令，我們已在上海。我們在南京逗留的時間，大致可以推算出來。

日本投降後，蘇聯紅軍佔領東北，蘇軍撤退時把東北移交給共軍，國軍接收東北，事實上就是與共軍作戰。我關心東北，那是我即將前往的地方。我關心山東，那是我的故鄉。抗戰勝利，日軍退走，山東百分之九十的面積、百分之八十七的人口由中共控制。一九四三年，「英明領袖」蔣介石先生下令撤回駐在山東敵後的國軍，實際上放棄了山東，他並未料到一年以後日本投降。國軍接收東北，陸路難通，必須聚集在北越的海防等美國軍艦接運，有人怪他從溫暖的昆明調軍到嚴寒的東北作戰，兩地氣候差別太大，官兵難以適應，可是他有甚麼選擇？運兵的航線繞過廣西、廣東、福建、浙江、江蘇、山東，也就是經過南海、東海、黃海入渤海灣，路程到底有多遠，我一時沒法計算。若不是盟軍指定中國接收北越，給了這麼一個出海口，國軍也許悶死在崇山峻嶺裡。可是共軍由山東半島出渤海到營口，二一七海里（四〇二公里），到大連，八十九海里（一六五公里），共軍坐帆船接收東北，搶在國軍前頭。

我從報紙上看見蔣氏決心糾正他的過失，他以徐州為中心，部署大軍四十六萬人，準備向北、向東逐步壓縮，打通山東境內的津浦路段。他先派李延年接收，後派王耀武去統領山東軍政，（老校長李仙洲在哪裡呢？）準備以濟南為中心向東推進，青島的守軍向西推進，協力打通膠濟鐵路。戰雲密布，只待一聲霹靂。

那時關內關外，每當共軍受挫、國軍得手的時候，也就是和平的呼聲很高的時候，左派的媒體，中立的賢達，純真的學人，平時有各種分歧，卻在這一點上異口同聲，他們奔走呼號，痛陳中國人民在戰爭中所受的痛苦，催促國民政府大幅度讓步謀和，表現了驚人的執著和熱情。他們坦率大膽，指著鼻子罵人，抗戰八年，幾時見過這般不留情面的言論，簡直讓我慌了手腳，即使是汪精衛政府指責重慶政府，也比這些文章客氣三分。（兩年半以後，李宗仁主政，向共產黨求和，這些人卻全部保持沉默，並未對中共提出類似的要求，又不免使人懷疑他們當初的公正。）

想出現和平，需要雙方罷手，想雙方罷手，需要有人調停，美國總統杜魯門派來的特使馬歇爾將軍已在中國辛苦工作了半年。馬營聽訓，朱連長幾次提到「馬帥」，這馬帥是個「嗎帥？」他沒細說。人到南京，耳聰目明，馬帥者、馬歇爾元帥也，他是美國的五星上將，大戰中擔任陸軍參謀長，有運用組織和談判的才能，長於協調各方面的力量，「化不可能為可能」，增加勝算。他又是一位戰略家，運籌帷幄，高瞻遠矚，美國的羅斯福總統和杜魯門總統倚為左右手。盟國對他的尊敬，美國民眾對他的信賴，都可以用「極高」來形容。所以杜魯門總統任命他做特使，調停國共衝突。

半年來，馬帥的工作並沒有多大進展，他壓迫國民黨讓步，換取中共的信任，所以國民黨人不喜歡他。他又執行美國的政策，協助國民政府接收日軍佔領過的淪陷區，所以共產黨人也不喜歡他。自古「調人」總是兩面招怨，馬歇爾正陷入窘境。他首先要促成「停戰」，停戰先要「停火」，他希望國軍共軍都在原地按兵不動，誰也別惹誰，等待談判的結果。可是「衝突」仍然天天有，國共雙方搶先告狀，都說對方開火進攻，「停戰小組」派人調查，哪能查出真相來？何況戰線那麼長，發生衝突的地點那麼多，停戰小組的人員那麼少。

那時我暗中納悶：「停火」怎麼會那麼難？如果派出幾批人馬，把國共兩軍第一線的駐地畫成地圖，如果發生衝突，調查小組拿著地圖到出事地點去核對，是非曲直豈不立刻可以判明？這樣簡單有效的辦法，停戰小組怎會想不出來？這個問題我一直悶在心裡。幾十年後，我才看到一篇文章，它說當初為了促成東北停火，民主人士、社會賢達曾經提出這個「有圖為證」的辦法，他們拿著這個辦法去找周恩來。這篇文章說，周恩來對他們「放聲大哭」，周氏說，美國欺負我們，國民黨欺負我們，倒也罷了，怎麼你們民主人士、社會賢達也來欺負我們？眾人愕然無聲，只有東北籍的莫德惠也放聲大哭，我不知道周恩來為甚麼哭，我知道莫德惠為甚麼哭，莫氏知道內戰無可避免，東北註定要生靈塗炭了！

那時南京是首善之區，「名牌」報紙雜誌很多，《大公報》是一般讀者的首選，報導比較中立，新聞常有獨家。當然要看《中央日報》，抗戰八年，家鄉與後方隔絕，《中央日報》就是中央「公報」。日本投降，抗戰勝利，各地抗日游擊隊等待上級指示，某地官員拿出一份《中央日報》給游擊隊領袖看，上面寫的是游擊隊就地解散，那些打游擊的莊稼漢就消失了。「龔大砲」辦的《救國日報》反蘇反共，常以通欄破格的大字標題批評政府，聳動四方。《文匯報》格調近似《大公報》，但激昂慷慨有過之，雍容大方則不及，境界低一級，形象小一圈。也看《掃蕩報》（《和平日報》），我和它南京結緣，三年後覓食台北，竟有幸進了這家報館。

我也看《新民報》、《南京晚報》，覺得親切，後來知道他們是當地的民營報紙，力求貼近市民。我也看上海來的《申報》、《新聞報》，曾在三十年代的文學作品中屢次看到兩報的大名，也曾在蘭陵小學的儲藏室裡發現它們的副刊，早有崇拜的心情。還有……我甚麼報都看，惟有中共辦的《新華日報》我不敢看，班長們對我整天看報已經側目而視，他們一向認為讀書看報的兵不可靠，如果我再看中共的機關報，他們將無法忍耐，我自己也覺得太過分了。

各家報紙立場不同，對同一件事各有不同的說法，我覺得十分新奇。在後方，我只知道一個觀點，一種長短，對天下事只有一種看法，「公說公有理、婆說婆有理」應該僅是家務小事，至於國家大事，應該有大是大非，而大是大非應該由政府宣示。借用今天流行的詞語，南京上海的報紙「顛覆」了、「解構」了我受的教育，那時我的確受到震撼。自此以後，我一直留在聚訟紛紜的社會中，沒有再回到「一言堂」下討生活。

八十年代，中共建立的共和國開放對美留學，我在紐約認識一位北京來的留學生，他看到紐約新聞文化界「一件事情、十種說詞」，深感苦惱，他又偏要自尋煩惱，到圖書館借出《明報月刊》十年來的合訂本，《七十年代》十年來的合訂本，挑燈夜讀，深入察看，直看得面黃肌瘦，意亂情迷。我是過來人，我把當年的心路歷程向他剖析一番，他說他得到很大的幫助。

我們在南京逗留，只是為了一件事：「謁陵」，登上孫中山先生的陵墓參觀致敬。那時復員的機構、來往的官員、過境的部隊都要「謁陵」表示對黨國的忠誠，事關意識型態，絕不可缺，大家掛號排隊，爭先恐後，管理陵園的官員也就有絕大的支配權，管你甚麼人物，誰敢站在中山陵園的門口放一個屁，個個只有小心說話，我們讀歷史，都知道守護漢文帝陵墓的小軍官，如何侮慢李廣將軍。憲兵團一向自視甚高，想不到團部的公文無效，要憲兵司令部才行，少校團附拿了司令部的公文去交涉，人家不理，中校副團長出面，也不夠看，最後還是團長親自一行。那時流行一句話：「到到了南京，才知道自己的官小，到了上海，才知道自己錢少。」物換星移天不變，我寫這篇文章的時候，這句話已經改成：「到了北京，才知道自己的官小，到了上海，才知道自己錢少。」然後不斷有人增添，例如到了東北、才知道膽小，到了甚麼地方才知道腎臟不好，等等。

逗留南京，我以為憲兵司令可能來校閱，或者甚麼人可能來訓話，結果沒有。我打過游擊，見過中共練兵，他們每到一個新地方，總有人講述當地的民情風俗，定下官兵遵守的事項，憲兵並沒這樣做。（我們進駐東北以後，知道開進東北的五個軍都沒這樣做。）中央大員忙著接收，營連官長忙著帶隊遊覽，我忙著看報。每天晚上，他們談論秦淮河、雨花台、玄武湖，我獨自咀嚼讀報的滋味。我脫隊讀報，沒人干涉，我把看過的報紙放在牆角，堆成厚厚一疊，今天回憶南京，馬上想到一疊報紙，這一疊報紙放在那裡，沒有任何人去翻動一下。

離開南京，到了上海，我「嗜報」到達高潮。從那時起，我養成看報的習慣，每天早晨沒有報紙在手，悵悵若有所失。後來到台北，我乾脆進了報館，職業與興趣結合，實在是一大幸事。我曾追述我在上海讀報的經驗，寫成一篇散文：〈舊時天氣，今日心情〉。我一直認為，當你伸手買一份報紙的時候，你已花最少的錢買到最多的東西。我寫這篇文章的時候，某公司正在推銷百科全書，廣告說，你只要花六分錢就可以買一條知識。我立時想起，報紙讀者只要花一分錢，就可以買六條資訊。我在勸人讀報的時候說：「一天開門八件事，柴米油鹽醬醋茶、報紙。」

儘管我讀報那麼專心，儘管我讀了那麼多報紙，仍有許多事情我不知道。我難以想像，故鄉蘭陵成為中共的重要據點，臨時設置了蘭陵縣。我知道國軍沿蘇北運河向北布防，並不知道他們攻入蘭陵。我不知道中共從游擊隊手中奪取臨沂縣城，史家說，中共從此停止鄉村游擊戰，開始正面進攻城市。我也不知道，中共在臨沂設置山東省人民政府，召開「山東軍區黨政軍領導幹部會議」，陳毅在臨沂嚴肅的批評了中共幹部的「天下太平思想」，他反對「解甲歸田」，宣稱「自古只有打出來的江山」。他的政工幹部居然能說服共軍的戰士，讓那些當初為了保衛家鄉而參軍的青年，又到東北奮不顧身。這些我都不知道，我看報只知道中共呼籲和平，高音蓋過一切。

我完全不知道母親已經一病不起，時在一九四五年九月。那時日軍投降撤走，中共的老五團過境，中共地方黨政幹部進駐，管制工作開始，鬥爭尚未著手。她老人家素有腸胃痼疾，最後病發時，蘭陵一帶只有中醫，沒有中藥，醫師開出來的藥方，藥店無法配齊。我也不知道，父親本來決心留在家鄉做順民，他知道逃到外地無法生活，可是他是沒落的地主，他讀過專科學校，他曾經是孫傳芳的幕僚，他參加過國民政府遙控的抗日游擊隊，他有一個兒子當憲兵，他有一個弟弟是黃埔畢業的砲兵上校，中共革命，他沒有生存的空間。

起初，工作人員對我家還算寬容，稱讚我母親同情窮人，經常施捨，幹部組織群眾掃街，也因為我家沒有勞動力，予以豁免。後來了解，這是拉攏次要的敵人，打擊主要的敵人。一個月後，他們突然拘捕父親，解往蘭陵鎮北的卞莊鎮關押。他已升高為主要敵人。

父親羈押期間，任何人不得探視，堂弟東才幾番送去衣服食物，也沒到父親手中。幹部花了一個多月時間，對父親的素行展開細密的調查，鄉人都說他沒有劣蹟，只好放他回家，這是中共的民主作風。後來了解，中共的調查其實是對群眾的教育，勸說鄉親依靠人民，鼓勵他們站穩立場，大義滅親，為下次的拘捕審訊作準備，這是中共的專政原則。父親細密謹慎，他在多次疲勞審訊的問話中窺見中共的鴻圖遠略。

父親回到家中衰弱疲憊，說話用氣音，別人慰問，他只搖搖手，想像中他吃了苦。母親逝世，父親又遭拘押，十歲的弟弟和十二歲的妹妹由鄰家勉強照料，也受了很多苦。說到受苦，這並非開始，也不是結束，以後許多年，家人聚居台北，每個人的苦自己藏在心裡，誰也沒說，誰也沒問。當年母親臥病的日子，我在異鄉，十二歲的妹妹侍奉湯藥，清洗穢物，還要每天做兩頓飯，十指粗腫，後來見面，她沒叫一聲苦。多年來我們形成共識，不讓家人複述痛苦的遭遇，我們能想像，能體會，但是未必能互相承擔，每一個人所以受苦，對方多少是個因素，家庭是個奇怪的組織，如果不能互相增加幸福，那就要互相增加災難，我是長子，我知道自己要負最大責任。

隨著魯南戰局的發展，共軍退出蘭陵，國軍進入蘭陵。然後，隨著魯南戰局的發展，國軍又退出蘭陵。那天天氣炎熱，父親帶著弟弟、妹妹到大門外路旁邊乘涼，看見國軍大隊出行，好像撤退的樣子。他上前向一個位「老總」求證，那時國軍保密訓練不足，「老總」對他說了實話，父親當機立斷，左手拉起他的小兒子，右手牽著他的小女兒，緊緊跟在國軍的隊伍走出去，他老人家一生謹慎周密，惟恐國軍前腳走出，共軍後腳進來，中間不留空隙，他也惟恐國軍出城以後，中共地下人員緊閉城門，禁止出入，機不可失，他沒有回到屋子裡去多拿一件衣服。這時候，母親已經逝世了，當父親被捕的時候，母親就已經離開人間，她沒受到「解放」帶來的種種試煉，上帝釋放了她，她釋放了丈夫和兒女。

依情理推想，父親終於斷然出走，想是因為外面還有一個兒子吧！對於他老人家，我僅是空中的一根游絲，卻也是他的一線希望，這根游絲也許能變成一根繩索，或者一個救生圈。也許真有心電感應，這根游絲由西北山區飄起，朝著他老人家飄來，稍一偏差，飄向東南沿海，在南京上空飄盪，在上海上空飄盪，又轉一個大彎兒，飄到瀋陽。飄來飄去，還只是一根游絲。

南京印象　一群難民

回憶南京，另一個主要畫面是一群難民。

我們臨時住在空置不用的庫房裡，那是日本人建造的庫房，一排一排，佔了相當大的面積。這麼大一座倉庫，想必存放了很多物資，我們來時，庫房乾乾淨淨，可以說寸草不留，屋頂下孤零零拉著一根電線，稀落落掛著幾個安置電燈的螺旋窩，沒有燈泡。那時距日本投降十個月，「接收」還是熱門新聞，接收人員常常侵吞盜賣敵偽物資，這些人有後台，膽子大，可以把一座一座倉庫搬空，因此京滬報紙把「接收」寫成「劫搜」。面對空空的庫房，我對這個新詞有深刻的體會。

第一件事情是買燈泡。特務長從沒見過燈泡，好歹找到電料行，店員問他「幾度」，他怔住了。幸虧店員懂得怎樣做生意，問清楚用途和使用的場所，替他作了主張。我還記得，一個燈泡的價錢是法幣兩百元，很貴。

各排領到燈泡，都不和道怎樣安裝。這時，第一排排長張治華調團部服務，換了一位剛從憲兵學校學員隊畢業的新人，名叫李戩，李排長料到我們有困難，前來察看，他在重慶讀憲兵學校，接觸過都市文明。他親手把燈泡裝上去，倉庫的屋頂高，他的身材又矮，我們出去到處找凳子，好不容易弄到一把椅子。

他吩咐我們不要去碰那些燈泡，「觸了電，就像天打雷劈！」他的聲調很誇張。以後一連多天，電燈晝夜亮著，沒人知道怎樣把它關上，連長和值星排長偶然來過，都沒有對電燈表示任何意見。

我們在南京大約停留了一個多星期，然後我們去上海，整隊出發時，有些燈泡已經燒壞了，玻璃球上蒙著一層黑霧，有些燈泡沒壞，還迎著太陽發光。特務長帶著勤務兵，搬來椅子，不分好壞，把燈泡一個一個取下來（他現在學會了），裝進麵粉口袋，鄭重其事。燒壞了的燈泡還有甚麼用？我覺得奇怪。後來知道，那時燈泡也算財產，憑廢品報銷，機關部隊遷移時，照例把燈泡取下來帶走。你的新營房、新辦公地點一定沒有燈泡，你得交出廢品，添購新品。

閒言帶過，按下不表。且說庫房連著庫房，我們的鄰居是蘇北逃來的難民，蘇北有大片土地已經解放了。我對這些難民發生極大的關切，他們為甚麼要逃出來？中共究竟在做甚麼？為甚麼要那樣做？蘇北魯南，地理環境相同（一度有人主張把它們合併了、單獨設置一個行省），社會結構相同，戰後的情勢相同，中共在蘇北怎樣做，也會在魯南怎樣做，了解蘇北，也就間接了解魯南。

我去訪問這些難民，我擔心像我這樣一個陌生的年輕人，他們可能排斥我。我走進他們群居的庫房，表白來意，他們把我圍在中間，熱情接待，好像一直等著我。他們齊聲訴苦，日本雖然投降，政府並未接收蘇北，害他們流離失所。他們遞過三次陳情書，請求政府派大軍北進，趕走共軍，沒有回應，索性派出代表到國民政府請願，警衛部隊把他們轟回來。

他們誤會了，看我穿著軍服，以為我是政府派來的工作人員。我趕緊聲明，我是一個作家，我來找材料寫文章。他們的熱情並未冷卻，他們說，中共在蘇北做的事，南京人都不知道，他們曾經把《中央日報》的記者請來長談，一五一十告訴他，可是《中央日報》一個字也沒登。《文匯報》登他們的消息，說他們這些難民是家鄉的惡勢力，家鄉人不歡迎他們，所以他們在家鄉不能立足。「《文匯報》根本是胡說八道！我們寫信去更正，也是石沉大海。」他們在南京的感覺是不見天日，非常希望有一枝筆為他們撥開陰霾。他們問：「你的文章能在《中央日報》登出來嗎？」我說能登出來。「你的文章能在《文匯報》登出來嗎？」我也說能登出來。無可奈何，我欺騙了他們。

大家爭先發言，有人出來維持秩序，請一位紳士模樣的老年人先說。他透露的訊息是，抗戰時期，中共「團結各階級共同抗戰」，大家相處得很好。不止一次，中共在根據地開會籌款，邀請住在城市裡的大商人和大地主參加，他們瞞著日本佔領軍前往，要糧出糧，要錢出錢，中共對他們親切友善，而且滿口讚許。抗戰勝利，日軍撤走，共軍前來接防，大小幹部都變了臉，而且是無緣無故翻了臉。這位長者說，他百思難解，昨天共同抗戰，今天怎麼就反目成仇？

老者說，中共剛來的時候，大家還想攀交情，講斤兩，但是中共一出手就把地方上一個有名望的人殺了。家產也抄了，日軍佔領期間，這人做日本人和地方的中介，暗中又為國民黨設置的江蘇省政府效力，中共說他既是漢奸，又是國民黨特務。抗戰八年，地方士紳迫於形勢，個個都是兩面敷衍，也可以說個個犯了同樣的罪，中共拉出一個來祭刀，其他的人都嚇壞了。再加上中共雖不殺你，卻派人到處調查你的罪行，人人服服貼貼，不敢大聲喘氣，中共無論辦甚麼樣的事，也就一呼百諾了。

一個中年人自我介紹，他說他是地主，中共來了，成立「姐妹會」，把各家的婦女組織起來，每天開會上課，教她們識字，分派工作，給解放軍戰士做鞋，幹部對她們反覆申說：女人受男人壓迫，受封建社會壓迫，女人要聯合起來，爭獨立，爭平等，跟男人算帳。中共又成立「兒童隊」。把各家的孩子集中在一起。每天和孩子談心，引誘導孩子說出父母的言談行為和交往，訓練孩子放哨、站崗、監視出入行人。婦女、兒童都是清早出門，夜晚回家，這樣一來，他的家庭就分裂了，中共掌握了他的老婆孩子，他完全陷於孤立。中共又把佃農組織起來，教佃農知道地主有罪，地主是無產階級的敵人，大家要覺悟，要聯合起來打倒地主階級，把土地財產奪回來，「就是少奶奶和千金小姐的牙床上也要滾一滾！」這位小地主一聽，大事不好，趁著妻子對中共的話將信將疑，趁著兒女對父母還有幾分依戀，也趁著佃農對他還有幾分溫情，連忙帶著妻子兒女逃出來。

座中有一個中學教員，他的經驗又與別人不同，他不是地主，不是資本家，不是國民黨員，也沒當過漢奸，自己認為可以留在家鄉活著。可是他有一個女兒，他為女嬰請過一個奶媽，中共來了，這位奶媽一躍而為婦女幹部，中共開鬥爭大會，昔日的奶媽指控僱主剝削，她的奶水本來應該餵養自己的孩子，卻被特權階級搶奪。中學教員俯首認錯，原以為可以過關，夜晚，有位家長偷偷的通知他，第二天還要繼續開會，奶媽將提出新的控訴，不但中學教員的孩子吃她的奶，那中學教員也吃她的奶，意思是性騷擾，甚至可以解釋為逼姦。教師一聽，這樣如何擔當得起，也急忙連夜逃出來了。

鬥爭大會又是怎樣運作的呢，透過一個難民的遭遇，可以大致了解。這人是地主，是國民黨員，他的兒子在國軍裡當連長，他是反動份子家屬，中共幹部選定他教育群眾。這人有個習慣，常到樹林裡散步，幹部給他設定了一個罪名，藉樹林掩護，跟國民黨特務聯絡，傳送情報。怎麼發現的呢，幹部鼓勵大義滅親，由他的弟弟檢舉，他跟這個弟弟同父異母，小時候，弟弟受他欺壓，懷恨在心。如果拒絕檢舉，哥哥株連弟弟，一同定罪，如果弟弟「站在人民的這一邊」，登上鬥爭台，表現得很積極，不僅免罪，也出了胸中這口惡氣。弟弟知道怎樣選擇。

大會開始，被鬥爭的對象捆綁上台，幹部派人沿街敲鑼吶喊：「有仇報仇，有冤報冤！」全村集合，稱為人民公審。幹部對群眾平時有訓練，臨事有布置。那年代，國軍盛行「抓壯丁」，抓走了村中一個青年，從此沒有消息，父母傷痛，不必細表。經過幹部的一番「思想工作」，壯丁的父母登台控訴，多年的悲憤噴射出來，幹部布置的「積極份子」抓住時機，高呼口號，狂熱反覆迴增感染，許多人輪流上台揭發國軍官兵的罪行，一時之間，那些罪行都好像是某連長的罪行，某連長的罪行也就是他爸爸媽媽的罪行。全場惟有幹部和核心工作人員是冷靜的，他們暗中記下誰沒有呼口號，誰呼口號的聲音太小。如果有人奮身忘我，自動衝上台去，給那連長的爸爸兩個耳光，朝他臉上吐兩口唾沫，那才是幹部們最滿意的鏡頭。高潮迭起之後，幹部上台，請「人民」決定罪刑，群眾高呼「槍斃他！活埋他！」鬥爭大會才算圓滿成功。

如果群眾的反應遲疑敷衍呢？依中共用語，這是「群眾的覺悟不夠」，事情緩一緩，先教育群眾，提高群眾的覺悟，然後再開會鬥爭公審，絕不勉強。中共禁止包辦，禁止代替群眾決定。他們知道階級仇恨是可以釀造、強化的，「形勢比人強」，價值標準一旦形成，自然有人揣摩運動的需要，自動獻身配合，參與者互相競賽，熱忱步步上升，不但可以義正詞嚴揭發別人，也可以痛哭流涕揭發自己。五十年代台灣盛行反共文學，很多小說把中共幹部寫成暴躁專橫的殺人魔王，我曾告訴他們，中共不是這副模樣，幹部在「運動」中很冷靜，殺人十分慎重。這句話說得太早了，他們聽了目瞪口呆，第二天「線民」找上門來。

中共究竟派來多少槍、多少兵、多少幹部呢？他怎麼能把你們控制得這樣嚴密呢？他們說，中共的軍隊並不插手，軍隊只是創造一個環境。外來的幹部寥寥數人，他們就地取材，每一個村鎮、每一個城市都有一些人，沒受過教育，沒有職業，沒有固定收入，也沒有好品行，這些人仰承大戶人家鼻息，心裡有無限委屈。大戶人家瞧不起這些人，可是又怕這些人，大戶人家的尊嚴，也不過是「隔著一層窗戶紙，好歹別戳破了」。中共幹部先把這些人組織起來，手裡就有了「硬」的，這些人敢作敢當，「赤腳的不怕穿鞋的」，破壞舊秩序是他們的一大樂趣，幹部用他們打前鋒。地主士紳不管他以前是何等樣人，一旦被這些衝鋒陷陣的人拉下馬、揪上台，另外那些需要自保的人，就按照中共的「教育」站出來，表示自己的覺悟。這些人雖然覺悟了，可是過了這一關過不了下一關，下一次輪到他上台挨鬥，再演一齣牆倒眾人推，戲碼重複，演員循環，反覆的清洗無情。

我和難民一起混了三天，用他們提供的碎片，拼出大略的圖形。中共要徹底改變這個社會，第一步，他先徹底掃除構成這個社會的主要人物，這些人物的優勢，第一是財產，第二是世襲的自尊，兩者剝奪乾淨，精英立時變成垃圾。人要維持尊嚴，第一把某些事情掩蓋起來，第二對某些事情作善意的解釋，中共反其道而行，叫做「脫褲子」，脫掉他的褲子，再重新分配他的財產，他從此必須自食其力，或者沿街乞討。他的子女已經參加革命，親友也和他劃清界限，他只能自生自滅，中共幹部看這些人受苦乞憐，也是革命的一大樂趣。南京的難民聲聲訴苦叫冤，竭力辯說他們的財產是辛苦累積的，他們的素行代代忠厚傳家，這些話完全沒有意義。幹部並非拿著一把秤一個一個秤你，他拿著一把大掃帚「一塌瓜子」掃你。

以後幾年，我在這方面有更多的了解。我逃到台灣以後，進中國廣播公司工作，「中共問題專家」某人來電台演講，嘲笑「人民民主專政」不通，認為三個名詞放在一起不合邏輯。那時電台的編撰部門由王健民教授主領，他對我說，中共是用「民主」的方法「專政」，「民主專政」有它實際的內容。他說，中共的革命是藝術，也是宗教。那是一九五二年，台北能說出這樣一句話的人不多，我佩服他的卓見；能聽懂這樣一句話的人也不多，我是他的知音。中共布置一個恐怖的環境，人人自危，只有幫助幹部定別人的罪，你才有安全感，一旦自己被定罪，你也可以產生安全感。「民主」就是人人忙著定別人的罪和人人忙著認自己的罪。

我明白了！這些在蘇北發生的變故，也正在我的家鄉魯南發生，我想華北所有的解放區都不例外，南京這些難民的遭遇，也就是徐州那些難民的遭遇。我和蘇北的難民共處，時時產生類比推理：有一個老翁，帶著兩個幼小的孫子，小孫子時常吵鬧哭泣，我想起我的父親。有一個舊式讀書人，幸而學過中醫，他每天在馬路旁邊擺攤看病，我想起五姨父。一個教員，每天到夫子廟打鼓說書，他的太太幫場子，他的女兒向聽眾收錢，我想起潘子皋老師。有一個鄉紳，雖然做了難民，仍然天天喝酒，喝醉了，就說要跳進長江自盡，我想起教我唐詩的「瘋爺」。後來事實證明，後者前者的遭逢真的差不多。

中共革命是由淺入深，蘇北那些難民能逃出來，證明一切剛剛開始，他們受害有限。即使如此，江南人並不相信他們的故事，一個南京人對他們說：「共產黨為甚麼要這樣做？沒有必要嘛，再說，他們也做不到。」後來革命「深化」，那才逃不出來，活不下去，想死也很難，那些故事，「國統區」的人民簡直連聽也懶得。北方發生的故事，離南方人的經驗太遠，凡是完全超出經驗範圍的事，都教人很難接受。大戰期間，美國之音對德軍說，美國善待俘虜，集中營裡吃牛排，洗熱水澡，還有俱樂部，可以看電影、打橋牌。美國之音報導的是實情，但是德軍聽了完全不信，因為德國對待俘虜很殘酷，新資訊和舊經驗很難融合。後來美國之音只好修改講稿，把俘虜的待遇說得壞一些。

那些年，解放區一小片、一小片，形同許多孤島，都是封閉的環境，解放區發生的事情外人不知道。中共長於對外宣傳，他給外界的印象、或者說想像，他們殺富濟貧，鋤強扶弱，對一般老百姓有致命的吸引力，那些弱勢族群縱然聽到解放區的「暴政」，也都有自己的解釋，自己的家鄉縱然解放了，也不會受到這般對待。等到局勢演變，解放區一再擴大，局外人圈進局內，資訊變成事實，當初「不信」的人也逃難，京滬一帶的人逃到廣東，廣東人對這些難民也是不相信、不同情。大局崩壞，廣東人逃往香港，逃往台灣，像諷刺劇的劇情一樣，台灣人也是不信，一九四九年我初到台北，還曾看見當地居民對外省難民指指點點，認為這些人一定都是壞人，才會被家鄉人趕出來。直到七十年代，中共在舉世注目下推出文化大革命，新聞排山倒海，台灣同胞才從中共自己編導的悲劇中認識歷史。

我讀過一個短篇小說，故事大概是：丈夫懷疑妻子不忠，殺死妻子，妻子在被殺的時候反覆分辯：「哈利！我是純潔的！」哈利是那丈夫的名字，她的叫喊當然無人聽見，可是行凶現場有一隻鸚鵡，後來鸚鵡輾轉易主，所到之處牠總是喊著「哈利！我是純潔的！」當然無人理會。家鄉人就像小說中的鸚鵡，逃到徐州，逃到南京上海，逃到廣州，逃到台灣，一路上訴說「我是純潔的」，沒人注意他們到底說甚麼。

真奇怪，難民帶來的這些訊息，既有新聞價值，又有宣傳作用，左派親共的報紙不登倒也罷了，國民黨辦的報紙，國民政府影響力所及的報紙，為甚麼也不登？馬歇爾發表談話，要求國共雙方停止宣傳仇恨猜忌，那時我從未讀到「仇恨猜忌」中共的新聞報導或文學作品。還記得有一次《中央日報》刊出一條「小」消息，說是有一些作家決定以中共的「行為」為題材，創作詩歌小說。這條消息「小」到只有「題文二」，也就是連題目帶內文只佔一欄，一欄的高度是十個小字，長度也總在十五行到二十行吧！這條消息能夠登出來，那些作家顯然費了些力氣，至於他們的作品，直到大陸撤守，我沒有讀到任何後續報導。

新聞界元老王新命的回憶錄打破了這個悶葫蘆，他長期在《中央日報》服務。據他透露，那時國民黨中央禁止報導評論中共的行為，營造氣氛，為和談留餘地。中共怎會領這樣的人情！新聞界另一耆宿雷嘯岑（馬五先生）在他的回憶錄裡說，國共軍事衝突期間，有一位將級軍官陣亡，遺體運回南京，國府中央禁止刊登新聞，禁止軍方參加治喪，避免刺激中共，升高對立。蔣氏似乎表現了儒家的人生哲學，他一直用宋明理學對付中共的唯物辯證法，始終沒佔上風。抗戰期間，蔣氏一再批評中共沒有信義，閻錫山告訴他，立場相同的人才有信義可講，國共兩黨立場相反，你說人家沒有信義，人家自己說這是革命。蔣氏愛將、官拜參謀本部作戰廳長的郭汝瑰在他的回憶錄裡說，他的蔣校長曾對中共代表董必武講「絜矩之道」，意思和「己所不欲，勿施予人」相同。西方人說，國共內戰是美式代理人和俄式代理人的戰爭，我不同意，我看是中國孔孟文化與馬列文化的戰爭，戰爭結果，中國傳統文化失敗。一九四九年撤守台灣，國民黨「痛改前非」，這才放手推出「仇恨猜忌」的文宣來。

六月二十三日，我在上海，「上海人民和平請願代表團」晉京請願，他們在南京下關車站下車，蘇北難民衝上去，見人就打，把團長馬敘倫打了，把女代表雷潔瓊也打了，連新聞記者和看熱鬧的一個女子也挨了打。此時我們在上海等船北渡，我讀各報的新聞報導，一點也沒覺得意外。打人當然是大錯，這是評論，若要客觀分析，那些難民怨氣沖天，情緒極易衝動，「和平請願代表團」的言論倒向中共一邊，措詞又十分激烈，並不能增加難民的理性。我相信難民到下關車站阻撓請願，出於自發，我也不懷疑特務人員混雜其中，煽風點火，國人口誅筆伐至今未息，國民黨應該完全承受。但是，我還要說，「和平請願代表團」的成員都是高等知識份子，知識份子是社會的良心，國家的智慧，南京請願一行，他們也的確沒有好好的扮演他們應該扮演的角色。

過了幾天，我們離開上海，前往瀋陽，那時瀋陽是一個沒有難民的地方，新鑼新戲，另有一番忙碌。我仍然天天看報，偶然看到蘇北逃往南京的難民增加了，偶然看見上海也有蘇北的難民，冬天到了，偶然看見蘇北的難民凍死了幾個。咳，事情就是這個樣子了！

我愛上海　我愛自來水

一九四六年六月，我們逗留上海，等海軍派船開往東北。解放區當道，關山難越，我們要走海路。

我們住十六鋪碼頭，靠近蘇州河和黃浦江，過河可到上海著名的三大百貨公司：先施、永安、新新，步行稍北，就是有名的外灘。十六鋪碼頭羅列著非常大的倉庫，庫房一棟連一棟，一律平頂，團長訓話，拿這一片房頂代替操場。好大的倉庫！好大的上海！我們在庫房裡搭地鋪，工程師把江水引到門前，我站在庫房門口可以看見工人卸貨。甚麼地方裝了擴音喇叭，呼喝號令，指揮工人，清閒的日子轉播廣播電台的流行歌曲，常常聽見周璇唱「夜上海，夜上海，你是一個不夜城。華燈起，車聲響，歌舞昇平」。

踏進上海，沒忘記南京，南京是古城，上海是洋場，南京看古蹟，上海看百貨，南京官大，上海樓高。南京上海都有柏油路，都有自來水。上海是左翼作家集中射擊的箭靶，閘北的工廠，外灘的銀行，四馬路的妓院，罪惡叢生，黑幕重重。我讀過夏衍的《包身工》，老舍的《月牙兒》，茅盾的《子夜》，也讀過一些短篇小說，反抗封建家庭的青年流落上海，跳進黃浦江自殺。做流亡學生的時候唱過〈孤島天堂〉：「孤島是困苦顛連者的地獄，孤島是醉生夢死者的天堂」，盡是貶詞。我一腳踏進上海，覺得上海寬敞清潔，好像不是可怕的地方，馬路上人來人往，衣服乾乾淨淨，嘴唇紅潤，眼睛明亮，比華北的鄉下人活得有精神。

我愛自來水，在家鄉，飲水多麼難，挑水多麼苦，我幹過挑水的活兒，曾經掉進井裡。曾經看見鄉人鑿井尋水，晝夜挖掘，結果汗水比井水多。曾經看見山區的居民打水，井深井繩長，自己挑著水罐，卻用一頭驢子馱著井繩來去。鄉下小媳婦的重擔：一是推磨，二是挑水。少林寺小和尚苦修：一是打柴，二是挑水。八路軍收攬民心：一是唱歌，二是挑水。大上海神通大，你只消伸出三個指頭，輕輕轉動龍頭的旋鈕，清水就嘩喇嘩喇流出來，要多少有多少，聽那嘩嘩的水聲真有些心疼，幾乎流下眼淚。

我愛柏油路，平坦寬闊，沒有坑洞，沒有石頭，沒有牛屎馬糞。一眼望不到盡頭，房屋和樹木都排列兩旁，不來阻擋。下雨天想起柏油路的好處，哪像家鄉的泥巴路，一腳踏下去，泥深淹沒到腳脖子，泥水脫掉你的鞋子，脫掉你的襪子，腳上免不了留下傷口，泥水裡藏著鐵釘子碎玻璃。晴天想起柏油路的好處，太陽光的熱度藏在柏油路裡，柏油路軟軟的，隔著你的鞋底輕輕的燙你的腳底板，像針灸一樣，某種舒適貫滿四肢，哪像河南的黃土路，飛沙揚塵，幾乎要活埋幾個人。忙裡偷閒，柏油路上走走，真覺得到了外國。

我對自己說，假如可能，我願意今生永遠住在有柏油路和自來水的地方。只要有柏油路和自來水，大概也會有醫院、市場、車站、郵局，也會有報攤、書店、學校、教堂，沒有醫院車站、沒有書店學校的地方絕不會更好。

那時候我也意識到，如果做了作家，為了發表和出版方便，為了和同行交往觀摩，為了及時得到資訊，大概也必須寄生在都市裡吧。三十年代，「中國作家的一半」住在上海，魯迅，徐志摩，郁達夫，鄭振鐸，施蟄存……。國民黨元老陳果夫寄居上海，讀到左翼作家的作品，發現文藝可以凝聚意識，推動思潮，國民黨這才有文藝政策，有文藝運動。這件事影響千萬人，後來我也是其中一個。

必須記下夏丏尊，我讀過他和葉紹鈞合著的《文心》，深受影響，他一度是我模仿的人物。這年四月二十三日，夏先生在在上海逝世，享年六十三歲。我到上海讀到紀念他的文字，有一則軼事說，每逢閃電打雷的時候，他總是躲在床底下。他隨大人一同看戲，台上演出石秀殺嫂的場面，他低下頭去等它演完。他去世早，也去得及時，如果長壽，他怎麼面對以後現實世界的震撼和殺戮。

對了，別忘記張愛玲。我在上海讀到有關張愛玲的消息，抗戰勝利，政府審判漢奸，其中一項叫文化漢奸，張愛玲受到牽連。那年代，左翼批評家把張愛玲的小說貶為迎合小市民口味的流行故事，大家並不怎麼看重她的作品，我那時喜歡看與法律有關的新聞，欣賞張愛玲為自己辯護的經過，基於法律觀點，我支持她，一直沒忘記她。我寫這篇文章的時候，張愛玲早已躍居中國現代最好的小說家之一，與魯迅、沈從文相提並論，壓倒茅盾、老舍、巴金。她的語言風格和觀察人生的角度，引導許多作家模仿，形成風氣，多少人寫文章記述她、討論她，怎麼也讀不完。我也寫過一篇〈如此江山待才人〉，其中有幾句話，當時與眾不同，事後各家襲用。

我們到京滬時，日俘日僑猶未遣送完畢，京滬已嗅不到戰爭氣氛，看不到中國受害的痕跡。「南京大屠殺」受難人數有爭議，大屠殺確有其事，（納粹德國希特勒屠殺六百萬猶太人，數字也有爭議，大屠殺也是事實。）總得留個萬人坑給我們看看，豎個紀念碑給我們讀讀，怎麼會沒有。民國廿一年（一九三二）一月廿八日，日軍藉口一個和尚被毆傷，攻擊上海閘北天通庵駐軍，打了四十多天，史稱一二八戰役。民國廿六年（一九三七）七月七日，盧溝橋事變爆發，對日抗戰正式開打，八月十三日，國軍五十萬將士在上海布成血肉長城，與日軍對決，死傷近半，史稱淞滬戰役，總得有個古戰場給我們憑弔一番，怎麼也沒有。

日本投降，盟軍佔領日本，把日本政府的戰時檔案運到夏威夷，交給夏威夷大學整理，楊覺勇教授主持其事。後來楊教授受新澤西州西東大學羅致，擔任亞洲系主任和遠東研究院院長，並成立雙語教學發展中心，負責編寫中文、日文、韓文的教材，我在他指導下做中文編輯。他對我說，日本戰時檔案極多，美國聯邦政府撥款極少，任務難以完成，他曾向中華民國政府提出建議，他聘用中國的歷史學家參加工作，由中國政府資助酬勞，這些來自中國的學者，工作之餘尋求中國需要的資料，這些資料對日本的戰爭責任、戰時國軍的貢獻、戰後日本的賠償都很重要。國民政府主持對日外交的人答覆他，中國對日本不念舊惡，無須搜集這樣的資料。

想想日本的做法：美軍用原子彈轟炸廣島，造成空前的破壞與死亡，戰後美國協助日本復興，重建廣島，日本政府精確的記錄了廣島受害的程度，特別留下一些廢墟和樹林殘骸，讓國人、也讓世人觸目驚心，沒聽說因此妨礙了日本和美國的邦交。

那時京滬人士歌舞昇平，我們是潮流中的泡沫，浪花怎樣、泡沫也怎樣。以我而論，在南京時只關心大局，到了上海，注意力就分散了，音樂家大力撻伐「黃色歌曲」，引起我的興趣。

那時歌曲分「藝術歌曲」和「流行歌曲」，大部分流行歌曲視為「黃色歌曲」。這個名詞源自「黃色新聞」，十九世紀，美國出現低級趣味的報紙，用黃色紙張印刷，被稱為黃色新聞，延伸出黃色歌曲、黃色小說。黃色新聞傳播色情，挑動情慾，那麼黃色歌曲的涵義不言而喻。甲方說，黃色歌曲就是靡靡之音，就是亡國之音，「亂世之徵其詞淫」，「亡國之音哀以思」，要不得。乙方說，「悲喜由心，非由樂也，將亡之政民心悲苦，故聞樂而悲。」並非亡國之音造成亡國，乃是國家快要亡了，亡國之音出現。丙方說，流行歌曲對上海人沒問題，對「內地人」才有問題，所以問題不在歌，在聽歌的人。丁方說，歌曲未唱之前，無所謂黃不黃，只有唱出來才有分別，任何一首歌都可能唱成黃色歌曲，即使國歌也在內。那一場爭論真是「橫看成嶺、側看成峰」，使我「民智大開」。

戰時歌曲音調雄壯，唱法樸拙，伴奏簡單，歌詞內容偏重國家利益、個人責任，它是密封個人慾念的一把鎖，而婉轉纏綿的抒情歌曲，正是開鎖的鑰匙。禁慾主義的苦行訓練，把熱情的哀愁的曲調、華麗的音樂一律視為危險品，我們對黃色歌曲聞名已久，懷有戒心。

我們進南京的那天，路旁商店的收音機裡正在播放歌曲，我停下來聽了一會兒，節目報告員介紹，中央廣播電台，XGOA，剛才是郎毓秀唱的〈教我如何不想她〉。我以為這就是黃色歌曲，其實中央廣播電台那時不播流行歌曲，郎毓秀的節目是藝術歌曲。我坐在十六鋪的庫房裡看報，外面擴音器源源轉播民營廣播電台的歌唱節目，那才是真正的流行歌曲，我的肌肉為之放鬆，心情為之柔和，感官為之舒適，享受慾念也為之上升。那時我們對流行歌曲一無所知，「如果沒有你，日子怎麼過」，同伍的新兵聽了一怔：「她說的是甚麼？」另一個新兵回答：「她說的是錢。」依我們的感受，所謂靡靡之音，白光應坐第一把金交椅，也許可以說只有她當之無愧，她一聲「何必呢」教人如何不酥軟，一個新兵直叫「受不了！我像夢遺。」

盧溝橋事變發生，我的家鄉有了第一架收音機，我第一次聽到廣播節目，國民黨經營的中央廣播電台，正播送〈義勇軍進行曲〉，呼號XGOA，女聲，響亮清脆。八年零十一個月以後我到南京，第一次聽到廣播節目播放〈教我如何不想她〉，也是中央廣播電台播出，呼號XGOA，仍是女聲，響亮清脆。這裡面有甚麼象徵意義嗎？時代把平時生活變成戰時生活，轉了一個大彎兒，又把戰時生活變回平時生活，人如何在平時生活中仍然保有戰時的生活的優點？戰後的大上海，除了有人辯論是否限制流行歌曲，還有人辯論是否禁止跳舞，是否勸阻婦女化妝，無非都是在思考這個問題而已。上海人認為這些辯論真可笑，有人問：「女人不要化妝？難道房子不要粉刷？」一個商人告訴一個軍人：「我必須跳舞，正如你必須出操上課。」

這個問題也許永遠沒有答案，爭論永不停止，「商女不知亡國恨，隔江猶唱後庭花」，這兩句詩簡直是一排永遠射不完的子彈。一九四九年，台北又對「跳舞」發生辯論，那時黨營的廣播事業遷到台灣，改組為中國廣播公司，呼號改成BED，我總覺得沒有舊呼號動聽。我考進節目部做資料員，奉命就跳舞問題寫一篇對話稿供節目使用。我有從上海學到的辯才和「辯材」，充分呈現正反兩面的意見，戛然而止，不作結論，留給聽眾去裁判。這種寫法在當時頗有新意，層峰賞識，把我調到編撰科去寫稿，正式成為一個「寫作的人」。前後因緣，容後細說。

人人各有所愛，我愛柏油路和自來水，別人愛甚麼？倘若能夠知道，一定十分有趣，可惜當時不懂民意調查。回想當初，應該有人教導我們怎樣承受大都會文明的撞擊，可惜完全沒有。兩年零十一個月以後，中共的解放軍進佔上海，指導員事先告訴士兵，上海是人民的財產，我們要把它從資本家手裡收回來，交還給人民，部隊入城以後，看見花花世界，內心的困擾可以減輕。共軍既入南京，指導員帶士兵遊雨花台，指指點點告訴大家，這裡曾經是刑場，國民黨在這裡殺害了無數的革命烈士，雨花石上的紅顏色，就是烈士的鮮血染成的。指導員在那兒作詩，把想像當作事實，他也有所本，上級發給他材料。每人每天都有二十四小時，他們的上級在做甚麼，我們的上級又在做甚麼！

我們連上有兩個新兵都姓周，一個比較胖，人稱「大周」，一個瘦小，大家管他叫「小周」，他倆並非兄弟，但彼此互相扶持。有一天，我和小周一同上街，他指著頭頂上的高樓大廈說：「你看這樓多高多大，那麼多窗戶。唉，我只要一個窗戶，只要有一個窗戶是我的！……」走過幾條街，經過銀行門外，他像是問我，又像是自言自語：「他們怎麼這麼有錢！一個人怎麼會有這麼多的錢！」他愛的是錢。

大周另有所愛，他愛站到百貨公司、到茶樓戲院門口看女人。唉，我和大周小周都從關中來，初到上海，我遇見女人抬不起頭來。關中女子剪裁衣服，一心遮蓋曲線，上海女子剪裁衣服，一心暴露曲線，初來乍見，怎麼她好像沒穿衣服！關中女子的衣服顏色簡單，多半全黑、全灰、全藍，上海女子的衣服多半花花綠綠，幾種顏色設計配搭，日光之下全身發亮。上海女子穿高跟鞋，身體的重心後移，前胸張開挺出，走起路來腳步快，腰肢敢扭敢擺，一身絲綢衣料如同春水，細波輕浪，起伏不定。那年代還沒聽人說過「肉感」，大周說他已經「感」覺到「肉」。

關中人論美女，標準是「細皮白肉」。上海女子如張愛玲形容：「肥白如代乳粉的廣告」。董橋形容：「睡過午覺洗過澡的女人，彷彿剛蒸出來的春桃包子，紅紅的胭脂和白白的香粉，都敷上一層汗氣。」那時上海流行旗袍，短袖玉臂，衣衩加長提高，露出全部小腿。好來塢影星珍哈露說，小腿是女人最性感的地方，我莫名其妙，大周比我早熟。她們結拜姐妹，成群結隊，衣飾化妝爭新鬥豔，大周敢看，他看了個夠。

咳，大周不知足，他說：「這樣的人女脫光了，摟著睡一夜，第二天槍斃了也甘心。」一晚上反來覆去睡不著，悄悄告訴我今天看到多少女人，他一個一個記下數目。他說美女川流不息，一個人瞄一眼，只瞄到她一部分，今天瞄了多少眼，帶回來多少個「部分」，再慢慢拼湊成幾個完整的女人。他愛的是女人。

那年代，左翼作家耳提面命，教人敢愛敢恨。愛和恨都得付出代價，大周小周都為此喪失生命。那時我們都站在岔路口，我把以後發生的事情先寫在這裡：我們到了東北，駐在瀋陽，大周小周又看見許多繁華，也看見多少人貪汙發財。一九四八年，瀋陽外圍據點盡失，城內糧價一天一夜漲七十倍，糧店賣黃豆麵，路邊攤賣豆餅，買黑市米要用黃金。大周動了「撈一票」的念頭，說服小周合作。

他們交了個壞朋友，輜汽十七團的一個班長，區區班長居然租房子包女人，他們羨慕得不得了。這個班長告訴他們：「如果現在還不能發財，命中註定一輩子窮到底。」發財很容易，他可以提供卡車，憲兵可以提供身分，他們偽造瀋陽防守司令部的公文，夜間查封糧棧，沒收存糧，以低價賣給另一家糧棧。這個大眼球的大孩子當夜就分到一筆巨款，當夜就抱著漂亮的女人睡了一夜，他說過「死了也甘心」，第三天他就死了。

憲六團有四個憲兵參加作案，三人歸案，一人漏網，輜汽十七團二人，全案五人，瀋陽防守司令部速審速決，立即行刑。死刑犯遊街示眾，特意經過六團團部門口，掃盡憲兵的顏面。沙團長拍電報到南京自請處分，沒人回電，那時大人物已沒有心思處理這等小事，再過四個月，瀋陽守軍投降，東北的戰事就結束了。

且說那個漏網的小魚，姓李，大約十六歲吧，相貌文秀，說話輕聲細語，怎麼看也不像個明火執仗的人。一九四八年，他大約十八歲吧，暗戀一個守著攤位賣香菸的女孩，天天去買香菸，香菸一再漲價，到後來他一個月的薪餉只能買一包兩包香菸，必須開闢財源。他入夥做案，只是想多買幾包香菸而已。並無大志。他們「搶」了糧店之後，他越想越怕，倉皇擺脫夥伴，悄悄躲起來了。

他往哪裡躲？他常常買香菸，賣菸的女孩明白他的來意，沉默以對。有一天，女孩流下眼淚，對他說抽那麼多香菸傷身體，勸他戒菸。真實他買了菸自己不抽，拿去分送給傷兵了，這就跟那些傷兵有了交情。那些傷兵把他也打扮成傷兵，藏在傷兵醫院裡，躲過緝拿。直到四個月後，共軍接管了瀋陽。可是以後？以後呢？

「由西京到南京有多遠？」他們的問題猶在我耳邊，我已經知道答案。「由瀋陽到天堂地獄有多遠？」誰能答覆？那時一個大兵，即便是憲兵，也沒人照顧他們的靈魂，沒人來教他們讀書識字，沒人來教他們念經禱告，沒人來陪他們唱歌下棋，沒人告訴他們怎樣一步一步上進，他們能有多少定力、多少良知來抵抗罪惡的汙染？他們又有幾條命來償付天地不仁？再過一年，全國解放，通信的障礙拆除了，他們的父母天天等待遊子的消息，「時間」要用多少歲月來慢慢殺死「希望」？

我患了某種過敏症

有幾件事，對我並沒有直接利害，但是我耿耿於懷。

抗戰時期，淪陷區各有自己的幣制，華北用中國聯合準備銀行發行的「聯銀券」，華南用中央儲備銀行發行的「儲備券」，另外還有個「蒙疆銀行」，也發行鈔票，其中儲備券在東南富庶各省流通，最有代表性。抗戰勝利，日本投降，偽政權發行的鈔票不再使用，由國民政府以法幣換回銷毀，這就發生了兌換比率的問題。

「法幣」一元究竟等於儲備券多少錢，據當時某些經濟學者估算，以一比五十比較恰當，也就是法幣一元兌換儲備券五十元。不料中央的命令下來是是一比二百，儲備券二百元才等於法幣一元，政府故意拉高法幣的幣值，藉每一元法幣從老百姓手中騙去一百五十元，老百姓的財產立刻縮水四分之三，很多小商人、小家庭為之破產。

東南各省法幣的幣值陡升，鄰近四周各地區的商人立即行動，他們拿法幣到東南各省買東西，東南各省增加了通貨，並未增加生產力，物價馬上升高，政府無法平抑物價，隨之把公用事業（水電交通郵政）的價格提高十倍，收復區的民眾對國民政府大失信心。我在上海，事隔多時，還能看到各方對於「兌換比率」的批評，有人說是草率的決定，有人說是愚昧的決定，在我看來，這是一次「狡詐的決定」，向老百姓騙錢詐財。

後來讀到一些資料，得知財政部門的「狡詐」前科累累。抗戰末期，政府辦理黃金儲蓄，民眾按官價交款訂購黃金，銀行半年交貨。官價低、市價高，官價穩定、市價隨時上漲，投資儲蓄的人穩賺不賠。半年後儲戶果然拿到黃金，這時通貨膨脹，黃金漲價，增收了十倍的利潤。政府接著開辦第二期黃金儲蓄，投資的人就多了，誰知第一次的信用是個騙人的幌子，第二期投資的人全上了當，不但到期後拖延了九個月才兌現，而且打了個七折。

抗戰時期，政府還辦理過黃金存款，民眾存入法幣四萬元，銀行算他存入了一兩黃金，到期之日，不管通貨膨脹了多少，他還是可以拿到一兩黃金，有一點餘錢的人都去開戶。不久，行政院長換人，財經出身的新院長片面決定，黃金存款改為法幣五萬元抵一兩黃金，等於打了八折。

兌換偽幣坑了淪陷區「想中央、望中央」的老百姓，黃金儲蓄坑了抗戰八年與政府共患難的軍公教人員。抗戰勝利時，政府有外匯存底九億美元，加上接收了大量的敵偽物資，財政充裕，何苦還要急不擇食？你不能與他們分享「甜美的勝利果實」，反而害他們大虧血本，我至今不能原諒當時主持財經大權的人。

到了瀋陽，我們聽說瀋陽有過「蓋戳法幣」的荒唐事。勝利前東北是滿洲國，幣制和關內不同，勝利後，國民政府決定發行「東北九省流通券」，維持東北特殊的經濟地位，流通券一元兌換法幣十三元。國軍十一月二十七日出關接收，國民政府十一月二十二日才發行東北九省流通券，軍中攜帶的是法幣，大軍不可一日無錢，軍需人員就刻了一個圖章蓋在法幣上：限東北流通，軍人的購買力立刻增加了十三倍。等流通券運到東北，蓋戳法幣都成了廢紙！一個負責的政府，一定會用流通券把「蓋戳法幣」完全收回，兌換比率應該是一比一，可是當局並未認真辦理。這種行為也是欺騙，有人拿了兩張「蓋戳法幣」給我看，我的感受是「慘不忍睹」。

抗戰時期，有些中國人做了漢奸，日本投降，政府接收，抓漢奸，審漢奸，新聞連續發展，高潮迭起。我在上海逗留時，正值「肅奸」工作重點表現，江蘇高等法院判決了、緊接著也執行了陳公博的死刑，這是一件大新聞。論漢奸大小，汪精衛當然第一，陳公博算是第二，汪精衛死後，他繼任汪留下的職位。

陳公博伏法，今考其時為一九四六年六月三日，上海報紙詳細記述經過情形。那天早晨，陳公博看見幾個法警走進囚室，欲言又止，同室的難友也提前結束「放風」，回到囚室，圍在他身邊。他知道時候到了，先問了一句「是不是提我去執行？」接著說，「有人要我寫一副對聯，我寫好了再走。」他研墨展紙，從容揮毫，寫的是「大海有真能容之量，明月以不長滿為心。」有一家報紙說，這副對聯是陳公博的創作，對國民黨政權暗寓諷諫之意。這副對聯的文句流傳了很久、很久。我現在看近人的著作，都說陳公博先寫對聯，後聞凶訊，掩蓋了、也扭曲了陳公博的身段，好像要傳達一種暗示：若是陳公博知道死期就在眼前，就沒有心情寫字了。這又何必？後來全面內戰爆發，國軍將領張靈甫、黃伯韜陣前自殺，近人著述偏要說他倆都是遭共軍「擊斃」的，同心相同！

那時，我看到的新聞報導說，陳公博寫好對聯，換上平時出門會客時穿的長衫，一個鈕釦也沒扣錯，手指也沒發抖。他向同囚的室友告別，走出囚室，特意經過女監，向汪精衛的夫人陳璧君鞠躬告別。行刑前，法官照例問他的姓名「驗明正身」，他答「陳公博」，旁聽的群眾熱烈鼓掌。依照慣例，監刑官問他有沒有遺言，他當場給國民政府的蔣介石主席寫信，也是向蔣告別。這封信沒有寫完，擲筆長歎，起立就位……他那年只有五十五歲。他走出臨時法庭，前往刑場，法庭裡的幾位法官一齊起立，陳一一與之握手。

我在上海看大報也看小報，沒看到有人寫文章罵陳公博，小報還捧了他，說他是中國讀書人，臨刑表現了中國文化的素養。有一篇文章引述歷史掌故：清廷殺明代遺臣黃道周，黃氏臨刑前從容梳洗，換了衣服，想起某些人曾經向他求字求畫，他還沒有交件，鋪開紙張，寫了行書，畫了山水，題款蓋章，一如平時。文章以嗟歎結束，言外之意由你體會。今天回想，說到觀察陳公博的文化涵養，要細看他臨刑前寫下的那副對聯，看書法的氣韻、筆勢、墨法，可惜那時報紙重文輕圖，沒製個版登出來，這副對聯流落何方？是否還在人間？我也覺得陳公博最後留下「不壞」的畫面，他始終沒罵汪精衛，好像表示和汪共同承擔責任，他在刑場裡也還站得牢、走得穩。後來國軍打不過共軍，高級將領紛紛投降或被俘，多少人立刻逢迎中共，痛罵蔣介石專制獨裁，禍國殃民。後來中共內部自己鬧「四人幫」，牽連廣泛，身為空軍總司令的人在法庭上哭哭啼啼，不成形象。人生如戲，他們都「不好看」。

論民族大義，漢奸罪有應得，不過那時京滬人士對漢奸很同情，究問原因，可能列出十條八條。我認為最重要的原因有三個：

第一，偽政權雖然也做了些壞事，但大體而論，他們是日本佔領軍和陷區人民之間的濾網，透過他們的緩衝作用，人民所受的損害得以減輕。日本佔領軍要這樣要那樣，偽政權「上有政策、下有對策」，或拖延不辦，或三折五扣，老百姓心裡有數。依中國傳統，你是本國人，你在本國人和外國人之間辦事，要多替本國人設想；你是地方人，你在中央和地方之間辦事，要多替地方設想，陳公博等人在這方面是及格的。民間的價值標準和朝廷的價值標準並非永遠相等，而且朝廷的價值標準無常，民間的價值標準有恆，老百姓數風流人物，要問你究竟替老百姓做了些甚麼，至於是否居於正統，是否有大略雄才，猶在其次。這裡那裡，鄉野父老可以為俠盜義賊樹碑立傳，沒聽說誰給秦始皇蓋廟。

第二，國民政府的接收工作變成「劫搜」，淪陷區民眾大受刺激。國府以法幣收回偽鈔，不顧貨幣的實際效用，貿然定下一比兩百的比率，手法粗暴，民間蒙受重大損失。汪精衛成立「偽府」，發行「偽鈔」，也曾命令民眾停用「法幣」，以法幣兌偽鈔，他定下的比例是二比一，兩元法幣換一元儲備券，民眾心理上所受的撞擊很小，市場的波動也不大，貨比貨，好像還是偽政權「疼」人。「劫搜」心狠手辣，報紙的形容詞是「馬前掛人頭，馬後載婦女」。陷區民眾跟「祖國」打交道，「有條有理，無法無天。」前一句，「條」是金條，誰能用金條行賄，誰就有理；下一句，「法」是法幣，沒有錢的人永遠不見天日。由新生語言可以推想新生事物，京滬人士同情漢奸，反映了對國民政府的失望和抗議。

第三，最重要的是，國民政府為目的不擇手段，抗戰時利用漢奸，勝利後誅滅漢奸，設下一個大騙局。當年上海小報隱約透露，漢奸也是國民政府布下的棋子，有些漢奸越大，跟重慶的關係也越高，他們秉承重慶指示，搜集日軍情報，掩護敵後工作。那時謠言滿地，或曰重慶情報人員的無線電台，就設在某人的宅子裡。或曰重慶派來的大特務身分暴露，日軍搜捕，某人把他藏在家裡，奉為上賓，還派了小老婆侍寢。或曰某人手裡有國民政府發給的獎狀，或曰某人下水參加汪政府，事先曾向重慶請示，得到許可。大漢奸周佛海受審，起訴書說他「通謀敵國、圖謀反抗本國」，他大聲抗辯，聲明自己是「通謀本國、圖謀反抗敵國」，旁聽席上報之以如雷的掌聲。

謠言往往是「事實之母」，人生如戲，「演戲的人不能保守祕密，他遲早都要說出來」。現在我們可以讀到許多著述，昔日的當事人、局內人細說內幕，謠言果有其事，史家也翻箱倒櫃，補充真相。許多大漢奸的確通謀本國，和重慶信使往還，函電交馳。日本投降後，國府可能認為這一番權謀運用是歷史的汙點，決定用漢奸的血洗淨。日本八月十五日投降，九月五日，國軍廖耀湘部空運南京，九月六日，國軍牟廷芳部空運上海，國軍未到之前，國府軍統局委任大漢奸周佛海為上海行動總司令，維持地方秩序，阻擋蘇北的共軍南下，周佛海受審時，以此證明他並非普通漢奸。不料法官取出一張紙給周佛海看，皇皇公文、像小孩子坦白無忌，竟說對周佛海只是「一時利用」，囑法官量刑時不必考慮。

資料顯示，各地法院審理漢奸兩萬五千多件，其中一萬四千多人判刑，三百多人處死。中共猛烈抨擊，認為縱放太多，殺人太少，但京滬人士認為這是「殺降」，殺降不祥。我的感覺是，國之中央，竟然如此大規模的行騙，騙人的身家性命，騙人的一世清白，未免太駭人了！京滬人士或有「不忍人之心」，很多年、很多年我也不能釋然。

我那時好像患了過敏症，把很多事情解釋為欺騙，對很小的欺騙也有強烈的反感。

從小聽說上海英租界外灘花園門口掛著一塊牌子，寫著「華人與犬不得入內」。這句話深深刺傷中國人心，在二十年代和三十年代，這塊牌子是中國極重要的愛國教材。可是任何版本的教材都沒有這塊牌子的照片。

好不容易有緣經過上海，我跑到外灘找那座公園，找到了，對著門口看，當然沒有牌子，租界早已收回了。我還是對著門口看了許久，遊園沒那個心情。後來知道，英租界在外灘建造的這座花園，名為「公共花園」，實為他們的僑民花園，「公共」云云，也是欺騙。花園建成後，門口的確掛了一塊牌子，那塊牌子很大，上面羅列管理規則：日本人不能進去，韓國人不能進去，印度人不能進去，中國人不能進去，還有，腳踏車與犬也不能進去。「華人與犬不得入內」這句名言是從中剪接而生，這是宣傳家炮製出來的藝術品，用以激揚民族自尊，同仇抵禦外侮，說來也是欺騙。

今天我們知道，英美各國的公園都掛出牌示，禁止遊人帶狗，當狗不能入園的時候，那個帶狗的英國人也不能進入。犬不得入內這句話是獨立的，和華人不得入內是平行的。合併組成華人與犬不得入內之後，意義大大改變！英人美人常說狗是人類最忠實的朋友，是正義的守護者，在他們的家中，狗是子女的玩伴，他們把狗看成家屬的一份子。中國人呢，鷹犬！走狗！狗崽子！那年代提起狗，就想到牠吃屎。英國人不在乎英國人與狗，中國人絕難容忍華人與犬。

這就把列強送進文化差異的雷區，布成垓下之圍。須知這是你在中國土地上造園，你是根據不平等條約造園，你是到中國來傾銷毒品加上造園。你禁止我們進公園，還把我們看成狗！不僅如此，那時除了英國以外，還有統稱為列強的好多國家，都在欺侮中國，都在凌辱中國人，尤其是日本！「華人與犬不得入內」八個字等於算術的加號，把百年來的國恥加在一起，人人心中有個總和，是可忍孰不可忍，人心蓄積的能量就大極了。

那年代，統治租界的英國佬（還得加上替他譯成中文的買辦）何其愚蠢，完全懵然文化差異是個雷區，有很大的殺傷力，置身其中必須步步小心字字推敲。而中國人何其聰明！每一個道理都有先知先覺，當大多數中國人、英國人都還懵然的時候，中國的傑出人才能夠利用文化差異造雷布雷，靠他的生花妙筆，中國人把外灘花園的管理規則列為重點國恥，官方民間合力抗爭，一九二八年，外灘花園對華人完全開放。等到我們一群小孩發誓要把那塊牌子摘下來的時候，我們並不知道、我們的老師也不知道，牌子從未存在，產生「牌子」的花園管理規則也早已拆掉。軍民奮發，英雄和時勢互濟，一九四三年，列強和中國簽訂的不平等條約一律廢除，論這不世之功，「華人與犬不得入內」的作者也是參與者。

種種因緣，成就了一位宣傳高手，「華人與犬不得入內」可以列為宣傳品的經典之作，可惜創作者沒留下姓名，埋沒了他，我們連他的工作單位都不知道。

小報上有人談論張恨水，這位前輩小說家以長篇說部馳名一世。當年盛傳他追求冰心，沒有成功，所以「恨水不結冰」。緊接著傳說越長越大，據說張恨水見到冰心，才知道她是個麻子，失望之餘，取名恨水，恨你這個「水」字上為甚麼多了一點。

許多年後，讀者大眾知道，張恨水從未追求過冰心，上海書商創造哀怨悱惻，刺激市場銷路。冰心臉上也沒有半顆麻子，另一些書商出招競爭，虛構醜聞反制，打擊讀者大眾心目中的文學偶像。一場文學市場攻防，都以謊言為戰術，究竟戰果如何，難以查證，推想起來，都發生了一定的效果。

當年另有一說：「恨水」的意思是「恨誰」。（山東等地，水、誰兩字語音相同。）這年頭可恨的人太多了，誰最可恨呢，你最恨的人是誰呢，此說一出，果然從人心中發出許多恨恨之聲。後來對日抗戰發生，張恨水奔赴重慶，從周恩來處感受啟發，寫出〈八十一夢〉，譴責大後方的腐敗，「恨誰」也有了答案：他恨國民黨。後來知道，這一說也是宣傳藝術。

張恨水不愧是一個有利用價值的人，他的名字被各種人從各個角度利用。

人們終於知道，「恨水」二字是從李後主的「人生長恨水長東」句中截取而來。論音節，我們讀到「人生長恨」四個字會停頓一下，然後再把「水長東」三個字讀出來，本來隔斷的兩個字，連結起來鑄成一詞，就從陳腔中產生新意。

不過如此！「恨水不結冰」的迴腸盪氣何在？「恨誰」的大義凜然無存！真相往往令人索然，這就是人為甚麼不能完全誠實，也就是人對社會為甚麼不能完全相信。

瀋陽市的馬前馬後

上級通知我們更換裝備，離開上海的日子到了。

我們換了新槍，聞名已久的中正式步槍運到，連裝箱的木料都嶄新。打開木箱，但見油紙密封，揭破油紙，新步槍像罐頭裡的沙丁魚密密排列，凡士林塗滿槍身，灌滿槍管，我們費了整整一天功夫擦槍。想起困居大後方的日子，弄一點凡士林調疥藥多麼珍貴，一聲抗戰勝利，物資又這麼充裕，我覺得很奢侈。槍身木部紋理清晰，鐵部一層晶晶的藍，新得像個新娘子。槍管比較短，想起蔣委員長的身材。我現在知道，它比漢陽造短六・一三英寸，輕〇・〇六公斤，攜帶比較方便。我常常覺得對日本兵來說，三八式步槍是太長了，衝鋒槍對美國兵來說，又太短了。

中正式步槍的彈倉是「暗倉」，藏在槍身裡面，不露出來，槍身平坦，「槍上肩」就舒服多了。它用的彈夾叫「橋夾」，像一座橋，把五發子彈托住，槍兵用拇指往下一按，子彈魚貫下橋，進入彈倉。這個改變關係重大，我們用漢陽造步槍訓練裝子彈，學到的技術完全作廢，新槍到手，行色匆匆，竟未經過充分操練。事後回想，倘若我們在海上或者在登陸的時候需要戰鬥，大部分人不會使用手中的武器，我也只能裝一顆子彈射擊一次，好像游擊隊員使用「單打一」，它是土造的步槍，沒有彈倉。幸而這樣的狀況沒有發生，直到內戰結束，我未放一槍。

中正式步槍名氣大，抗戰還沒發生的時候，民間盛傳國軍設計了制式的步槍，將來全國軍隊都用一種步槍，它是採用捷克斯拉夫的藍圖加上某些改進，民間俗名叫捷克式。這槍希罕，游擊隊裡有幾枝，大家都很景仰，螞蟻也有虛榮心，扛著這樣一枝槍出關有精神。三十五年後，我在美國聽說有個世界武器博物館，中國只有中正式步槍陳列在裡面，認為它是中國研發出來的武器。我很想去看一看舊物，一直不知道博物館坐落在哪裡。

接著換新軍服，大家排隊進倉庫領軍服，哇！管理人員一個一個打量我們的身材，發給相應的型號，太棒了！我領到的衣服不會再像緊身馬甲，小周的衣服也不會再像睡袍了。哇！居然是「人字呢」，它是一種高檔的布料，美國織造，纖維重疊成「人」字形，堅固美觀，那時中國沒有這麼好的布料，所以尊稱為「呢」。第一批人字呢進中國，它是羅斯福總統送給中國士兵的禮物，報紙稱為「羅斯福呢」，後來中國用美援款項繼續購買，可是多少軍隊南來北往，幾曾在士兵身上見過？回到十六鋪倉庫，打開衣包，哇！原來是長褲，我們都穿短褲，下面打綁腿連接，我的褲子太短，一冬天膝蓋露在外面。馬營三冬的氣溫通常是攝氏一度，我得了風濕病，青年壯年挺得住，老年變成了痼疾。

我們也領到憲兵上等兵的領章和正式的符號。那時陸軍各兵科的名稱，依照順序是步、騎、砲、工、輜，各兵科領章的底色，依照順序是紅、黃、藍、白、黑。憲兵並未單獨成科，領章也是紅色，為表示地位特殊，又和步兵略有區別，官文書上說是「暗紅色」，怎麼給我們那個「暗」字！憲兵自己改稱是粉紅色，沙團長訓話說是荷花的顏色，勉勵我們出淤泥而不染。說到這裡，我慨歎那時參謀本部作業沒學問，抗戰時期，國軍砲兵養了一些壯漢，以人力拖拉砲車，代替馬匹，這些壯漢也是軍人，他們在花名冊上叫做「代馬輸卒」，輕賤侮慢，離紙三寸！作家張拓蕪幹過這份差使，他的自傳叫做《代馬輸卒手記》。抗戰勝利了，淪陷區裡有漢奸武力，有國民政府遙控的游擊武力，有自發自動、自生自滅的地方武力，國民政府訂了個處理辦法，竟籠統稱之為「漢奸游雜部隊」！當年抗戰發生，政府派員游走華北，鼓勵地方人士共赴國難，拿出空白的委任狀當面加委，這個是司令，那個是總隊長。這些人賣田買槍，艱難抗日，九死一生之餘，最後國府說出實話，這些抗日武力的身分既游且雜，地位竟在漢奸之下，真是情何以堪！

我們也領到憲兵獨特的袖章，白地紅字，兩個大字「憲兵」，官版正印，十分醒目，憲兵執行勤務的時候把它套在左臂上，象徵國家賦予的權力。我在淪陷區見過日本憲兵，中國建立憲兵以日本憲兵為藍本，袖章的式樣和日本憲兵相同。日本憲兵代表天皇，中國「憲兵令」第一條自稱「對內代表政府，對外代表國家。」也是學日本憲兵的口氣。沒人喜歡日本憲兵，可是那時我崇拜紀律和效率，日本軍人的表現感動了我。那時我不能用超乎國家的觀點看世事，我認為那些品質是「日本的」才有害處，如果是「中國的」，就是優點。條件相同，結果可以大異，猶如兩部汽車性能相同，年份相同，由於駕駛人不同，目的地不同，其中一部車翻覆了，另一部可以一路平安。

穿戴整齊，再配上一雙皮靴，「兵要衣裝」，眾列兵你看我、我看你，嘻嘻的笑，權當照鏡子。這般模樣，可以去見東北父老了！文章寫到這裡，不禁有個「假設」：假設當年國軍接收台灣，也先給官兵打扮打扮，台灣同胞還會說他們是「叫花子」兵嗎？還會對中國失望藐視嗎？「第一印象」很重要呵！後來我讀到一篇報導，國軍到越南北部受降時，部隊先在邊境的一條河裡洗衣服、刮鬍子。假使當年開進台灣的國軍也有這番見識，盡可能注意軍容，抗戰艱苦的烙印不掩興國的氣象，台灣同胞以當時的愛國一念，也能接受甚至欣賞這樣的「王師」。可惜……

抗戰勝利，還我河山，收復山東是小事，收復台灣和東北才是大事。我在《昨天的雲》裡寫過，一九三一年，「九一八事變」發生，日軍侵佔東北，母校蘭陵小學緊急集合的鐘聲，師生倉皇的表情，校長激昂的語調，猶在眼前。我在年年紀念「九一八」國恥中長大，唱「我的家在東北松花江上」一點也沒有地理隔閡，對東北的感覺一向親切，一步踏上登陸艇，我就覺得是踏上了東北的土地，非常痛快，松花江上好像真有我一個家。

海軍派來中字一〇五號登陸艇，我們第一次看見這麼大的「船」，它的形狀與「船」不同，尾部有一堵方形的鐵牆，整面牆打開，裡面是個大統艙，汽車坦克車都能開進去。我們又學會了一件事，登上甲板時，向後甲板升起的國旗敬禮，國旗的位置選在後甲板，因為英國海軍名將納爾遜戰死在那裡，中國建軍處處師法外國，創造難！這又是一個證明。我們魚貫入艙，碼頭上喇叭裡傳來歌聲，正是「好花不常開，好月不常在，今宵離別後，何日君再來？」再來是三年以後，一九四九年三月，緊接著「五月的風，吹在花心上，假如雲兒有知，懂得人間興亡……」。

海上浪花美麗，但即生即滅，一連三日（？）都是沒有月亮的晚上。查陳年舊曆，一九四六年六月底正是陰曆的五月底。我也曾拂曉爬上甲板，銀灰色的濃雲密布，海景昏沉，沒看見日出。海大得令人絕望，天下地上，你能看見的只有水，其中有一切的不可思議。我從未見過這麼大的「水」，沒有風浪，水依然動盪，不是水在地球上動盪，而是地球在水裡動盪。海水變幻，我們沒人能控制它，沒人能了解它，也就幾乎沒辦法適應它。海！一張很大的面具，底下白骨成山，難測難防。

航行中我不斷思索，海到底有多大，要這麼大的海做甚麼。我現在知道，地球上百分之七十是水，數學的答案：海洋面積是大約一三九下面加六個零、平方英里。中國成語「三山六水一分田」，沒有科學知識的祖先居然猜個差不多。生物學家說，海是人類的故鄉，可是事到如今，故鄉難依難戀，我們在很大的壓力下爬行，人在水中，心裡想著「異鄉」，暗自估量：現在走到蘇北了，也許對岸就是徐州，現在走到魯南了，也許對岸就是臨沂，我們該進渤海了，也許對岸就是青島。遼寧半島好像東北伸出來一隻手，準備接引我們。我哪裡知道，中國大地也像海一樣，變化詭異，吞噬生靈，人的有情對大地的無情，當代幾滴眼淚，後世一場笑談。

海水連天，人如浮在太虛之中，我是基督徒，這時應該想到神，可是我想到的只是：大水汪洋，船怎能躲開礁石，找到航道。一位海軍軍官告訴我，那時沒有人造衛星導航，高級船艦上用「聲納」探測，我們坐的登陸艇沒有那樣的配備。海上自然有路，船長能找得到，船長白天看羅盤，晚上看星宿，當然還有經驗，而經驗來自學習和勇氣。好一個「海上自然有路！」後來我到了台灣，一九五六年，台灣修建橫貫公路，由西部到東部，穿過層層疊疊的崇山峻嶺。我參加新聞採訪團前往參觀，總工程師胡美璜接待，我問他如何能在群山萬壑找出路來，他指著山峰說：「你看，每座山都有路，如果沒有路，水如何能流下來？」

今天回想，我在海上進入了我的「無神論時代」。也許人人都有個無神論時代。少年時期，宗教是詩，老年，宗教是哲學，我的詩花已謝，哲學之樹還沒成林。我七尺血肉，跨步不過七十五公分，舉重不過一百二十磅，投擲不過五十公尺，很想頂天立地。我是矛盾的，一天中午，我登上甲板，海水正藍，有如溫柔的眠床。我忽然想到自殺，大海實在是自殺最理想的場地，只要縱身一跳，身段瀟灑，葬禮豪華，不遠處有一條魚，像一頭牛那麼大、那麼壯、也那麼不慌不忙，也許是等著觀禮吧。那年代，謳歌死亡的文章多，謳歌生活的文章少，作者以各種不同的動機禮讚各種不同的結束，我趕緊下艙，躲避死神的誘惑。有一天，我也許會自殺，然而不是現在，絕對不是現在。

登陸的地點不是旅順，不是大連，而是葫蘆島。受蘇聯的阻撓，心儀已久的「旅大」無緣一見，葫蘆島成為軍事運輸的咽喉，它一向躲在山東半島和遼東半島的胳臂彎裡，知名度突然大增。我們捨舟登陸，一九八〇年、也就是三十年後，老海軍告訴我，那艘老舊的登陸艇還在近海掙扎效命。暮色蒼茫，撲面有風，只覺得風的溫度不同，力度不同，風裡傳遞的無字天書也不同。關外的風無情，南方來的遊子悵然有所失，凜然有所懼。想起讀過的兩句詩，「馬後桃花馬前雪，教人怎得不回頭？」後來知道這是清人徐蘭的出征詩，他吟詠的是嘉峪關。

休說回頭，我們整隊直奔火車站。我對葫蘆島車站惟一的印象是，許多民眾站在鐵路旁邊看兵，露著一排亮晶晶的眼睛，回想起來，其中應該有幾隻中共的情報眼。第二天早晨，列車在某站停靠，有一位中年農婦，左手提著一只大壺，右手拿著兩個大碗，靠近車廂，問誰要喝茶。我問多少錢一碗，她很爽快的說不要錢，這是我僅見的一次壺漿迎軍。我沒有喝她的茶，她走過一節又一節車廂，好像沒人喝茶，坐在火車裡長途奔馳，解小便麻煩，那時我們年輕，能忍飢耐渴。回想起來，也許有沒有人喝茶無所謂，燒茶的也許是個共產黨員。但是那時我們誰也沒有這樣想過。

憲兵勤務每省一個團，東北九省只派一個團，近乎點綴。那時有人說，內戰是火，東北是火頭，增兵出關是火上澆油，第六團這一滴油作用不大。後來有人說，出兵東北是「蔣介石的孤注一擲」，第六團只是一個很小的籌碼。今日論東北戰事，各家著作擺滿了書架，幾乎沒人提到六團，即使是大罵國民黨擾民，也只是數說警察的罪惡，憲兵連作陪的份兒也沒有。千名關中子弟，投入江湖，留芳遺臭都沾不上邊，究竟是他們的幸，還是不幸？

瀋陽南站下車，好像是走過一段陰暗的地下道、再登上石階「鑽」出來，站前廣場空曠，陽光明亮。後來一位東北青年告訴我，他是滿洲國軍隊的成員，曾在這片廣場上列隊歡迎蘇聯紅軍，指揮官向紅軍部隊長舉起指揮刀，準備行「撇刀禮」，他在舉刀時露出腕上的手錶。那個老毛子軍官一眼瞥見手錶，立即抓住對方的手，把手錶摘下來，裝進口袋裡，後面的官兵有樣學樣，紛紛動手，把儀隊每個成員的手錶搶走。

廣場中心豎著蘇聯紅軍炫耀戰功的建築物，那時報紙稱為紅軍的勝利紀念碑（現在改稱蘇聯紅軍陣亡將士紀念碑）。不管名字叫甚麼，且看碑的造型，碑身像一根柱子拔地而起，高聳觸天（現在知道全部高度二十七公尺），碑頂上「挑起」一座躍進式的坦克（現在知道坦克四公尺半高）。南站是交通樞紐，每天成千上萬的人從蘇式坦克的陰影下走過，也就是蘇式坦克每天從千千萬萬中國人的頭上輾過，建築也是一種語言，蘇聯臨行放話，何其粗暴！何其傲慢！瀋陽留下蘇聯紅軍的勝利紀念碑，雲南留下史迪威公路，台北留下羅斯福大街，都是出於政治謀略，藐視人民心理反應。

美國用原子彈轟炸了日本廣島，蘇聯這才出兵攻入東北，日本天皇已宣布投降，蘇軍繼續推進，佔領東北全境七個多月，劫走的工業設備價值美金二十億元，劫走的金塊價值美金三十億元，劫走偽滿時代的紙幣軍票，回頭套購物資。在東北境內發行紅軍票九十七億元，敲骨吸髓。蘇聯大兵在火車電車上公開姦淫婦女，中國女子剪髮束胸，穿著男裝，瀋陽的朋友曾經把他太太變裝的照片拿給我看。這樣的軍隊，這樣的勝利，居然還允許有這樣的紀念碑！蘇聯在東北的行為沒有國格，然而中國的國格又何在！我能感受到東北人的屈辱。

跨進瀋陽，迎頭撞上「盜賣大豆案」。這是「黃金萬兩」的大案，東北的軍政領導人、東北的經濟最高主管、中央糧食部派到東北的欽差大臣、一干人等都受牽連。打開報紙，讀到正在流行的順口溜：「小宴天天有，大宴三六九。」形容接收人員的快樂生活。然後我們陸續聽到「一萬四千個」接收變劫搜的故事，報紙社論「問孝陵松柏幾多存？年年少！」貪汙的種子不擇土壤，而東北土地肥沃，「一根筷子插下去也能發芽。」只見眼前一干人等，馬前也是桃花，馬後也是桃花。咳！也不過三年光景罷了，「爭春不肯讓分毫，轉眼西風一陣。」

我所看到的日俘日僑

抗戰勝利，日本軍人繳械投降，叫做日俘，住在中國的日本平民仍然叫日僑，中國政府設立了一個機構管理他們，這個機構的名稱，今人說法分歧，我記得我看見的招牌是「日僑俘管理處」。僑俘兩個字破例密接，印象深刻。

那時「中國本部」（不包括東北和台灣）有日俘一百二十八萬三千多人，日僑約八十萬人，中國政府要把他們送回日本，當時稱為「遣俘」和「遣僑」。那時「中國本部」使用廣州、上海、秦皇島、青島等十三個港口進行遣送工作，上海最受重用，資料顯示，上海港口送出日俘七十六萬人，日僑約六十萬人。我們逗留京滬時，遣送工作還沒有結束。

國際通例，戰勝國有權使用戰俘的勞力。我們到南京時，看見日俘正在揮汗修路，江灣新建的機場尚未修好，仍由日俘繼續施工。多年後，美國好來塢拍了一部有名的電影：《桂河大橋》，演出英軍戰俘修橋的故事。雖然是做了俘虜，為敵人修橋，那個英軍上校還是很興奮，他說，身為軍人，一生做的都是破壞工作，難得有機會建設，他一定要督率部下，提高工程水平。日軍攻打中國，一槍一個洞，一彈一個坑，留下無數斷橋殘壁，徵用他們出力建設，也是一種教育。

有一天，我去看他們修路，皇軍一變而為苦力，也是千載難逢的景觀。那時機械器材缺乏，修路還是靠鍬和鎬，他們挖過許多戰壕掩體，操作十分熟練。動作比較慢，似乎不甘心？但是一鍬一鎬下去很確實，不敷衍了事，也沒看見有人擅自休息走動或抽菸喝水。軍官帶隊督工，工地狹長，他不停的走動察看。盟軍規定，日俘遇見戰勝國的軍人，不論對方階級高低，都要敬禮，而對方不必還禮。（這是長官惟一叮囑過的注意事項。）乖乖，他向我敬禮的時候，我還真覺得如在夢中。下次再去，我到馬路對面遠遠的看，躲著他。連上有個班長，他每天故意走過工地，每天享受一個敬禮，大日本皇軍的軍官，動作敏捷，姿勢正確，從未違背盟軍的規定。我聽見有人笑那班長無聊，那班長說，「抗戰八年，除了這個，咱們還能撈到甚麼？」

我也曾到江灣看日俘修機場，那裡參加勞動的人數多，一片黃塵中黃螞蟻成群蠕動，乍見之下，產生錯覺，還以為他們構築工事，包圍上海。我看見他們整隊歸營，儘管鞋襪破舊，軍服骯髒，他們的隊形仍然成列成行，目不斜視，無人交頭接耳。官長的軍服上業已卸除那些顯示階級尊嚴的佩件，外形和他們一樣狼狽，同時也失去了關乎他們生死榮辱的權力，可是他們對長官的尊敬服從絲毫未減。那時怎麼也沒料到，兩年零十一個月後，我狼狽奔往江灣，由江灣逃出大陸。

聽說上海的慈善機構想捐一批鞋襪給這些日俘，人家不要。如果說日俘決心給京滬人士留下「去思」，他們辦到了，報紙雜誌不斷有人稱道他們。據說他們在投降前一天照常出操上課，紀律嚴整。據說投降後照常整理內務，被服裝具一絲不苟。據說繳槍之前把槍擦得乾乾淨淨。據說他們登船回國，秩序井然，無人搶佔好位子，而且讓婦孺優先。他們的財物都得留下，只准帶很少的錢、很少的隨身用品，例如五百日圓的現款，一只手錶，一枝自來水筆。憲兵檢查嚴格，據說他們無人違反規定。不久，我們走海路赴東北，葫蘆島登岸，正是夕陽西下，我看見許多日本僑民在碼頭上排成隊伍，接受檢查，老人彎著腰，排在最前面，然後是婦女，牽著小孩子，最後才是青壯男子。隊伍很長，沒有聲音，圖畫中才有那樣的沉默，只聽見海浪拍打堤防，連小孩子都不走、不跳、不哭、不叫。海水中一艘輪船等著送他們回國，記得是一艘年久失修的老船，外殼油漆斑剝，我當時有一個念頭閃過：如果海上起了大風大浪，這樣一艘船能把他們平安送到日本嗎？

「可怕的日本人！」京滬的論客如此判斷，他們藉小報一角，談日本軍人在琉磺島上的壯烈，談日本僑民在塞班島上的壯烈，談「自殺飛機」在空中的壯烈。我今天重讀關於「神風特攻隊」的記述，兩千五百一十九個日本青年，志願獻身，他們駕著特製的小飛機，帶著重磅炸彈，全速衝向美國軍艦，粉身碎骨。他們炸沉了普林斯頓航空母艦、懷特普來恩斯航空母艦，以及其他軍艦。美國的生產力雄厚龐大，馬上可以補充損失，日本的自殺飛機卻用光了。無論神風隊如何英勇，日軍在太平洋戰場上仍然節節敗退，亡國的命運註定，神風戰術不能挽回。最後，執行此一戰術的日本第五海軍航空司令宇垣，親自登上自殺飛機出動攻擊；發明此一戰術的海軍參謀長大西切腹自殺，他留下遺書，對英勇犧牲的神風隊員道謝，對那些隊員的家屬道歉。

日本政府欺騙了日本青年，執行騙術的將領過於「入戲」，「入乎其中」而無法「出乎其外」，跟著假戲真做了。但是我至今不能認定這是中肯的論斷，無論如何，日本軍人的品質是優秀的，日本政府浪費了他們。無論如何，政略錯誤不能由軍人用投降叛變來糾正。戰地軍管，軍權至高，當地司令官以通敵和作戰不力之類的罪名殺了多少人！結果高級將領以千萬士兵做投降的資本，換一個新官位，他的部下經過改編整訓，槍口換個方向，不是死在這個戰場上，就是死在那個戰場上，無論如何我不能承認這樣的軍人「優於」那樣的軍人。

然而那樣的軍人的確可怕。抗戰時期，我們都熟知兵學家蔣百里的名言，他說日本盛產清酒、櫻花和鯉魚，這三樣東西可以代表日本人：清酒沒有後勁，象徵日本的國力難以為繼；櫻花突然滿樹盛開，也一夜敗落乾淨，象徵日本的國運無常；廚師烹魚前，鯉魚躺在砧板上不動，象徵日本人的武士道精神。可怕的是清酒喝光了、酒廠再造，櫻花謝盡了、明年重開，鯉魚死了、來世輪迴，京滬論客高分貝呼喝，教人莫唱〈何日君再來〉。

投降，日本軍人一萬個不甘心，閒言閒語很多。中國政府派陸軍總司令何應欽飛南京「受降」，日軍總參謀長小林淺三郎呈遞降書，兩人留下歷史性鏡頭。我乍見那張照片時，覺得甚麼地方不對勁，看了幾十年，終於看出眉目來，那位降將雙手送出「那張紙」時，紙離桌面太近，太低，「那張紙」也沒過桌面的中線，何上將得伸長胳臂俯著上身接過來，「降將」有機心，何上將恐怕是有些慌張。單就那授受片刻而論，日本沒輸。

然而一般軍人也的確可憐，無論精神上、物質上他們都貧無立錐，日本的一切資源都被戰爭耗盡，「人活著不是單靠食物」，他們回去連食物也沒有。如果他們中間有人強姦過中國婦女，此人的妻女正在賣淫，如果此人放火燒掉中國人的房子，此人的祖居已被燒夷彈或原子彈化為灰燼，如果此人用他的東洋皮靴踢過中國人的孩子，中國學童正把日本孩子推入水中。即使此人從未搶過中國人的東西，他的家已遭中國游民侵入，喜歡甚麼拿甚麼，「你們從中國人家裡搶來的、我們收回。」即使此人一向尊敬中國讀書人，中國學生打日本教師也形成一時風氣。

東北人性情剛烈，屬於「北方之強」，那時他們遠在「化外」，沒聽見「以德報怨」的廣播，「恩仇不報非君子」，動手殺死許多日俘。多少日俘日僑被飛機炸死，被老百姓殺死，衣服被人扒光凍死，多少人生了病，得不到治療，也是一死，還有不少人自殺而死。死神一次一次篩選，最後大難不死，再回到日本去受罪。現在讀台北中央研究院出版的《日治時期在滿洲的台灣人》，書中有許多見證，跟我當初聽到的傳聞八九不離十。

天皇下詔投降，教他們「不能忍者忍之，不能受者受之」，可憐天皇哪裡知道箇中隱痛辛酸。「忍」能維持自尊，也許這是日本人的特點，但是也只有在中國人手中辦得到，或許可以說，這才是中國給他們的特惠。「南京大屠殺」一筆帳，算來算去算到日軍將領谷壽夫頭上，他是第六師團長，一九四五年進佔南京。中國法庭審判他，他十分莊重的說，他不知道有大屠殺，他從未下過那樣的命令，但是他說，如果他的部下真的那樣做了，他有責任，他願意負起責任。聲調沉穩，要言不煩。中國法庭殺了他，「殺身體不能殺靈魂的不要怕他」，大體上說，盟國法庭殺戰犯，僅僅殺了他們的肉體，我寫這篇文章的時候，幽魂早在日本復活。任何國家都得有國魂，日本打造國魂，二戰戰犯的幽魂也做了材料，十四名甲級戰犯的靈位移到靖國神社——日本的忠烈祠。二〇〇一年盂蘭盆假期，日本首相小泉純一郎參拜靖國神社，他說，那些戰犯在艱難歲月中懷著對祖國未來的信念，血灑疆場，英靈不泯。

我們到了瀋陽，聽到蘇聯軍隊幹的壞事。姦淫擄掠的事容後再談，單說對待俘虜，史大林把二十八萬日俘運往西伯利亞做苦工，飢寒交迫，勞動量很大，估計他們以青壯之年憔悴而死，史大林殺了他們的身體，也殺了他們的靈魂。一九五〇年，蘇聯把「在中國犯罪」的日本戰犯交給中共，其中包括在山東執行「三光」政策的日軍第五十九師團中將師團長藤田茂，關東軍製造細菌武器的七三一部隊支隊長神厚秀夫。日軍投降時，中共力主嚴懲戰犯，聲色俱厲，一朝戰犯在手，個個從輕發落。中共還是殺了他們的靈魂，蘇共和中共都懂得殺靈魂。

日本關東軍大約有十萬人不願投降，拋棄妻子兒女，遁入長白山中，再也沒有出來。長白山區冬季有四十天下雪，氣溫經常在攝氏零下四十度左右，他們沒有生存的條件。奇怪的是沒有人逃回來，估計最後的結局是集體自殺，而且是少數人控制多數人強迫自殺。他們的妻女擔當另一種角色。那時國民政府船隻有限，東北的遣送工作排在最後，我到瀋陽時，馬路兩側日僑擺了多少地攤，出售他們帶不走的東西，維持目前的生活，大件如鋼琴沙發，小件如玩偶花瓶，雖說家產充公，當局並未禁止。那些專售「小件」物品的地攤最有看頭，日本文化琳琅滿目，地攤後面幾乎清一色的「跪」著一個女子，絕對沒有男孩子出現，只有他的母親或姐姐，她們給「男子」留面子。她低著頭，雙目下垂，並不真正照顧她的貨物，任憑顧客自動取貨，自動照標價付款，如果有人白白拿走，她也沒有任何表示。偶然有男人（多半是關內來的中國大兵）伸手去摸她的臉蛋兒，強迫她抬起臉來，她的反應是「三不」：不合作，不掙扎，不出聲。

那時還有日本女子沿街叫賣自己製作的食物，據說她們都是日本官員的女兒。日本女子也在街頭搭建臨時的小木屋賣酒，拉起白布條做成的廣告，中年婦女炒菜，少女擔任招待，二十歲模樣的少女，穿著和服，站在櫃檯裡面，端出鹹豆花生米，把酒杯斟滿。顧客多半是東北的工人或馬車夫，這些粗魯的男人乘其不備出手突襲，摸她們的胸脯，或者揪住頭髮吻她的臉，她們都能說漢語，可是沒有抗議爭吵，也不流淚，默默承受一切。

資料顯示，東北地區有日僑一百三十萬人。瀋陽一地大約有二十萬人，其中婦女佔百分之七十，包括由日本來的營妓舞女。日本佔領東北後，向東北大量移民，移民是他經營東北的重要手段之一，日本人是特權份子，一聲投降，全成了擱在沙灘上的魚。那時她們非常恐懼，她們熟知日軍在中國造了甚麼樣的孽，伸長了脖子等待中國軍人的屠刀。她們為丈夫乞命，為子女乞命，為自己乞命，既而發現中國男人所要的不過如此。她們也弄不清楚眼前這個中國人誰有多大權限、誰能發揮多少影響力，她們完全順從「中介人」的擺布。

所謂中介人，主要的是日俘管理所的中國幹部，各方「權勢」向他們要女人，他們晚間把年輕女子送到指定的地方。瀋陽外圍某市的市長，每夜換一個日本女子侍寢，他向人誇耀，他打算一年睡三百六十五個日本女子，自稱民族英雄。管理日僑的處長和他所屬的許多所長，都由當地黨政要員兼任，他們從來不把這項兼職寫在履歷表上，他們的傳記和墓誌銘誇盡當年勇，從未提起管理日俘這一段。

「淫媒」之類的人物也應運而生。我有一位本族的長輩，他在關內工作，因業務需要，經常往來瀋陽，為起居方便，他在瀋陽市買了一幢日式房屋，他若不來瀋陽，房子就由他軍中的密友們自由使用。管理房屋的副官告訴我，許多上校、少將級的人物輪流在那幢房子裡宿夜，年老的日本婦女晚上送年輕的日本女子來，那些軍官喝酒的節目也省了，有時一個人睡人家兩個，有時兩個人睡人家一個。關於這幢房子和它的主人，以後還有故事可講。

美色也是階級，漂亮女子總是歸官位高的人，門當戶對。聰明的美女也總是趕快找一個「英雄」獻身，受他的保護，免得再去伺候一個一個「人下人」。那年代，女囚收監以後，倘若無背景而有姿色，很可能由典獄長之類的人物召去陪睡，若是不從，她就會落進那些看守員的手裡，他們輪流縱慾，使她悔不當初。日本女子毫不遲疑接受了她們的命運，而且竭力減少了損害。

據說在床上，日本女子委屈迎合，那一份從裡到外徹底奉獻，才真是「無條件投降」。而且她們穿著華美的和服來，脫掉和服，裡面並沒有內衣，男人的這份驕傲和享受，也許只有皇帝召幸後宮嬪妃才可以得到。日本男人太剛，幸虧日本女人來補救，戰勝國的男人嘗過日本女子的委婉承接之後，對這個戰敗國有寬恕心。

後來我到台灣，結識了一位劇作家，他當年在軍中做政工，他的部隊第一批出關，進佔瀋陽。他的官階雖然低，卻也有一段醇酒婦人的日子，他說，他們當時的口頭禪是「以個人幸福慶祝抗戰勝利」。他胸中有許多日僑女子的故事，但是沒來得及寫出來。

我從他那裡知道，日本的少婦和少女，裝束有別，他們找來的都是少婦，上了床才發現是少女。他們納悶：向來只見少婦冒充少女，何曾聽說「反串」？後來明白了，日本少女認為貞操神聖，婦人就沒那麼嚴重，她以少婦裝扮保留自尊心，同時她也表示大割大捨，沒有甚麼「過渡」。那時中國男人嫖妓，也指明要日本女子，老鴇常以中國女子冒充。有經驗的嫖客說，識別真偽很容易，你把手伸進女孩子的衣服裡，撫摸她的胸部，如果她的肌肉溫暖柔軟，她是日本人；如果她的肌肉冰冷僵硬，她是中國人。面對橫逆，日本女子有她的哲學，她完全撤除了心理的防線。日本女子掛在十字架上，替日本男人擔當罪孽。

動盪之世，「每一個維持尊嚴的男人，背後都有一個犧牲尊嚴的女人。」日本男人虧欠中國人，中國男人虧欠日本女人。並不是每一個女人都有美色，正如並不是每一個男人都有權勢，雙方都有自知之明，不得已而求其次，連我們的幾個班長都沒留空白，他們總是白天外出，匆匆趕回來參加晚點名，一臉酒色財氣，連長訓話，要求大家「節制」。後來知道，美軍佔領日本以後，日本女子為美軍官兵布置溫柔鄉，賺外匯，也爭取美國對日本的同情。美國記者發出報導：「東京的婦女大半是妓女」。中國記者水平高：「日本的女子大半是西施。」西施犧牲肉身，圖利本國。我寫這篇文章的時候，台灣企業家許文龍舊話重提，他稱讚日本女人犧牲色相，挽救日本危亡。

憲兵的學科訓練

我們在南京上海耽誤了許多時間，到了瀋陽，立即開始「學科」的課程，時間也是六個月。術科是軍事訓練，學科是司法訓練，有人說「憲兵以毫無司法常識之人兼任司法警察」，頗失公允。各門課程由軍官講授，班長「靠邊站」，軍官們循循善誘，憲兵連這才有那麼一點「學校」的氣氛。我們一面上課，一面投入憲兵勤務，很像文學校清寒學生的半工半讀。

讀些甚麼呢，最重要的是法律課程，我最喜歡的也是法律課程。楊排長講《法學通論》，講《刑法總則》，我聽得入神。《法學通論》先談天地宇宙的大法，幾乎提升到宗教層次，天地宇宙的一切秩序都是「法」，法律是人世的秩序。我後來能領悟甚麼是「天人合一」，這段話是起了作用的。《通論》又說，「法」可以分成兩種，一種是「說明的」，也就是事實如此；還有一種是「規範的」，也就是應當如此，兩者並不經常相等。那年代，萬事宣傳先行，宣傳家常把「應然」當作「實然」來敘述，這是一種欺騙，人憑語言文字認識世界，語文訓練又往往不足，容易落入陷阱，幸虧我先打了「防疫針」。後來我參加新聞工作，「新聞不是意見」，後來學寫小說，小說也不是意見，我都老早開了竅。

法律文字簡練周密，千錘百鍊。刑法總則說，直系親屬是「己身所出或己身所從出」，多一個「從」字，分開尊卑，真是懸之國門不能增減。它又說「能作為當作為而不作為」要負法律責任，不得了，一句之中，「作為」重複三次，依然字斟句酌。刑法規定刑期，常說幾年以上幾年以下，「本法所稱以上以下俱連本數計算」，七年以上和七年以下都包括「七年」在內，不留漏洞。這些文句，我看一遍就能背誦，也了解為甚麼這樣寫，它們影響了我的文字風格。

楊排長說，法律條文後面都有法理，「軍人以服從為天職」，沒錯，若論法理，可分「絕對有效說」、「絕對無效說」、「相對有效說」。上級下達命令，下級絕對服從，如果命令違法，由上級負完全責任，這是一說。命令能夠生效，由於下級執行，而執行視為同意，命令如果違法，同意者要負共同責任，這是一說。如果命令違法，它根本沒有效力，下級當然不必執行，上級不得處罰，這又是一說。我一聽，這可新鮮！這「三說」長在我心，後來我到台灣，聽胡適之高談人民對政府「合法的反抗」，同儕譁然，我心恍然。

我正式投入社會組織以後，總是遇到大有謀略的上級，他總是希望部下勇敢的去破禁忌、試法網、創業績。政府機關降罪，他頂住，若是頂不住，他犧牲你，棄車保帥。大家都硬著頭皮照老闆的意思做，他們不知道「三說」，好在多半平安沒事。可是我心中有「三說」，我總是拒絕「同意」，我在法理上站得住，我在老闆的階下站不住，所以人家升官總是比我快。我雖然有些坎坷，老闆寬大，倒也沒讓我挨凍受餓，文章寫到此處，我遙向老闆們在天之靈致謝。

我還記得〈服務規程〉中有三句話：憲兵維持社會治安，要「防患於未然，遏難於將發，懲戒於事後。」我喜歡這樣的句法，也喜歡這樣的思想，相形之下，「謹小慎微」吞吞吐吐、模糊不清，「大風起於萍末」玄虛抽象、難以落實。我終身奉行這三句話，我常告訴朋友，我們都是弱者，將來有了難處，我不能替你擔當，現在沒有難處，我可以替你規畫。我那時勸親戚朋友，後來勸國家社會，法律條文使我思慮周密，言詞果決。

瀋陽時代，張志華排長調到團部辦公，後來升了連長，他來給我們講過幾堂課。還記得他時時提出有趣的問題來，鼓勵大家討論，他說，「現行犯」的定義是「犯罪在進行中」，如果我罵你一句，馬上閉嘴，算不算現行犯？他問，法律有「損毀國幣罪」，我撕碎我自己的鈔票，對別人有甚麼害處？為甚麼要定罪？有一次，他引用歷史故事，皇帝出巡，看見一個老百姓隨身帶刀，立刻吩咐「拿下」，理由是他有凶器，可以殺人。隨行的一位大臣指著路旁的一個男人，要求皇帝拿下，理由是他有陽具，可以姦淫。皇帝大笑，放了帶刀的百姓。張排長要我們表示意見，大家踴躍發言，笑聲一再鬨堂，引得連長走過來察看。法律用詞精準，對我啟示良多。

母親曾經希望我做醫生，父親曾經猜想過各種職業，瀋陽時代，我發現我最適合的職業是做法官，我喜歡咬文嚼字，斟酌權衡，堅持條條框框，忘記生死禍福。未能做醫生，母親的遺憾，未能做法官，我的遺憾。父親不管我做甚麼，只要是正當職業，能分擔家庭責任。我後來總算勉強做到。

資深班長也有課，他們講服勤務的經驗，幾乎沒有例外，他們真心崇拜谷正倫。谷將軍號稱憲兵之父，其實他是第二任司令，在他手裡，憲兵正規化和擴大發展，由八個團到二十三個團，由南京到各省，由軍事警察到行政、司法。成立憲兵學校，蔣介石兼任校長，他任教育長。抗戰八年，憲兵擴充為四十個團（獨立營），外加通信營、特務營。谷正倫生殺予奪，獨斷專行，創造了憲兵的父權時代，憲兵「見官大一級」，和黃埔軍校學生、空軍飛行員並列為最受女學生注目的軍人。谷氏後來官拜貴州省主席，糧食部長，他是貴州人，風水先生說，貴州山多，河水外流，地氣洩盡，難以產生大人物，但是貴州不但有何應欽、張道藩，還有谷正綱、谷正倫、谷正鼎，「一門三部長」。都說貴州安順的谷家老太太有福氣，生了三個好兒子，比美廣東海南的宋家老太太，生了三個好女兒。

憲兵勤務基本上是一種人際關係，處理人際關係要有技巧，也要看天時地利。那時憲兵完全沒有這種觀念！聽老班長傳經說法，他們個個都以為自己是谷正綱，鐵口直斷，一錘定音。但谷正倫的時代已經過去了，國民黨的一黨專政也快要過去了，潮流衝擊，憲兵需要蛻變，身上那一層硬殼脫不下來，只有一再收縮，減少時潮的衝擊面，這是國民黨喪失創造力的徵候之一。我趕上中國憲兵衰落的時代，大體上說，憲兵在東北未嘗為惡，也不能為善。

一九五〇年，中華人民共和國成立，凡是當過中華民國憲兵的人，當然有歷史問題。中央頒布公安六條，憲兵上等兵也定性為反革命，這就太抬舉憲兵了。我們受訓一年，從未學到能阻遏中共發展的東西，沒喊一句反共口號，沒讀一頁反共教材，沒人講解放區實況，沒人講偵破中共地下組織的案例。「國父遺教」、「領袖言行」，也都是退到台灣以後的新課程，我們都是沒有思想的木偶，複雜的思想如民主自由，固然不該有，簡單的思想如忠黨愛國，似乎也不必有，最要緊的是服裝整齊，姿勢正確，站衛兵，擺儀隊。哪能趕得上人家八路軍，除了「人人都是戰鬥員」以外，還要「人人都是情報員，人人都是宣傳員」。

為了寫回憶錄，我苦讀東北有關的文史資料，知道那時中共的地下工作條件匱乏而態度十分積極，他們推拉板車謀生，情報藏在輪胎裡，他們擺攤賣菜為生，情報藏在挖空了的紅辣椒裡，他們販賣豆油，情報就塞在瓶口裡。他們把線裝的黃曆拆開，情報寫在空白的邊緣，再裝訂起來。我們幾乎天天跟菜攤、板車擦身而過，「匪諜就在你身邊？」可是從未起過疑心。

我在憲兵的那些日子，瀋陽發生學潮，西區憲兵隊奉命押送幾個「共產黨」到團部，這時二連換了連長，新連長是老資格，沉穩含蓄，他出來一看也忍不住說：「都是些孩子麼！」口吻表情彷彿慈禧憐惜汪精衛。以後各地學潮越來越多，警備機關抓人也越來越多，事過境遷看資料，似乎從未抓到策動指揮學潮的共產黨幹部，抓到的都是「孩子」，年齡上的孩子或心智上的孩子。國民黨到中共內部做情報工作太難了，簡直雪裡埋不住人，白白送死，國民黨像個大蜂窩，處處可以潛伏，共產黨人找一個洞蹲下，四鄰不能發覺，即使事敗被捕，好歹也還有條活路。了解背景，才可以了解國民政府據守台灣以後的「過猶不及」。

後來知道，憲兵團裡面有個「特高組」，他們才是特務，他們的工作和人事，憲兵團長不能過問，憲兵司令部有獨立的特務訓練班，不屬於憲兵學校。正確的說法是，憲兵裡頭藏著特務。一般人並不知道，國家排除危害，有警察、警備、作戰三種手段，警備司令部可以指揮警察和軍隊執行任務，因此憲兵也常常出面調查和逮捕，他們的工作是在警備範圍。

一般憲兵離特務很遠很遠，究竟多遠，有一個例子可以說明。曾任憲兵第五團團長的趙良佐，晚年寫了一本回憶錄，他一九四九年出任團長，想和中共的地下黨接洽歸順，費盡心機，始終沒接上頭。直到一九四九年十二月成都起義，他才知道中共地下工作的領導人，是憲兵司令部軍法處的一個軍法官。

有兩件事情，老班長們津津樂道，引為憲兵的無上光榮。

日本女間諜南造雲子，吸收南京行政院主任祕書黃濬供給情報。一九三七年七月盧溝橋事變發生時，日本的陸軍和海軍協調不夠，長江中游還停留著日本船艦七十艘，海軍陸戰隊六千人，國民政府計畫鑿沉船隻，堵塞水道，把日本的這些武力完全殲滅。黃濬對日本女間諜南造雲子洩漏機密，江中的日軍連夜逃入大海。這個案子是谷正倫指揮憲兵偵破的，黃濬和南造雲子都被捕，黃濬處死。此人是一位才子，詩文俱佳，陳寅恪有詩悼念他。斯人也，名字不留在文學史上，而留在間諜史上，令人嗟歎。

七七事變發生前三年，一九三四年六月，南京日本駐華使館副總領事藏本英明失蹤，日本政府要求中國政府負責，調軍艦溯江而上，聲言派陸戰隊自行搜尋，又說要撤退在華日僑，一時情勢十分緊張。依照日本政府的計畫，藏本先失蹤，後自殺，製造藉口，向中國興師問罪，但藏本貪生，遲疑不決，也是谷正倫派人找到了他，消弭了一場危機。

憲兵的豐功偉蹟也就是如此了吧？自此以後，由抗戰到內戰，特高組似乎沒有重大貢獻。我絕對不想當特務，但是從此對間諜小說、間諜電影發生興趣，一九四九年到台灣，發展成我惟一的祕密的癖好，我時常想像怎樣做間諜，怎樣捉間諜，怎樣教你捉不著間諜。讀書果真變化氣質？大概是因為間諜故事讀得太多了吧，有人看我可以做間諜，有人看我可以捉間諜，生出多少事端。

那時沙團長提倡讀書，規定軍官交讀書報告，軍官們常常找我執筆代撰，我因此讀了一些「課外讀物」。

我替何排長讀《孫子兵法》，他一度在本連當排長，挺著個大肚子，時常宣告「我的命令絕對有效」，是個有趣的人物，他調到第一連，仍然和我有聯繫。那時政壇論客常引孫子一句話：「民與上同意」，軍隊作戰要能代表老百姓的利益，得到老百姓的支持，共軍做到了，國軍沒做到。我打開《孫子兵法》找這句話，發現原文是「令民與上同意」，還有一個動詞：「令」。動詞前面應該還有主詞，中文慣例，主詞可以省略，倘若補足，全句應該是「中共令民與上同意」。我在訪問蘇北難民之後，一直對解放區的情況非常注意，解放區重門深鎖，但天下無難事，只怕有心人！老百姓奉「令」同意，他們是被動的，甚或是被迫的，並非「民與上同意」，更非「上與民同意」。奈何有些論客將錯就錯，有些論客人云亦云！我抓住這句話做文章，何排長大而化之，他教我寫了直接寄到團部，他連看也沒看。

我還有一些意見，當時沒有寫出來。孫子說，「兵以詐立，以利動」，你一旦出兵作戰，你就是一個「不能輸的人」。他一再批判道德觀念，除非以道德行詐謀利。我念慣了「王者之師」、「仁者無敵」，對孫子的說法不能接受。後來閱歷增長，我也得承認「兵不厭詐」、「兵不厭狠」往往是打勝仗的關鍵，我退一步想，倘若《孫子兵法》是「真理」，也只是戰場上的真理，不能用於做人做事。這些念頭一直縈繞心中，直到八十年代，我寫了一篇〈兵法與人生〉。

我替連長讀《比較憲法》。那時國民政府定出時間表，制定憲法，實行憲政，也就是結束一黨專政，實行民主政治。「憲法」一字一句關係重大，學者咬文嚼字，爭議不休。我代讀的這本《比較憲法》，評介歐美多國的憲法，指陳得失，烘雲托月，顯示孫中山的「五權憲法」最好。依五權憲法，總統的權力很大，凌駕立法、司法、監察之上，民主人士予以負面的批評，我一時也沒個主意。那時人人心裡有數，行憲後的第一任總統必定是國民政府的蔣介石主席，我想連長只能肯定五權憲法，只能贊成總統有權，於是我把這本書大大稱讚一番。後來憲法通過，採取權力制衡，向歐美的兩院制傾斜，但是「開卷有益」，這本《比較憲法》學術包裝的部分，給我許多客觀的知識，以後很有用處。

指導員沒教我替他讀書，他教我替他做文章，上級常常出「策論題」考他，他需要助手。

有一次，他拿出一個題目來：「用人唯德與用人唯才孰為得失」，要我提供意見，我想了兩天，交了白卷。然後我繼續在想，繼續在看，越看越多，看出一個廣度來，越想越透，想出一個高度來，最後，我把心得寫進《隨緣破密》那本書裡，副產品還有一篇短評。

我代讀了十幾本書，書目都是上級指定的，沒有一本批判共產主義，沒有一本分析國際局勢，也沒有一本介紹東北的民情風土。全連上下，沒人知道「柿子」是番茄，「木檉」是雞蛋，「冷子」是冰雹，「蒙事」是騙人。我不明白，為甚麼要一個少尉讀兵法，為甚麼要一個上尉讀憲法，最後這些書輪到一個上等兵來讀，更是可笑。不過「開卷有益」，我獲益匪淺。

憲兵的勤務訓練

一九四六年八月，憲兵第六團第一營第二連成立「瀋陽市西區憲兵隊」，負責瀋陽市鐵西區的勤務，兵力為兩個排，以連長朱騰為隊長。隊部設在一棟日式小洋樓裡，後院寬敞，門前臨街，過街有一片年輕的樹林，它本是日人的產業，日本投降後由「敵產管理處」接收，分配給憲兵使用。那時瀋陽市區本身有居民一百萬人，鐵西區佔百分之二十二，是個大區。

說起鐵西區，如雷灌耳，當時的熱門話題是「工業救國」，談工業必定談東北，談東北工業必定談到鐵西區。鐵西區的街道名稱：興工街，篤工街，勵工街，勸工街，一片「舍我其誰」的雄心。公共汽車的車掌小姐報站名，聲音響亮，中氣充足，興工勸工，如呼口號。資料顯示，鐵西區原有工廠二八八家。五月間，國民政府蔣主席視察瀋陽，特別到鐵西看那一片煙囪，雖然大部分工廠因接收而停工，倉庫變成軍方的馬廄，那些不冒煙的煙囪他也看了又看。四年以後，中共毛主席也曾站在天安門上指點北京，宣示「以後這裡全是煙囪」，可見國家領導人醉心工業之情。那時他們都未曾預料，煙囪有一天會成為環保的敵人，都市的殺手，國家落後的標記。

那時瀋陽市有七個憲兵隊，我們這些新手，先到各隊跟老大哥學習，得以遍覽各區風光。那時有個「北市區」，妓院和餐館林立，那裡的人巴結司法警察，算是一等管區。那時有個城中區，黨政軍高級官員的活動範圍，戒備嚴，責任大，有機會與貴人結緣，算是二等管區。那時有個北陵區，古蹟多，風景好，環境單純，沒有疑難案件，算是三等管區。鐵西區本是工業區，接收後工廠停工，空屋閒置，容易窩藏盜匪。鐵西區又是個多事的地方，九一八事變，日本軍隊由鐵西攻入瀋陽，日本投降，蘇聯軍隊由鐵西攻入瀋陽，國軍接收東北，也是由鐵西攻入瀋陽。人到鐵西，「開門時人在門內，關門時人在門外」，沒有歸屬感，可算是四等管區。

鐵西區既是「四戰之區」，又是「不毛之地」，我們怎麼會「淪落」到鐵西呢，這得鄭重介紹六團的副團長，他討厭我們的朱連長，經常當眾指責，而他的指責往往不成理由，長官指責部屬，必須「不成理由」才顯出權勢。朱連長個性強，兩次當眾頂撞，違反軍中（尤其是重視紀律的憲兵）的倫理。分配勤務管區，副團長有很大的影響力，他把二連「置之死地」猶未滿足，不久他找到機會，朱連長落了個撤職查辦。

那時朱連長毫無警覺，他仗著自己「走得穩、坐得正」，他忘了中國歷史許多記載，清官往往死在「清」上，忠臣往往死在「忠」上。我不懂官場的陰陽八卦，只是一個念頭掠過：日式房屋怎麼能做憲兵隊部呢？進屋脫皮靴，出門穿皮靴，一旦緊急集合怎麼來得及！瞧那木板牆，一腳可以踢出一個窟窿，怎麼大門正對著一片樹林，夜晚衛兵怎麼警戒，林中漆黑，縱有十個二十個人藏在裡面你也看不見。我只是打過游擊，我能想到、難道團部沒想到？……還好，後來調整勤務，憲兵放棄了那棟洋房，也完全撤出鐵西。

那時上級規定，憲兵人人寫日記，我們都領到統一頒發的日記本，布面硬皮活頁裝訂，團部隨時一通電話要查驗，隊部隨時收集日記本上繳。隊部每天向團部提出日報表，每十天提出旬報表，隊部要訊問違反軍風紀的人員，作成筆錄，隊部要接受民眾投訴，作成紀錄，專案轉報團部和警備司令部。種種作業，需要專人承辦，連長指定中士班長郭偉負責，郭班長要求派我和李蘊玉兩人做他的助手。這位郭班長像個白面書生，他高中畢業，本連九位班長，他的學歷最高。或許由於「知識差距」，各位班長都和他很疏遠，我們三人有一個小小的辦公室，各班班長經過門外，側目而視。

小小辦公室開始使用，我問郭班長：西區憲兵隊的管區多大？能不能弄一張地圖掛在牆上？他一怔，說沒有。我說咱們得製一張表，羅列管區內保甲長的姓名住址，他又一怔，問我怎麼會想到這些，我說我打過游擊嘛。這一圖一表，我們始終沒能得到，我每次出外執勤，不知天地之大，常常若有所失，尤其是夜晚，瀋陽市應該有路燈，可是許多街道黑不見底，真有無依無助、大海孤航之感。

工作展開，整天難得有事可做，出關的部隊軍紀那麼好！出乎意外之外。每天出動四班巡查，難得遇見帽子沒有戴正的軍人，難得遇見風紀釦沒有扣好的軍人，難得遇見符號骯髒、字跡模糊的軍人。整天也沒個居民上門告狀，說軍人怎樣欺負了他。沒有這些材料，我寫「日報」難以下筆，「日報」不能一日不報，郭班長授意可以偽造，我只好亂編違紀人的姓名，人名是假的，部隊番號是真的，今天回想，對那些部隊長十分抱歉。

鐵西區環境單純，我沒染上甚麼壞嗜好、壞習慣，有自己可用的時間，我記私人日記，讀文學書籍，拚命向報社投稿。今天回想副團長「整」朱連長，我倒是個受益人，但是當時我不能原諒他。關於私人日記，我多年後寫過一篇〈鴛鴦繡就憑君看〉，這裡不再多說。

軍紀好，第一個原因是素質高。想那傘兵、青年軍、新一軍、新六軍，士兵有高中以上學歷，出過國門，英軍美軍並肩，「見賢思齊」。第二個原因是打勝仗，打勝仗的軍人有自尊心。第三個原因是待遇提高了，衣食足知榮辱。後來我常想，如果派這樣的部隊去接收台灣，軍民關係一定搞得好，也許給「二二八」事變打了防疫針。

關於那時軍人的待遇，我有過一個「訴諸印象」的說明。抗戰前夕，軍人追求「五皮」，皮鞋，皮帶，皮夾，皮手套，皮背心。抗戰期間，生活艱苦，但「一室之內，有生地、有死地」，仍有許多軍人可以混到「五金」。五金者，金牙，金錶，金戒指，金菸嘴，金邊眼鏡是也。五金代替了五皮。

抗戰勝利，出現「五子」，即窯子，館子，骰子（賭場），落子（戲院），澡（塘）堂子。「五金」尚有儲蓄的意願，「五子」就完全是靡費享樂了。——此為一般軍人的五子，與接收大員的五子有別。接收時，「五子」有不同的版本，我一九四六年六月到上海，看見上海各報刊載的是車子、房子、條子（金條）、女子、面子。我相信這是正本原典。後來到台北，讀到趙麗蓮教授編印的英語教材，其中有篇文章談到中文英譯的困難，曾舉「五子登科」為例，她的「五子」也是車子、房子、條子、女子、面子。

很顯然，後五子由前五子衍生而來，前五子由五金脫胎，五金又與五皮有遞承關係。然則五皮又從何而來？我猜五皮源自民間的「五洋財神」，北伐前後，洋貨湧至，商店改售洋菸、洋火（火柴）、洋布、洋皂（肥皂）、洋油（煤油），土貨幾乎全被淘汰。洋貨種類極多，何以必舉其五？這是因為中國向有「五路財神」也。陳陳相因，因時制宜，難怪有人說，所有的名言都是「長了鬍子」的。

我還記得，人到瀋陽，憲兵上等兵每月的餉金，加上邊遠地區的勤務加給，總數是東北流通券四十元，折合法幣五百二十元，跟關內的上等兵比較，高出百之五十，跟馬營時代的二等兵比較，高出二十倍。瀋陽公車票、電車三毛錢一張票，軍人半價，憲兵免費。那時有流動的馬車載客，同一區內不分遠近，一人一元。憲兵偶然也坐馬車，人人自動付錢，沒有糾紛。憲兵有了外務，也就有了朋友應酬，常常不回連部吃飯，尤其是班長，往往只有一個值星班長在家，粥多僧少，飯菜吃不完，再也沒有伙食問題。

新問題是，憲兵的程度不齊，西區憲兵隊兩個排，約有三分之一不能寫「憲兵日記」，甚麼刑法民法違警罰法，對他都是白說。漫畫書上說，新兵出操，不能分辨左腳右腳，二連真有這麼一個人，齊步走、總是踩別人的腳後跟，「槍在肩」的時候，左轉右轉搞錯方向，他的步槍碰別人的步槍，稀里嘩啦。他樂天知命，笑口常開，班長想打他，無法下手。陝西招兵難，有時需要人頭勉強充數，他是憲兵的稻草人。後來「天崩地裂」，我很為他擔心，文章寫到這裡，不免停下筆來費一番猜想。

憲兵執勤，常常查看軍人的「差假證」。我們檢驗證明文件的真偽，靠關防大印的尺寸，每人有一本「手冊」，末頁邊緣印著米達尺。這個方法極不可靠，但是限於憲兵的素質，那時只能如此。我們熟記：永久性的機構用方形大印，臨時性機構用長方形關防，可憐我們怎知哪個機構永久、哪個機構臨時呢！我們熟記：臨時機構的首長若是中將，他的關防寬六公分、長八點八公分，臨時機構的首長若是少將，他的關防寬五點八公分、長八點五公分，我們又怎知哪個機構的首長是少將、哪個機構的首長是中將呢！再說，偽造印信的人總是要找個真跡來摹刻，長寬尺寸一定符合，你量來量去有甚麼用呢。鑑別印信要知道當時的編制官位，要懂一點篆刻，能從刀法、線條、結體尋蹤跡，我讀過私塾，對篆刻稍稍有一知半解，那時你怎能求之於人人呢！

語言的隔閡很嚴重，陝西人的口音和東北人的口音差別大，常常把對方的意思弄錯了，加上「同物異名」、「同音異字」，有時根本不能交通。很奇怪，上級根本沒有顧到這個問題，他應該在我們的「學科教育」裡加一門課程，介紹「東北話」和東北風俗。中共的優勢之一，就是當地人辦當地事，無須向當地學習，國軍的劣勢之一，就是外地人來辦本地事，又不肯向當地學習。作戰部隊飄忽不定，今天還在山東，明天也許空運到廣東，無法學遍各地方言，憲兵長期駐紮，又和民眾密切接觸，為何要留下這個缺口？

後來想想，我們那一票人，也都沒有多少心思用在勤務上。憲兵極難升遷，一盆清水孵豆芽，誰也長不大。想到憲兵就想到天主教的結構，一批人有上進的階梯，當神父，當主教，當總主教，當紅衣大主教，紅衣大主教有資格被選為教皇。另一批人有奉獻的熱忱，當修女，當修士，照顧病患、孤兒、殘疾，偉大如德雷莎，也還是修女。依政府設計，憲兵是修女，但是憲兵缺乏奉獻的精神，因為政府不是上帝。誤入網羅的流亡學生馬上投入補習班，苦修英文數學，班長的念念有詞發酵，「三十年前好用功」，待機脫離牢籠。

我們得慢慢適應大都市的生活。過馬路、我們得學著相信紅綠燈，我們都不會關電燈，李戡排長夜晚來替我們關燈，我們不會用抽水馬桶，李排長到商店借了一副馬桶來做「教學道具」，教大家如何操作。有人找我帶他到郵局買郵票寄家信，他一直懷疑那枚郵票管用。銀行，我只知道裡頭有很多很多錢，嚴防歹徒搶劫，有時從門外經過，不敢轉臉往裡頭看。

我們鬧了一些笑話。那時軍用電話是「手搖式」，憲兵外出巡查，看見地攤上有幾具「轉盤式」電話機，以為是電報發報機，就沒收了。有人走進電梯，門突然關上，無法打開，他以為被歹人劫持了，手槍子彈上膛，對準自動門，差一點弄出命案。有人奉命去看守一棟華宅，他對許多物件有好奇心，這裡動一動，那裡摸一摸，嘩啦一聲，自來水龍頭打開，他心慌意亂，悄悄把門關好，悄悄走開，裝做平安無事的樣子。自來水流個不停，溢出盆外，滿室地毯泡在水裡。有人坐火車，他只有坐汽車的經驗，火車緩緩離站，他想起了甚麼，大叫停車，列車長見他是憲兵，火車居然停下來。他又大叫退回去！退回去！火車居然又退回車站月台。那時東北同胞尊敬憲兵，路上相逢，常對出巡的憲兵鞠躬。

「山坳裡的孩子」突然得到權力，有人忘形。例如說，他聽說日本人會向他敬禮，戴上袖章出去試試，遇見一個日本人沒有敬禮，他乒乒乓乓給那人兩個耳光。例如說，他聽說只要他伸手做出阻擋的姿勢，汽車就會停下來，他站在街心試試，車子停住，他又手足無措。這些人需要慢慢接受自己的角色，知道怎樣去扮演。馬路如虎口，站在街心很危險，天津消息，就這樣，一個憲兵被汽車輾死。大家推測也許車子裡有歹徒或毒品，更大的可能：駕駛兵是個痛恨憲兵的人。慢慢的，我們知道有人痛恨憲兵，這種痛恨也需要我們去適應。

不久，西區憲兵隊分兵皇姑屯，成立皇姑屯憲兵隊。當地有一個富商選女婿，選中了憲兵隊的一位班長，結婚典禮相當鋪張，邀請西區憲兵隊全體官兵吃喜酒。結婚以後，這位班長白天穿著軍服當值，晚上在家絲質棉襖，白底便鞋，儼然是個土財主。西區憲兵隊再分兵四平街，成立四平街憲兵隊，帶隊的排長喜歡洗澡，天天泡澡塘子，浴池公會的主席為他設立單獨的房間，提供按摩女伺候。依沙靖團長的尺度，這是不能原諒的腐化，朝裡有人好做官，副團長庇護他。

以後，西區憲兵隊就撤銷了。

我們那一票人大都出身農家，崇拜肥沃的土地，久仰東北的黑土層，我們一直在鋪滿水泥或木板的都市裡走來走去，未能親近原野。有一天，同連的一個列兵出差回來，黑土填平了他的靴底，他把皮靴脫下來給我們看，我用迴紋針把靴底溝槽裡的黑土挖出來，大家輪流欣賞，欣賞中國人發誓要收復的地方。咳，那時候，我們的心念何其單純！

我寫這篇文章的時候，報上刊載北京水利部的報告，由於人為的原因，東北的黑土層年年流失，每一年損失一釐米，生成這一釐米的黑土層，需要兩百年到四百年，預計五十年後黑土層流失淨盡，寸草不生。哀哉，不肯愛護黑土層的人何其多！何其多！

我很懷念鐵西。二〇〇三年五月二十四日，紐約現代藝術博物館附屬的 Gramercy Theatre 放映《鐵西區》的紀錄片，中國大陸導演王兵製作，我特地跑去看了。電影顯示，「瀋陽鐵西區這個重工業區，解放後發展為中國面積最大、生產品種最多樣化的工業重鎮，可是到一九九〇年代末，大多數工廠或破產倒閉或轉型遷移，文革年代有如天之驕子的工人，在被逼下崗後生活困頓、前景未卜。王兵順著鐵路來往於工廠及工人住宅區，記錄下灰冷荒蕪的日子。」鐵西區外觀盡改，奈何命運卻有如循環！

舊時天氣，今日心情

小時候，我是為了讀副刊才去讀報紙的。後來對日抗戰、國共內戰相繼發生，時局發展關乎興亡禍福，我拿起報紙也很難說只是為了新聞。

我開始閱讀報紙，大概是在九一八事變發生之後（一九三一），對日抗戰開始之前（一九三七），我還在讀小學。看到報紙，我立刻愛上副刊。那時候，報紙上的新聞還是用文言寫成的，許多新聞用「如是我聞」開頭，（我是這樣聽來的），用「云云」二字結尾，（以上所說大概如此）。那時副刊主編大都是左翼作家，左翼文學宣導大眾口語，副刊作品全採道地的白話文，對我的吸引力比較大。我在副刊上讀到用七言形式寫的白話詩：「咬口生薑喝口醋，當天和尚撞天鐘」，還有用日常用語集成的對聯，例如「做一行，怨一行，江南望見江北好，買半打，送半打，局外哪知局裡難」，至今還沒有忘記。

另外一個原因，副刊裡頭有我們的生活，至少有我們能夠了解的生活，新聞版充滿人家的生活，那是我們不能想像的生活。那時青少年的心情都很苦悶，副刊文章常常表現這種苦悶，讀那些文章，好像自己的苦悶找到了傾訴的對象。我還記得有位作家描述一個苦悶的中學生，自從班上插班進來一個女生，他就經常覺得十分煩躁，上生理衛生課的時後，老師解釋「隨意肌」和「不隨意肌」，循環系統和呼吸系統都是不隨意肌，自動運行，不需要指揮。他聽了，忽然覺得呼吸困難，要用很大的力氣才喘一口氣。晚上，月光特別明亮，他也特別煩躁不安，就到村外小河旁邊去呼吸一下新鮮空氣。到了河邊，看見月光把這一衣帶水照成一條銀河，就脫了衣服跳下去游泳，希望河水能沖掉身上的煩躁不安。下水以後，視界狹小，只見波浪翻騰，那個女生也在水中，游得很快。他奮勇的追上去，月光，水光，人的膚色，都很接近，看不清楚誰是誰，憑那黑色的頭髮，他確認是她，沒錯。一個在前面游，一個在後頭追，烏雲忽然把月亮遮住，游在前面的女孩不見了，游在後面的男孩也從此沒有上岸。這樣的小說，讀來使我悠然神往，不能釋手。

職是之故，（這四個字的用法倒是那時跟報紙學會的），我愛副刊。起初，我只能讀到家鄉創辦的一份地方性報紙，對開一大張，分四個版面，副刊佔一版，學校每天把這份報紙貼在閱報欄裡。後來，我能看見《上海新聞報》。

今天說起來都成了掌故，那時候，報紙並不是看完了隨手丟棄，舊報紙可以做壁紙，可以各做包裝紙，學校用公款訂一份《上海新聞報》，舊報紙就是學校的財產，要保存起來。我發現了這個祕密之後，就朝思暮想打這些舊報紙的主意。

我向母親討零用錢，用零用錢去買舊報紙，再用我買來的舊報紙去換學校裡儲藏的舊報紙，這事要經過一位工友合作，他專挑有副刊的版面給我。我把副刊拿回家，把我喜歡的文章剪下來，貼在練習簿上，隨時溫故知新。天下事都可以求改進，後來我發現更好的辦法，我不必去買舊報紙，我把零用錢交給工友，這樣我可以弄到的副刊更多。

日子一天一天過去，忽然霹靂一聲，盧溝橋事變爆發了，中國對日本全面抗戰了，學校停課了，家鄉父老組織游擊隊了，父親帶著我去打游擊，我成了年紀最小的游擊隊員。我的作文不錯，有些名聲，司令官人盡其才，要我編一份油印的刊物，宣傳抗戰。甚麼是油印，可能需要解釋一下，油印是那時候的一種複製技術，把文字寫在蠟紙上，用蘸滿了油墨的滾筒在上面滾過去，每次可以印一張。

那時我們需要一份新聞刊物，但是沒有新聞來源，我只有不計時效，把它當做副刊來經營。我自己開了一個專欄，叫「游擊隊員的家信」，裡面講些道聽塗說的小故事。小故事也要有來源，司令官偶然接待由大後方來的情報人員，這些人往往拿著一本雜誌上路，我總是不揣冒昧，要求他們把雜誌留下。那時家鄉還有日中為市的古風，每五天一次，地點輪流更換，有點像今天的跳蚤市場。我到市場去找那賣花生米的，賣糖果的，他們把舊報紙裁成手帕那麼大小的方塊，把貨品包起來交給顧客。我去了，檢查他們的包裝紙，看到可用的材料，抽出來，裝進自己的口袋。他們也沒有意見，不過是幾張廢紙罷了，游擊隊做的壞事比這個大，他們見多了。

這個油印刊物的壽命不長，黨國元老汪精衛忽然回到南京和日本合作，眼見抗戰長期化了，抗戰到底，深不見底，父親認為我還是讀書要緊，我又回到家中拜師讀五經學唐詩。那時日本對華北和華南分而治之，北京的事南京管不著，我能看到北京政府和南京政府辦的機關報，這兩家報紙的副刊都很爛，不免登一些讚美「和平救國」的七言八句，北京的副刊尤其暮氣沉沉。不過副刊到底是副刊，「干城同抱寸心赤，焦土仍留幾點紅」，這樣的句子還能看看，南京的機關報還登汪精衛的〈雙照樓詩詞〉，是我的一大收穫。可是像從前那樣委婉可親的詩，那樣描述「眼前景、心中事」的小說，從他們的副刊上再也沒有找到。今天回想，兩報副刊對新文學的發展沒有任何貢獻。

日子一天一天過去，機會來了，我可以到大後方去做一名流亡學生，受正規的教育了，此地一為別，我的少年時期也到此結束了。

抗戰時期，在那所流亡學校裡，我們四百學生一起上課，學校把一份報紙貼在閱報欄裡，那是一份地方性的小報，新聞版貼在正面，副刊貼在反面，我要等到黑夜揭下來看。抗戰勝利，我們搖身一變成為大兵，從陝南山區忽然來到上海十里洋場，每個人都被一兩樣生平未見的事物吸住，這一事一物耗盡他全部的注意力，再也不見其他。我們每個人好比是一小片鐵屑，緊緊貼在一塊磁石上，磁石體積極大，我們鼠目寸光，只知眼下立錐之地。

人人陷入一個深坑，我的黑洞是報紙。我只看一份報長大，不能相信世上有那麼多日報晚報周報。我天天光顧一家報攤，所謂報攤簡直是一條資訊之河，一家又一家報紙雜誌排列在地上，幾乎有半條街那麼長。我乍見之下，手舞足蹈，繼則頭暈眼花，這麼多報紙怎麼看得完！即使每天吃飽了專門看報也不行！後來知道上海有報紙和新聞期刊兩百多家，我看到的只是一部分，沒有一家報攤報河能全擺出來。

報上令人出神忘我的、是副刊。打開報紙，副刊在平面上坦然呈露，掃瞄全版，滿園姹紫嫣紅盡在眼底，那感覺真好。副刊不必從頭讀起，金邊銀角，全憑興會，瀟瀟灑灑，那感覺真好。副刊上的文章親切平易，好像為你而寫，好像你也可以寫，那感覺真好。還有，副刊每天按時來到，停停當當，歲歲年年，有那種生生世世的情誼。

那時報紙讀者流行把自己喜歡的文章剪下來貼在簿上，在上海，我也技癢了。文具店裡，我第一次看到硬面的練習簿，封面上印著Note Book，我第一次使用鋒利的剃刀刀片，輕輕落紙，刃透紙背。第一次知道有潔白芳香的漿糊，不長黴、不變酸、也不發臭。上海停留了兩星期，我在雪亮耀眼的電燈泡下貼足了三本剪報，百分之九十是副刊文章。這三本剪貼簿是我民智大開的里程碑，也是我第一次享受物質文明的紀念品。

剪貼簿早已灰飛煙滅，有些文章靠回憶保存。那時國共內戰以軍事衝突的名義開打，華北東北，槍聲砲聲，談談打打，打打談談。那時民主人士請願要和平，大學生遊行要和平，報紙社論也要和平，副刊則在側面用力。試看這樣一首詩：

去年兩個打一個，（指國共抗戰）
今年兩個互相打，（指國共軍事衝突）
不打不會亂，
打給外人看。（外人指美國）
大哥吃糧到奉天，（指投共參加東北民主聯軍）
二哥吃糧到洛陽，（指入伍國軍）
一朝兄弟互對陣，
兄弟打死大路旁，

堂上有父母，
堂下有兜郎。

弟兄倆一個當共軍，一個當國軍，兩人在戰場上廝殺，這個題材在小說中在散文中一再出現，直到九十年代，還可以在電影電視中看到它的影子。

有一篇散文寫國軍士兵厭戰思鄉，引用了我家鄉的小調：

四月裡，四月八，
當兵之人想回家，
不提回家還好過啊，
一提回家犯軍法！

這篇散文說，靜夜之中，當兵之人獨自哼著憂鬱的小調，隔街隔巷傳來如泣如訴的簫聲，那裡有一個等待遣返的日本兵，一個戰敗的俘虜，在集中營裡痛恨侵略戰爭，吹簫發抒一腔怨憤。這位作者把日軍侵華和國軍北上接收，悄悄的嫁接起來。

還有一些抒情的散文，並不直言其事，吞吐囁嚅，似有難言之隱，卻又奔放的引用《聖經》，例如〈以賽亞書〉：一切山窪都要填滿，大小山岡都要削平，崎嶇的必成平原。例如〈約伯記〉：我打破不義之人的牙床，從他的牙縫中奪回他所搶的。例如〈傳道書〉：他們自己不過像獸一樣，世人所遭遇的，獸也遭遇，這個怎樣死，那個怎樣死。文氣甚壯，如發布堂皇的宣言。

基督是我的宗教信仰，當時讀到這些話震駭莫名，我從不知道《聖經》中有這樣凶狠的詞色，更未想到《聖經》可以這樣利用。我也曾懷疑這些話出於文人的偽託，也曾找《聖經》查對，字字句句，分明俱在。時局敏感，我知道這些文章為何而發，為誰而發，他們文心巧妙，讓讀者自己領會。

或許可以視之為互相呼應吧，有位作者談到李健吾的劇本，特別介紹一個不甚重要的角色，他是劇中的一名會計，有人問他為甚麼當會計，他說：那些帳，我一筆一筆記下來，將來好要他們還。

那年代，上層社會輕視副刊，視線交集在社論、專欄、頭條電訊上，我天天捧著報紙，對著副刊，看埋伏在字裡行間的十萬甲兵。

那時，馬敘倫教授寫了一篇文章交報紙發表，力勸政府罷兵言和。他在文章的末尾說，大官都是不看報的人，可是大官總有忠心耿耿的祕書，祕書都看報，那就請祕書把這篇文章念給大官聽聽吧。其實大官都看報，只是不看副刊，副刊是秀才的一張紙。他們手中有軍隊，員警，監獄，何在乎那一丁點子雕蟲末技？

一九四九以後，台灣，那些大官在吞下無數的苦果之後，消化了，可是亂丟果核，又種下許多惡因。他們要仔仔細細看副刊了，報刊是文字江湖，副刊是一個漩渦，不幸我太愛副刊了，我已投身副刊，副刊是我的搖籃，我的旅社，我的俱樂部，我的煉獄。

我覺得一家報紙要有文學副刊才算是一張大報。副刊展露報人的心胸識見，他除了理性、還有美感，除了算盤、還有胡琴，除了店面、還有花園，除了現實、還有想像，除了功利、還有性情。

當年報界流行兩句話：「社論是報紙的眉毛，副刊是報紙的屁股。」社論只是裝點門面，難起作用，副刊的位置在報紙最後一版，讀者要翻到底才看得見。我說這兩句話得改一改，「社論是報紙的客廳，副刊是報紙的花園」。多年以後，我的「花園說」成立，改變了原來的用詞。

副刊是我的第一版。我覺得副刊編輯並非僅僅是報社裡一個一個職員而已，他是文學的保母，作家的守護神，他使一家報紙不但進入新聞史，也進入文學史。一位著名的報人曾經說，我們寫的東西，上午還有人看看，下午就包花生米去了。我想至少副刊是例外。

有時候，我會忽然想起，當年上海那些文章的作者後來怎麼樣了，他們是否也和副刊結了不解之緣？「天翻地覆」，幾十年的生死榮辱怎樣走過來？當年把世事看得那樣簡單，把話說得那樣絕，副刊朝花夕墜，難消幾番風雨，他們可曾「悔其少作」？他們如果尚在人間，面對儒釋道耶、他們的心靈安頓在誰家？

且說我自己，讀得多了，想寫，我寫日記。也許，少年人自從有了電腦，他就不寫日記了。也許，再往上推，自從少年人有了音響設備和彩色電視機，他就不寫日記了……可是，再往上推，他只有一枝心愛的自來水筆，那時代的少年人幾乎都寫日記。

唉，少年人嘛，也希望有點兒獨自擁有、別人不得分享的東西，壓在箱底熱烘烘的，放在心上沉甸甸的，看在眼裡甜蜜蜜的，那年代，那就是日記了！就是日記了！

在《昨天的雲》那個年代，我開始寫日記，不久中斷了。後來，在《怒目少年》的年代，我繼續寫日記，不久又停止了。那時，總有人喜歡偷看別人的日記，那是他的癖好，或者是他的職業。其實，讓人家看看又有甚麼關係？那時候我不能忍受這種侵犯，我把日記本燒了，把寫日記的筆扔了，現在想想這實在是幼稚的回應、愚拙的抗議，可是，那時候，我不知道除此以外還能如何。

一九四五年八月抗戰勝利，我又動了寫日記的心念，一則駕馭文字的能力有進步，技癢，二則每個人的處境都像一出出剛剛開鑼的大戲，好奇，三則……我想，我學之乎者也、的呢啊嗎是幹甚麼的呢？

我念書識字是為了寫日記，可是另外有人念書識字是為了偷看別人的日記。大概是世上產生一個寫日記的人，也同時產生一個偷看日記的人，兩者形影不離。聽說有一種日記本硬面精裝，封口上鎖，像個盒子，令人神往。但我絕無因緣使用那樣的「奇技淫巧」，即使幸而擁有，別人更非看不可，慢藏固然誨盜，密藏豈不亦然？

就在左思右想的時候，我看到一句話，西洋的一位批評家說，詩是「無心被人聽到的」，散文是「有意讓人聽到的」。我茅塞頓開，日記為何要怕人看到？為甚麼不「有意讓人看到」？用散文的心態寫日記有何不可？我的意思並非主張虛矯粉飾，而是面對知音，落落大方。既然散文「有意讓人聽到」，戲劇、那就是千方百計招引一群人來聽吧？我只要散文。

那時我讀到一位理學家的小傳，他每天晚上寫日記，把一天的行為都記下來。平日做事，他必定先問自己這件事情能不能寫在日記裡，如果需要隱瞞，他一定不做，也就是，他生平行事都合乎聖賢古訓，不怕日後公開。這麼說，他的日記有意讓人家「聽見」。我想，郁達夫的日記，曾國藩的日記，乃至蔣委員長的日記，都是有意讓人家「聽見」的吧？〈狂人日記〉，〈莎菲女士的日記〉，則是千方百計招引一群人來「聽」的吧？

說來真是老天爺幫忙，當我想再寫日記的時候，我們由西南的天涯，前往東北的海角，對一個需要寫作資料的人，這好比突然中了百萬大獎。這次遠征是終身大事，後面有大背景，大歷史，我會在這冊回憶錄裡記述一切，如今只說日記。

還有人偷看我的日記嗎？當然有，那是到了瀋陽以後的事了，我不知道他是誰，他在哪裡，但他顯示了存在的跡象。我用極少的漿糊，把日記兩頁輕輕黏住，有一天，你發現這兩頁分開了，這就表示有人翻過了。後來，我到台北，某詩人說他把一部詩稿寄給某某獎金委員會，該會未加審閱，即予退回，他找到承辦業務人員的人大鬧一場。我問他何以知道作業內幕，他說很簡單，「我在中間幾頁用了漿糊」。

有時候、我把日記打開，內頁中央灑一點土，再合上，平放在抽屜裡，第二天一看，那一小撮土滑落到靠近裝訂線的夾縫地帶去了，你想除了閱讀，還會有別的原因嗎？我也曾經從報上剪一條新聞夾在日記裡，我能想像，偷看的人立刻睜亮了眼睛，如果日記的內容和剪報有關聯，如果剪報是日記的一部分，他就發現了新大陸。等到他廢然把剪報放回去，不覺洩漏了行藏，他不知道當初我用米達尺量過，這張剪報離「天」有多遠，離「地」有多高，他不可能恰如其分放回原處。

我只要知道，除了我自己以外，這本日記還有沒有讀者。我不再濁氣上衝，仍然心平氣和地寫下去，好像甚麼情況也沒有發生。有時候，我對冥冥之中如在左右的某人有親切之感，遊子孤蓬，只有他對我如此關心，倘若一連多日不見他留下指紋腳印，反而有些想念。

我知道「他」一定不能從我的日記裡找到有用的東西，可是還有許多事我不知道。那時，上司一度打算把我調到比較重要的部門去，此議終於打消，因為「他喜歡寫日記」。原來「寫日記」這個行為的本身足以受人猜防，寫甚麼姑置勿論。一套觀人術代代相傳，改變不大，在台灣，我曾勸一位青年才俊「戒絕文章」，他聽而不從，歷次人才大登殿都沒有他出場，總是文章誤了他。

我也是利用夜晚的時間寫日記，未必每天都寫，寫起來「有話則長」，上床還在腦子裡起承轉合。這就發生了奇怪的事情。

我作夢，夢中還在寫日記，不是寫當天的日記，是寫明天後天的日記，不是寫已經發生的事情，是寫尚未發生的事情，在夢中那些事情一筆一畫清清楚楚，醒來完全忘記，留下惘然若失，留下心煩慮亂，留下心驚肉跳，或是留下心灰意懶。照醒時的感覺判斷，夢中的記事大概也不是平安喜樂。

急忙起身去察看日記簿，惟恐上面還有昨夜留下的筆墨，如果有，必須立即銷毀，絕對不能讓人家看見我的未來！還好，日記寫到昨晚睡前最後一行。戛然而止，並無贅餘，白紙光潔如洗。可是我覺得在我打開日記本的時候，白紙上曾有一大堆文字推擠流瀉，飛快的從我眼底消失。它們到哪裡去了？何處能容它們如海深藏？在外面拋頭露面，豈不隨時可能被人發現？人生在世惟一的保障，即在於誰也不知道未來，不知道別人的未來和自己的未來，相面算命不過是引起對未來的懸念而已，否則鐵算神相都有殺身之禍。這些感覺也許只有幾秒鐘，卻會困擾我好幾年。

一九四六年秋天，國共戰爭如火燎原，故鄉「解放」，家人成為難民。我忽然想起來，這不是我在夢中寫日記寫過的情況嗎！一點也不錯，這是我必須雙手承接的未來。

為了接濟家人，我抄錄日記，修改日記，重新組織日記，一篇一篇寄到報社去賣錢，反正本來就是「有意讓人家聽見」，現在就故意讓人人去聽好了！五十年代台灣，我們說寫詩可以喝咖啡，寫散文可以吃客飯，已是小康景象。我來台之前的投稿經驗是，寫詩可以喝井水（夏天鄉下大路旁邊有人賣涼水），寫散文可以吃花生米（小販把花生米一粒一粒數著賣給兒童）。儘管如此，一文錢仍是一文錢，我寫日記總算有了善報。

從「出賣日記」那天起，我寫日記的習慣又中斷了，至今沒有恢復。聽說有人持之以恆，終身不輟，我很欽佩，不能仿傚。現在發憤寫卷帙浩繁的回憶錄，也許是想彌補這個缺憾吧？

然而，已是「不能兩次插足在同一河水之中」了。

左翼文學熏陶紀事

事出偶然，我開始大量閱讀新文學作品。

這要從初到瀋陽說起。我們進行學科訓練，使用南滿鐵道株式會社的宿舍做教室，日本在東北經營的鐵路以「滿鐵」為總管，財產龐大，房屋很多，我們奉命在某個範圍內自己挑選。磚牆平頂的三層樓房，式樣整齊畫一，全是空屋，經年無人打掃，有些房屋的地板被人撬起來（據說是搜尋隱藏的浮財），未曾修復。後來找到一棟，不但完整可用，三樓還擺著許多圖書。那時接收人員不要檔案文卷，只要物資，《大公報》曾以社論責問「誰是今日之蕭何」。（劉邦破秦，先入咸陽，蕭何不取財寶，一心搜集圖籍紀錄。）日軍侵入中國，大量掠奪，並未放過中國圖書，上海復旦大學教授趙建民，台北中央研究院研究員王聿均，都寫下專門論文。

這些書苟全一時，雖是精裝，盡是日文。連部找來一輛大卡車，停在窗下，書從三樓窗口擲下來，灰飛煙滅之前，先墮指裂膚。我發現其中有一套中國當代文學的選集，也許有十大本，收錄的作品全依中文原典排印，導讀、註解、作家小傳才用日文。世界上竟然有這等事！我急忙搶救，保全了其中六本。

那年代精裝希罕，家中只有《聖經》和《辭源》，我從郵購買過一部精裝的《全國青年代表作》，視同珍品。文藝書平裝釘裝，連穿線裝都很少。一本書祖傳父，父傳子，哥哥姐姐傳給妹妹弟弟，封面破了、用牛皮紙糊起來，書頁散了、用針線縫起來。那年月做母親的除了補褂子、補襪子，還會修補破損的書。人在翻書的時候手指不離書口，書口是一本書最容易弄髒的地方，那年月有人出版毛邊的書，書口沒有切過，等書翻舊了、弄髒了，愛書人自己動手切齊，書口清潔如新，舊書好像恢復青春。我一下子弄到六冊精裝書，覺得發了接收財。

翻看目錄，六冊文選收的是小說和散文，普通文選只收短篇，它這裡長篇也收。文章取捨反映了當時的思潮，幾乎全是左翼作家。那時連隊生活沒有私人的空間，這麼厚一疊書無處存放，最好也別讓連隊長官知道我看魯迅巴金的東西。隊部附近有一家中藥鋪，房屋寬敞，老闆善與人交，我借用他的店號對外通信，逃避指導員檢查。我把六冊文選寄放在他那兒，抽空到他店裡看書，中藥鋪裡讀到魯迅的小說〈藥〉，感受特別深刻，我覺得「人血饅頭」

如能治病，烈士在天之靈也會贊成，可惜它只會傳染疾病。讀到祥子夜半求醫，沒有錢預付診費，遭醫生拒絕，惻然久之。多年後我寫了一篇〈駱駝祥子後事〉，收進《活到老真好》一書，我能理解那醫生，大作家老舍不能。

常有軍官來買藥。有一天，我忽然想起一個問題：軍醫院專為軍人治病，一切免費，怎會有這些人依賴中醫？而且這些人也不像生病的樣子。老闆說，他有祖傳祕方配製的壯陽補品，遠近馳名，軍政人員接收東北，無非酒色財氣。我聽了大吃一驚，若是我的長官也來買藥，我看見了他，他也看見了我，他老羞成怒，忌恨在心，我還有好日子可過？我馬上用帆布袋揹起六冊文選，另找地方。

到哪裡去呢？我想到教堂，教堂在哪裡？跳上一輛馬車，由它去找。那年代教堂的門整天敞開，使我想起「凡勞苦擔重擔的人，可以到我這裡來」。我找到一位執事，說明來意，我倆有一番對話，大略如下：

「你這些書是甚麼書？」

「都是文學。」

「你是基督徒嗎？」

我硬著頭皮說是。

「基督徒應該讀《聖經》，為甚麼讀這些東西？你到教堂只能讀《聖經》。」說得也是，可惜臉孔拉得太長，我想起「天堂的門是窄的」。我揹起帆布袋，躑躅街頭，還有甚麼地方可去？我想起坐落城內北部的地藏庵。

地藏庵是女尼修行的地方，我們有個同學，自幼隨母親信佛，常隨母親到地藏庵上香。他到瀋陽，發現瀋陽也有地藏庵，非常高興，常常去拜菩薩，吃素齋，也帶我們不信佛的人去遊玩。庵中三位女師父，一位年紀最長，接近六十歲，想是當家的住持，另外兩位都是二十多歲的少女，一位法號「本參」，一位法號「本寅」，憑法號班輩，也許有人能知道她們的門派源流。兩位說話都是瀋陽本地口音，都是相貌清秀，體型適中，為甚麼會出家，想必背後都有曲折的故事。三位比丘尼對我們這一票人印象挺好，我打算到她們那裡看書。

都說佛門清靜，難得她們容納我這個俗人。廂房有桌子，有座位，小師父給我倒一杯茶，老師父在我右手邊擺一部佛經，她並未勸我讀佛經，她甚麼話也沒說，她把佛經放在特製的架子上，防茶水打翻汙毀經頁。佛經採摺疊式，經上放一枝竹籤，小師父介紹讀經的方法，手持竹籤一頁一頁翻開，避免手指觸摸。我每逢星期天去讀書，放在我手邊的經書常常更換，依靠聯想作用，我還記得幾部經的名稱：《金剛經》聯想到金剛鑽，《八大人覺經》想到八大山人，《無量壽經》想到成語功德無量，還有《地藏王菩薩本願經》，聯想到到地藏庵。

這些經我一頁未讀，我只讀魯迅的《狂人日記》，茅盾的《子夜》，老舍的《牛天賜傳》。

我憑六冊文選初步認識中國的新文學，知道山東出了王統照、李廣田，台灣出了許地山。我喜歡曹聚仁、蕭乾，他倆和報館淵源深，作品帶報導文學風格，也許暗示我和新聞有緣。我喜歡麗尼，也許伏下我對「現代文學」的欣賞能力。我喜歡沈從文，他的名作《邊城》，寫一個老人和一個孫女相依為命，使我想起老父正帶著幼女流亡，難以終卷，那時我很難從純粹審美的角度接受文學。我也喜歡朱自清、周作人、趙景深，還有丁玲，他們展示廣闊的生活經驗。

我重溫郁達夫和冰心。我在讀小學的時候，一度親近郁達夫的作品，他寫漂泊的經驗很吸引我，他使我覺得漂泊有一種無形的美感。他的作品常常寫人在流離不安中同情受苦的老百姓，漂泊的人因此減輕了自己的痛苦。我們那一夥文藝青年，得意的時候讀老舍，老舍教我們冷諷熱嘲、幸災樂禍；失意的時候讀魯迅，魯迅替我們罵人；在家讀巴金，巴金教我們怎樣討厭家庭；離家讀郁達夫，他教我們怎樣流亡，怎樣在流亡中保持小資產階級的憂鬱，無產階級的堅忍，資產階級的詩情畫意。

我也是小學時代一度親近冰心，後來覺得她的語言夾生，節奏紊亂。我到台灣後一度主編《中國語文月刊》，該刊的主要讀者是中學的國文教師和學生，我曾經想開闢專欄，選擇

「台灣能夠容忍的三十年代作家」，刊出他們的舊文，加以註釋分析，幫助學生提升寫作的水平，這時才發覺許多前賢修辭馬虎，有時造句也不通順，儘管留下「傑作」，卻不能做學習的範本。我把這個發現告訴某一位教授，他「順藤摸瓜」，尋找病人，羅列病例，寫了一篇無情的論文，我確實嚇了一跳。

我不喜歡魯迅，那時我從未說出口來，即使是今天，說這句話還有些膽怯。我知道陳西瀅、梁實秋、胡秋原、蘇雪林也不喜歡魯迅，但是我那時並未讀到他們的評論，我的耳目所及盡是高度稱頌。我不喜歡他大概是氣性使然，我欣賞文學固然有局限，魯迅恐怕也未能把他的氣性完全昇華轉化。現代詩人楊澤說，魯迅是「恨世者」，哥倫比亞大學教授王德威說，魯迅刻薄寡恩，散發毒氣與鬼氣，他們展示多元的看法，先獲我心。瞿秋白和魯迅同世為人，他說魯迅是狼族，有狼性。羅馬神話：萊漠斯出生後吃狼奶長大，不離狼群。這話我到八十年代才讀到，相見不恨晚。如果說讀書變化氣質，我拒絕變成這樣的人，我也不能欣賞、不敢親近這樣的人。我在說我學習的過程，並非搞文學評論。

我也不喜歡巴金、茅盾、郭沫若，他們都是高大的文學偶像，我對他們的成就總有幾分懷疑。香港作家林以亮為喬志高譯的《大亨小傳》作序，文中有一般插話，他說，昔人那樣推崇史坦貝克，後人看來未免有些不好意思。我想史坦貝克的名字也可以換成別人，例如巴金……。那時我覺得他們的作品冷酷，不能陶情怡性。後來到台灣，我進文宣單位做事，知道文學作品可以先定方向，然後朝著方向設計。蘇東坡設計「危險」，寫出「盲人騎瞎馬，夜半臨深池」。他拼貼足以產生危險的四項因素，事實上四項因素並未同時存在。巴金、茅盾、郭沫若都是設計大師，他們根據共產主義革命的需要拼貼情境，構成「語文的世界」，評論家以「寫實主義」之名推廣，代換人生的現在和未來。嚴格的說，這也是一種欺騙。

我愛好文學，但是沒參加過他們的「讀書會」，所以無從領會那些作品的價值。那時讀書會是個很普遍的組織，左翼作品的內涵外延、靠它解說引申，左翼作品的正確偉大、靠它肯定建立，左翼作品前瞻方向、靠它指點導引。假如巴金的《家》是〈馬太福音〉，讀書會就是各地的教堂，沒有教堂，〈馬太福音〉只是一個小冊子，有了教堂，〈馬太福音〉就是《聖經》。有一位學者說，左翼文學並未發生多大影響，他舉當年那些作品的銷售數字為證，他忽略了：第一，當年一本書全家看、全校看，第二，讀書會的組織和教化。正因為如此，國民政府退守台灣以後，嚴厲取締讀書會和類似的結合，絕不手軟。我如此說，只是指出前因後果。

左翼文學的主調指出，現實社會完全令人絕望，讀書會則指出，共產主義革命是惟一的出路，左翼文學設計謎面，讀書會揭露謎底，左翼文學公開而不違法，讀書會違法而不公開，分工合作，密切配合，文學作家把足球盤到網口，讀書會臨門一腳。一九零幾年我在紐約，參加了一個小型的茶會，小說家於梨華在座。中國大陸來的一位作家問我，當年青年普遍左傾，我何以能脫離影響。我說這得從《阿Q正傳》說起，趙家被人搶劫，阿Q蒙嫌受審，法官問作案始末，阿Q很委屈的說：「他們沒來叫我！」一座皆笑，只有於梨華尖聲說：「你萬幸！」那時盛傳於梨華附共，她這一聲女高音，我知道她心中自有底線。巴金晚年為中國當代文學爭千秋，居然說：「我們的現代文學好比是一所預備學校，把無數戰士輸送到革命戰場，難道對新中國的誕生就沒有絲毫的功勞？」可見他深曉葫蘆裡的春秋，我想魯迅在這方面的功勞比他更大。

我疏離上帝以後，我的心靈並未從文學找到依傍，這些文豪，我在沒有讀到他們的作品之前，早已憧憬懷想了很久，可是讀了他們的代表作，我這個文學小青年彷彿是一葉扁舟，在許多碼頭旁邊漂來漂去，不能駛入，即使是我喜歡的作家，我也覺得找不到船塢、防波堤或是領航員。我曾經喜歡唐詩宋詞，可是那時對我而言，唐詩宋詞是廢棄的碼頭，是僅供憑弔的古蹟風景。

我當然也有收穫，六冊文選讀完，我眼界大開，立刻覺得長大了，比起同儕，我算是見多識廣。白話文學在我血管裡流來流去，所有的方塊字都有新的生命，我覺得我可以把我的世界裝進一個口袋裡，揹起來萬里長走。每一篇作品後面都有附錄，介紹作品背景，作家生平，雖然用日文撰寫，其中夾用的中文名詞，像文學研究會，創造社，語絲社，太陽社，小說月報，晨報副刊，還有每個作家重要作品的名稱，都對我傳遞大量的訊息。我想，寫文章除了賺稿費以外，還有一個目標，就是在大部頭的選集裡擠進一個名字。

即使是你反對的事情，你也會受它影響。這些大作家以及他們的詮釋者、鼓吹者，滿口不離「壓迫」、「剝削」、「受侮辱和受損害的」，他們咒詛權力財富，製造困局，顯示改進無望，引起「絕望的積極」和毀滅的快感。那時如果我聽幾句佛法，也許可以得些調劑，無如我心中只有一部《聖經》，共產黨人的雄才大略，竟和基督教的設計相似，蓄積憤恨，追究原罪，顛倒價值標準，集體處決，斬草除根。有時候，我覺得基督徒也多半是「恨世者」，共產革命理論和基督教義的糾結，常使我頭腦混亂。

我後來做事常常抗上，不能和強者合作，脾氣急躁，反應每每過當，我猜想肇因這些作品灌輸的意識。感謝那些老闆包容我，但是也有人在我的安全資料中加添麻辣。有一次，我為了弱者的利益和強者爭辯，那強者問我：「像你這樣的人應該留在大陸上做共產黨，跑到台灣來做甚麼？」一語驚醒夢中人，我才發覺陷入很深的泥淖。此是後話，按下不表。

那時寫實主義獨霸中國文壇，主張寫小人物，關注人間的窮苦、災難、病患，揭露不公平的現象，他們強調生活經驗，主張以調查、觀察、訪問搜集寫作材料，反對氾濫的抒情和空疏的玄想。那時抒情是我所逃避的，想像力是我所缺乏的，他們給我創作的勇氣，也可能強化了我的弱點。那時寫實主義的詮釋者和鼓吹者，只談意識型態，不談藝術技巧，作品有沒有價值要看站在甚麼立場、為甚麼階級說話，要看揭露的是甚麼、控訴的是甚麼。照原料打分數，不照成品打分數，對創作風氣的影響是鼓勵粗製濫造，助長傲慢自大，對我的影響是：幾乎不知道有「形式美」。六十年代，台灣倡行「現代主義」，詮釋者和鼓吹者糾正了我。

感謝瀋陽的地藏庵給我閱讀和思考的空間，它是那樣安靜，我坐在那裡，可以偶然想起唐人的詩句：「鳥鳴山更幽」，「潭影空人心」。很慚愧，我從未捐過香火錢，也不讀她們預備的佛經，她們從未因此慢待我。我寫這篇文章追記前事，屈指已在五十多年以後，其間天翻地覆，不知她們怎樣適應，她們的來生當然沒有問題，我憂慮的是今生，只要來生沒有問題，今生也就不必太憂慮了吧？老師父應已圓寂，兩位小師父呢？希望她們度一切苦厄，也許此刻尚在某處講經說法。她們是否知道，我終於讀了她們最後給我預備的一本經：《父母恩深難報經》，我決定離開瀋陽，生命進入另一次大轉折。她們是否料到，五十年後，我終於把她們放在我手邊的佛經一一讀完。

我第一天的差事

我們終須與現實接觸，我的差事來了，管區內發生車禍，郭班長命我前去「看看」。那時汽車少、車禍不多。隊部沒有汽車，我們坐公共汽車出外執勤，車禍早上七點鐘發生，我九點才趕到出事地點。那時十字路口有個圓形建築叫「圓環」，汽車繞過圓環，謂之大轉彎，不繞過圓環，謂之小轉彎，一輛軍用卡車在應該大轉彎的時候小轉彎，撞上了商人用的小客車，車頭損毀，車裡的人也受了重傷，傷者已送進醫院，警察保留現場等我出現。

肇事車輛的單位來了一位中尉軍官，他把我拉到旁邊，低聲說：「咱們都是軍人，胳臂彎兒往裡拐，您上天言好事。」不等說完，捏著一疊鈔票往我口袋裡塞，我突然熱血上沖，頭昏腦脹，舉手給他一個耳光，打得他倒退一步。我馬上後悔了，我怎麼可以打人，尤其是對方是一位軍官。完全是反射作用，也許谷正倫陰魂附體，身不由己。那軍官指著我說：「好！咱們君子報仇，十年不晚。」匆匆鑽進他的吉普車。

回到隊部寫「日報」，我直言軍車違反交通規則，除了文字說明，我還畫了一張圖。團部打電話來稱讚，日報有圖有文，這還是第一次。後來傷者死亡，肇事的單位希望和解，傳話恐嚇死者家屬，「東北人膽大」，家屬不屈，堅持告狀。法庭傳我作證，我實話實說，死者的子女當庭給我磕頭。

從車禍現場回來，路上遇見一件很特別的案子。那時國民政府戰後裁軍，「編餘」了很多軍官，這些人流落四方，找不到職業。有一位編餘的少校營長，跑到鐵西區，他在鬧市的馬路旁邊鋪下一幅白布，上面寫著：他是黃埔軍校哪一期畢業，參加過哪幾個戰役，負過傷，得過獎狀、獎章，現在政府把他裁下來，他無家可歸，陷於絕境，乞求仁人君子施捨。白布四周擺著他得到的獎章，獎狀，參加抗戰的紀念章，軍校畢業生的文憑，佩劍，劍柄兩面刻字，一面刻「成功成仁」，一面刻「蔣中正贈」。他這一手，北方人叫做「告地狀」。

憲兵以三種方式處理違紀：告誡放行，糾正放行，帶隊處理。我只有請這位老前輩到隊部和連長談談，他朝我一揮手：「教你們連長自己來！」我回到隊部報告，朱連長果然親自去了，三言兩語，原來兩人是黃埔軍校的同期同學，有了這層關係，氣氛立刻活潑起來。編餘軍官乾淨俐落，他捲起白布：「你看我該怎麼處置？」朱連長針鋒相對：「請到我的辦公室喝茶。」

他倆談話，連長命我隨侍在側。編餘的少校姓莊，他說出生時投錯了胎，人人叫他莊營長，他是一個「假裝」的營長，現在露了真身。他說抗戰八年，都說為了收復東北和台灣，現在東北收復了，我這個東北人裁掉了，東北是我老家，我在老家門口討飯，你們外路人憑甚麼管？想餓死我？我若餓死了，我的列祖列宗從墳墓裡鑽出來，抓你一把，咬你一口！他說，我們這一輩子甚麼都不會，只會愛國，現在國家把你一腳踢開，不希罕你愛，還能做甚麼？他說「抗戰勝利紀念章」是傷心章，「參加抗戰證明書」是牛馬證明書。

朱連長說，憲兵有憲兵的職責，你老兄一清二楚，你一定要在這裡擺攤，我這個憲兵連長只有辭職，可是辭職沒那麼容易！裁掉了有裁掉的委屈，辭職辭不掉有辭不掉的委屈。你給我一個面子，離開我的管區。莊營長立刻站起來：沒問題，一言為定！朱連長掏出幾張鈔票送他，他冷笑一聲拒絕：你們憲兵清苦，自己留著用吧，你如果發了接收財，這點錢我嫌少呢！

我送他出門，他拍拍我的肩膀說，告地狀是發牢騷，開玩笑，「我會留在瀋陽繼續奮鬥，咱們後會有期！」果然，我跟他「惡業」未了。

我得補述一下抗戰勝利後的裁軍。

日軍投降以後，國府著手整編軍隊，軍縮編為師，師縮編為旅，團以下酌量合併。究竟裁掉多少人，各家表述不同，我不做研究，只抄台北中央研究院編撰的大事記，一九四六年七月國防部提出報告，「裁汰」軍官十四萬人，「汰」字非常刺眼。抗戰八年，只有師擴編為軍，軍擴編為集團軍，只有連長升營長，營長升團長，突然反過來，軍官在心理上很難適應。不僅如此，有些軍官「編餘」之時降了級，本來是中校，到頭來只是上尉，從軍時是少尉，一直升到上尉，抗戰勝利編餘，又回到少尉。為甚麼會這樣呢？依照政府規定，中尉排長升上尉連長，要經過「任職」和「任官」兩道手續，任職，確定你是連長，任官，確定你是上尉。戰時戎馬倥傯，全憑師長軍長下個條子走馬上任，人事部門沒有替他辦任官任職，他自己也不懂，國防部根據人事檔案辦編餘、核官階，很多汗牛血馬白白出生入死。

「解甲歸田」本是美談，可是編餘軍官有三個原因不能回老家：其一，老家已成解放區，不能回去。其二，老家可以回去，但是苛政太多，官吏太腐敗，軍隊紀律太壞，「甚麼都可以做，絕對不能做老百姓」。第三，親友的輕蔑。馬營和我們一同入伍的那位馬連長，本是為了回北京探母才和我們同路，他到了瀋陽，並未照原計畫行事。他說，他常常作一個同樣的夢，夢見他回到老家，親友把他圍在中間，朝他身上吐唾沫。他說，有一個編餘軍官回到東北老家，冬夜嚴寒，國軍派出來的偵察兵到他家取暖，硬把一家老小趕下熱炕。老母凍得整夜咳嗽，一口氣沒上來，也許心臟病發，歸天去了，親友都來責難這個軍官，問他在外邊怎麼混的。

國民政府終於成立了十二個軍官總隊收容編餘軍官，維持他們的生活。這些軍官都覺得受領袖和政府欺騙，他們自己求公平，辦法是集體擾亂社會，欺壓官民。軍官總隊紀律極壞，被稱為社會的「四大害」之一，他們居心傷害國民黨政權的基礎，流行一句話：「你砸我的飯碗，我砸你的飯鍋。」我聽見有人說，蔣委員長曾對他們演講：「我的事業就是你們的事業，你們的前途就是我的前途。」這人說，「現在我們的事業前途都完蛋了，且看他的事業前途還能有多少！」

軍官總隊的本領大概如此。近人論裁軍之失，多半說編餘軍官紛紛投共，國共軍力因此消長。當年確有一種說法：「此處不養爺，自有養爺處，處處不養爺，爺去當八路。」也曾出現傳單：「不要吵，不要鬧，老蔣不要老毛要，武漢領路費，延安去報到。」究其實際，可有資料證明、共軍的哪一樁成就、有編餘軍官參與？共軍的哪一次勝利、得編餘軍官之力？可有資料記載、編餘軍官有多少校官、多少尉官「延安報到」？如是我聞：中共要槍不要人，要兵不要官，除非軍官率領武裝部隊起義。國軍軍官祕密接洽個人投誠，中共的工作人員總是勸他：留在國民黨裡奮鬥，等你能掌握部隊了，挑個好日子再來。

有人經過上海，看見「告地狀」的編餘軍官，也曾問可曾考慮投共。他揚起眉毛：「笑話！我又沒幫他放過一槍！」

這次裁軍，裁掉上將十五人，中將兩百一十七人，少將五百七十六人，官階越高，挫折感越大。南京有個軍官總隊，收容的盡是將官，這些將官到中山陵「哭陵」，發洩心中的憤懣，國民政府蔣主席聽到報告，怒斥這些哭陵的人不識大體。我總覺得蔣氏理政往往沒有因果觀念，辣手裁軍，種下這樣的「因」，居然想結個「識大體」的果！他是基督徒，他之缺乏因果觀念，可能因為《聖經》缺乏因果觀念，在《聖經》裡面，上帝說「成」，事情就成了，至於後果，上帝要它發生它才發生，上帝要它怎樣發生它就怎樣發生。黨國元老陳立夫曾經指著蔣先生的畫像說：「他是活著的上帝。」

國府裁軍，原則上裁官不裁兵，但老兵、弱兵、病兵一概不留。裁掉的兵比裁掉的官處境更艱難，我曾經集古人的詩句，代抒他們的心聲，而今記憶殘缺不全，還可以略見梗概：

問：你是甚麼時候當兵的　答：少年十五二十時
問：你上過戰場嗎　答：一身轉戰三千里
問：有沒有遭到危險　答：戰士軍前半死生
問：你為甚麼還不回老家　答：古來征戰幾人回
問：你老家還有甚麼人　答：舊業都隨征戰盡

問：抗戰勝利了，高興嗎　答：空見葡萄入漢家

問：你的老長官怎麼不照顧你　答：將軍百戰身名裂

問：你的那些同事呢　答：可憐無定河邊骨

問：你看時局怎麼樣　答：百年世事不勝悲

問：你以後怎麼辦呢　答：生男埋沒隨百草

……

此文一出，立刻產生許多變體，問答的形式依舊，作家依自己的感想，設計新的問話，填入自己喜歡的詩句。一九四九年我到台北，那時文網尚未周密，還在台北的報紙上看見一篇姐妹作，可見社會對裁軍的廣泛關懷。

憲兵勤務，有一項取締「非軍人穿著軍服」。關東軍遺落了大批軍服，充斥舊衣市場，瀋陽街頭常見市民穿著日本軍服，團部命令限期禁絕。各區憲兵隊加班加點，把這些穿軍服的人帶到憲兵隊門口，門外放著一桶桐油，衣服塗上桐油，就不能再穿了。這是他們從陝西帶來的土法，陝西出產桐油。我對郭班長說，這些人穿日本舊軍服，多半因為窮，他們身上的軍服也是花錢買來的，如果把塗桐油改成塗顏料，他們回去拆洗了，送進染房，染成別的顏色，布料還可以使用。郭班長立即採納，並且吩咐我寫入日報，向全團建議。

「非軍人穿著軍服」視同冒充軍人，而冒充軍人視同利用軍人身分掩護犯罪，這是「高高舉起」。「非軍人」沒受過軍事訓練，沒有軍人的儀態，非軍人穿著軍服，妨害軍人的形象，這是「輕輕放下」。我離開軍伍以後對軍服有恐怖感，老年移居美國，看見穿著軍服的「非軍人」很多，報上說，美國陸軍的軍服用特殊的衣料製成，既能防雨，也可透風，我大為心動，到專賣軍用服裝的商店去買了一件上裝。我問售貨員：「我不是軍人，是否可以穿這件衣服？」店員用保證的語氣回答：任何人都可以穿！他一面替我包裝貨物，一面把我的問題告訴櫃檯的收銀員，兩人相視而笑，彷彿發生了有趣的新聞。

我有文書專長，一度豁免例行勤務，不久，兩位老班長很有意見，於是特權取消，照常輪值夜間衛兵和晝間巡查。那時電影院是憲兵巡查的綠洲，裡面設置「憲警彈壓席」，備有清茶、糖果、瓜子、香菸，可以歇腳。我不抽菸，值勤時也不喝茶、不吃糖，我從未把整部電影看完，也從不帶朋友進場看白戲。戲院經理看見我，總是露出害怕的神情，好像我是來者不善，使我非常納悶。後來他明白我沒有惡意，只不過初出茅廬，內方有欠外圓。他的態度由戒備改為親熱，不過有時流露出不以為然的樣子，他多次拍著我的肩膀說：「老弟，好好的幹喲！」我至今猜不透他甚麼意思。

「我從未把整部電影看完」，居然也有好處，離開電影院以後，找個清靜地方，推測以後的情節發展。我決心把自己訓練成一個寫手，第二天，我再去看那部電影的後半部，拿我編想的情節和電影比照，訓練我的想像力。《天堂春夢》、《一江春水向東流》，都是這個時候看到的，我從電影編導那裡學到一些東西。我又看過一部電影，主角是個鄉紳模樣的中年男子，他有錢的時候裝窮，等到真的沒錢了，他又突然裝闊，大出我意料之外，世人多半窮的時候哭窮，富的時候炫富，編導反其道而行，產生新意。「反其道而行」！這一部片子只能列為次等製作，許多次等製作也能給我一等的啟發。

我非常害怕再遇見行賄的場面，我從鴛鴦蝴蝶派小說改編的電影裡看到行賄的方法，又從行賄的方法悟出拒賄的方法。如果對方把鈔票塞進你的口袋，抽身離開，你就沒有辦法退回賄款，即使你掏出來丟在地上，他也不會回頭撿起來，任它隨風吹去，你依然不清不白，所以絕對不可讓對方貼近身旁，要保持六英尺的距離。對方也可能利用握手的機會輸送賄款，握手時用拇指按住手心裡的鈔票，手掌傾斜，手背掩護手心，趁兩掌貼合時抽出拇指，鈔票就到了對方的掌心裡，人人都會不假思索握住已經到手的東西，這是本性使然，等到「既而一想」，已經難辦了，所以絕不可與對方握手。如此這般，防患未然，哪裡用得著打人耳光？豁然開朗，心中暢快，只苦沒有機會馬上建議全團，甚至建議全國。但是若干年後我有機會提醒所有的作家，讀者親近文學，有時是為了尋找方法解決難題。

鐵西區似乎沒有妓院，我從未巡查過妓院。旅館很多，規模簡陋，尤其是「大車店」，大屋通鋪，男女老幼一排一排睡在鋪了草的地上。抗戰流亡時，我也住過這樣的店，沒想到東北光復，老百姓還要過這樣的生活。屋子裡沒裝電燈，我得用手電筒照射他們的臉，光線微弱，面孔灰暗沮喪，不忍多看。我不信他們造反搞破壞。

「正式」的旅館當然有房間有床鋪。那時規定，軍警檢查旅館時，住宿的人都要站在房門口，手裡拿著身分證明，等待檢查人員過目，我有很好的機會觀察各色人等。說來慚愧，我並未從治安的角度觀察他們，（坦白的說，這種方法也根本查不出甚麼違法犯罪的東西來，即使屋角裡有機關槍，我也看不見。）我從寫作的角度觀察，我觀察的能力幼稚薄弱，所見甚少，想得很多，回去寫在私人的日記本上。

對我來說，這樣見多識廣，當然比足不出戶伏案辦公好得多，老班長抵制郭班長，取銷我的特權，焉知非福！我有材料可寫，開始投稿，餉金之外，還有一些稿費收入。

服外勤還有最大最意外的收穫，我因此遇上另外一位天使，當然，中間經過一些曲折。

我從文學的窗口進來

一步踏進瀋陽，我就打聽哪一家報辦得好。有人推崇《中蘇日報》，那時中蘇訂立友好條約，隨著這個條約產生了中蘇友好協會、中蘇聯誼社，我沒法喜歡那個條約，也就沒法喜歡那些戴著「中蘇」帽子的招牌。我買到《新報》、《和平日報》，以非常勉強的心情順手也買了一份《中蘇日報》，沒想到它的社論十分出色，雖有官方背景，卻勇於批評官方的缺失。《新報》偏重本市新聞，活潑親切，類似今天的社區報，版面上常有熟悉的身影晃動，它在本市擁有大量讀者。《和平日報》只有一大張，副刊和文藝周刊齊全，令我感動。

不久，《中蘇日報》停刊，中蘇友好協會銷聲匿跡，象徵中蘇蜜月結束，瀋陽《中央日報》繼之出現，重視副刊一向是《中央日報》的傳統。後來知道，瀋陽的《中央日報》和《中蘇日報》都由余紀忠先生創辦，一九五〇年，余先生又在台北創辦《徵信新聞報》，（後來改稱《中國時報》），我在他的編輯部裡工作了二十年。

我開始投稿，決定以字海戰術向三報猛攻。各報都有徵文啟事，都要求投稿者使用「五百字稿紙」。我在陝西投稿，文章寫在白紙上，每行沒有一定的字數，每頁沒有一定的行數，根本不知道有所謂稿紙，我連跑幾家書店，他們拿出來的是「原稿紙」，我以為原稿紙不是稿紙，而且每張只能寫四百字，跟徵稿啟事的規定不合，沒敢買。我在書店裡看見艾思奇的《大眾哲學》，站在書架前面讀了十幾頁，他用階級鬥爭的觀點籠統解釋社會關係，痛快淋漓。起初我以為這本書是遊戲筆墨，近似李宗吾的《厚黑學》，繼而一想，艾思奇也許是個俄國人？我作夢也沒想到它會是立國的大經大法。我又看見書架上有一本《牡丹亭》，打開一看，裡面是中共中央的許多決議和文告，我想一定是裝訂錯誤，並未發覺是中共宣傳品瞞人耳目。

我至今不明白為甚麼要限定五百字稿紙，若說計算字數方便，四百字或六百字效用也是一樣。我用複寫紙自己製作五百字稿紙，那時連隊沒有油印機，我並未想到編輯的「第一印象」重要，他一看稿紙、就知道你是毫無經驗的新手，文章必然青澀幼稚，懶得再花功夫審閱。多年後我看見第一次投稿的人先印自己的專用稿紙，儼然名家，他們比我聰明。

字海攻勢並不順利。我把「出潼關」的經過寫成散文，投給《中蘇日報》，文章還沒登出來，《中蘇日報》就停刊了。我寫南京令我失望，小學校教科書告訴我，浦口過江到南京有「輪渡」，人可以坐在火車上不動，我們還是下車換船。老師說，中山先生的遺體經過防腐處理，放在玻璃棺裡供人瞻仰，我們看見的是仰臥的石像，腿部的褲管粗直僵硬，相當「難看」。我把文章投給瀋陽《中央日報》，我並不知道報紙有立場背景，《中央日報》豈能任你非議首都？我也寫出我對上海的印象投給《和平日報》，兩篇文章都如石沉大海。那時似乎各報都不退稿，我也不知道甲報不用的稿子可以改投乙報，文章像箭一樣射出去，一根箭只射一次，我只有加緊造箭。

經過一番觀摩和琢磨，我發現關外的報紙愛登關外的事情，關內似乎太遙遠了。後來知道報紙的內容講求「鄰近性」，我那時無師自通，心誠則靈，立刻改換題材，寫我最熟悉的鐵西區。我說雪降瀋陽，鐵西區的空氣冰冷如鐵，因為區內遍布停了工的工廠，房屋空洞高大，外牆堅硬，入夜以後相當恐怖。我說公共汽車的車掌小妹妹嗓音清亮，她本來逐站呼告站名，興工街、篤工街、勵工街、勸工街喚醒國人重視工業，現在怎麼保持沉默、寂然無聲？《新報》採用了這篇文章。

我滿心興奮，立刻再寫一篇，我寫鐵西區的戲院。這時候，瀋陽的軍紀漸漸變壞了，軍人看白戲，塞滿了電影院，一般觀眾裹足不前。依照規定，軍人要買半票，他們硬要無票入場。戲院老闆有幽默感，他說這些軍人也有票，第一是搖頭票，你向他收票，他搖搖頭、進去了。第二是挺胸票，你向他收票，他胸脯一挺、進去了。第三是瞪眼票，你向他收票，他朝你瞪眼、進去了。那時軍人幾乎個個抽菸，劇場中香火鼎盛，數不清縷縷青煙裊裊上升，熄燈後，黑暗中，只見星星點點無數暗紅色的菸蒂搖晃，舞台旁邊豎著一面玻璃箱形的告示牌，兩個朱紅大字「禁菸」，煙霧太濃，兩個字也模糊了。於是咳嗽聲起起落落，吐痰的聲音也相繼不絕。這篇文章《新報》也採用了。

但是稿費無蹤無影。我投稿全用筆名，而且寫一篇文章換一個筆名，避免以憲兵身分現形，久等心焦，沒奈何，只得到報社查詢。這才知道副刊主編是報社的客卿，並不按時上班，經人指點去找另一個部門。這才知道報社並沒有「稿費通知單」一類玩藝兒，作者要帶著剪報上門申請，報社把採用外稿照「交貨、驗收、付款」總務三部曲辦理。我沒帶剪報，承辦人見我穿著軍服，特別通融，自己打開存報找我的文章。他抬起頭來對我說：「你的文章登在新聞版，新聞是沒稿費的。」我這一驚非同小可！他把我當成各機關的新聞發布員了。五年以後，我知道新聞版的特寫、邊欄仍然有稿費，若是外稿，報社裡可能有人把稿費吃掉，通常以新聞版的編輯嫌疑最大。五十年代初期台灣也有吃稿費的主編，那時大家都窮。

我沒有灰心的權力，我繼續寫。經一事、長一智，我在投稿信的信封上鄭重寫明副刊編輯室。後來我知道，你若只寫某某報社，你的稿子八成進了社長室，你若只寫編輯部，你的稿子八成擺在總編輯的辦公桌上，先失地利，後失人和，結果凶多吉少。文稿必須交到副刊主編手上，無論如何，他替作者想得多一些。

我喜歡《中央日報》的副刊，向它投稿，連續五次都告失敗。有一天，我經過瀋陽市的萬泉公園，看見滿池白色的荷花，我們常常把荷花蓮花混為一談，傳說菩薩坐在蓮台上，我想安得每朵花上有一位菩薩，普遍拯救人世的劫難。那時中共銳意經營松花江北，他在魯南蘇北怎樣做，也在東北怎樣做。我「不點名地」寫了蘇北難民的處境，居然登出來了！我在南京欺騙蘇北難民，答應為他們在《中央日報》上發表文章，算是有了補救。到底《中央日報》有規模，我第一次看見稿費通知單，輾轉把玩，終身難忘。

我遲遲未能進入《和平日報》的「和平花園」，直到有一天，我想起國軍青年軍二〇七師，那時這一師人馬駐在瀋陽附近的撫順。一九四四年十萬知識青年從軍，我們有些同學編入二〇七師，抗戰勝利，青年軍復員，二〇七師全體官兵志願留營，所以這些老同學也都來到東北。他們都升了官，軍官有軍官的樣子，不過也還有許多人到連隊探望我們。我把這些人從軍的悲壯、留營的慷慨寫成文章，投給瀋陽《和平日報》副刊，順利刊出，也領到稿費。現在回想，《和平日報》前身是軍報，我寫軍人的正面形象，副刊主編愛屋及烏。文章的命運往往由文學以外的因素左右，可惜我沒及早參透這個道理。

「該來的終於要來」，瀋陽外圍作戰連連失利，市區也出現了難民。電影院裡，難民家庭的小女孩向觀眾兜售香菸瓜子，看到她，我想起自己的妹妹。她把貨品擺在籮筐裡，穿一根布條掛在脖子上，兩手把籮筐端平了，彷彿流亡學生使用寫字板的樣子。電影放映時，她在座位和座位之間的通道上慢慢後退，眼睛左右掃瞄觀眾的臉色，整天吸濃濃的二手菸，尋求顧主。座上全是軍人，而且大半是傷兵，他們並非為了看戲，他們來享受冷氣或暖氣，戲散人不散，由中午坐到晚上，修心養性。那時瀋陽警備司令部也曾想加以整飭，一面安排各戲院星期天辦理免費勞軍，一面通令各部隊，除了星期天以外，禁止官兵「任意外出」。可是有甚麼用？戲院的憲警彈壓席漸漸變成令我良心不安的地方，「該來的終於要來」，有一天，賣菸的小女孩向我哭訴，常有一隻手伸過來突然抓走她的香菸瓜子，看不清是誰的手，只看見軍服的袖子。那時電影院裡光線極黑，我不明白為甚麼要那樣黑，一個女孩子不能和一個男孩子去看電影，人言可畏，除非你馬上要嫁給他。我完全沒有辦法處理小女孩的投訴，只能朝她的籮筐裡放一張鈔票，她拒絕我的安慰，擦著眼淚離開。我惟一能做的，就是把這件事寫成文章。

瀋陽冬天寒冷，家家燒煤取暖，常見煤灰堆積在空曠之處，隆起如丘陵。難民家庭的小男孩圍著灰堆挖掘，尋找尚未完全燃燒的煤骸回家使用，個個小手凍得又紅又腫，看見他們，我想起自己的弟弟。煤從撫順運來，常有整車整車的煤停在鐵軌上等待卸運，無頂車廂的底部往往有縫隙，煤屑漏下來，落在鐵軌上，踏雪尋「煤」的孩子鑽到車廂底下去，一撮一撮抓起來，一粒一粒捏起來。鐵路警察看見了，抬起皮靴踢他們，身材大些的孩子、他踢屁股，身材小些的孩子、他踢腿肚子。我問警察，煤屑落地以後，你們不可能再收拾起來，何不由這些個孩子去打掃？警察告訴我，司機開動列車時，可能忘了從車尾到車頭察看一遍，鐵輪滾動，這些孩子就沒命了。那麼把他們喊出來也就是了，何必狠狠的踢呢？警察憤憤的說，你不踢、他們不罷手，喊破喉嚨也枉然。我徬徨良久，我惟一能做的、也是把這件事情寫出來。

稿費，我記得每千字東北流通券五元，可謂聊勝於無。我不嫌少，我寫一千字很容易，無論如何比「賣香菸的女孩」賺錢容易，對我父親來說，一塊錢也很重要，我不希求賺錢更容易的方法。那時槍決犯人大多由憲兵執行，有一位班長告訴我，現在團部人手不夠，我打靶的成績很好，足可勝任。他說每次出任務都有出差費，都收到紅包。我不假思索立刻反射：我反對死刑。「為甚麼反對？」我說法律常常改變，人死不能復生。「幹麼還要他復生？」我說復生才能悔改。他睜大眼睛看我，像看一件從未見過的東西。事後我也奇怪，這番應對我沒經過大腦，好像別人搶著替我回答，也許有些東西藏在我的潛意識裡，忽然跳出來作怪。

他是一番好意，可是我非常傷心，原來別人對我的看法是如此，這就是別人預測我將來要走的路。我很久很久不能釋然，我太難過了，這個題材我無法處理。它的後續發展是，我以後真的反對死刑，我勤讀有關的新聞和論文。以後，今天槍斃銀元販子，明天准許銀元流通，昨天槍斃「通匪」的人，今天鼓勵交流訪問，我的感慨比人家深。

有一個故事一直盤亙胸中。抗戰時期，日軍佔領了華北，有一個大戶人家的女兒遲遲不能出嫁，她的父親對她說，現在優秀的男孩子不是去做漢奸，就是去當八路軍，都不能付託終身，我要等到抗戰勝利再為你擇婚，抗戰必勝，日本必敗，好日子很快就會來到。女兒每天在閨房裡刺繡，準備嫁衣。

果然，抗戰勝利了，女孩子也長成大姑娘，做了新娘，她的夫婿在國軍裡當連長，抗戰英雄，蔣委員長的學生，深受淪陷區人民的敬重。這位連長隨部隊出關，打過幾場硬仗，他忽然厭惡內戰，想回老家，但是「無錢莫還鄉，還鄉須斷腸！」他把妻子賣給瀋陽妓院的老鴇，籌措還鄉的資金，他老家還有妻子。

陷入火坑的女子寫信向憲兵隊求救，同時也寫信給父親，請父親帶錢來贖身。連長派我通知老鴇，在女子的父親來到瀋陽以前，不可強迫她接客，可是鴇母還是和她祕密定下最後期限。

她的父親必須賣掉田地籌錢，農民都等著中共土改分田，沒有買主。後來國軍進攻，佔領了那一片土地，私產有了保障，才把田地脫手，可是時間已經拖延了半年之久。做父親的匆匆趕到瀋陽，首先問女兒失身了沒有，女兒說情勢不允許無限期拖下去，她業已真正墮落風塵。事已至此，這個父親認為不值得再花這麼大一筆錢，他竟帶著贖金獨自回家，據說他回到家鄉，買回田地，可是國軍忽然放棄那一片城鄉，成千上萬的難民湧人瀋陽，他一家也在其中。據說他身無分文，依賴那沒有贖回的女兒維持生存。

這個題材太複雜了，我沒有能力處理。

我並沒有把所有的生活經驗都寫成文章，許多材料留下來，我等待深度思考、完全的自由和成熟的技巧。瀋陽時代，我寫作的心態還沒完全離開作文簿，投稿是交卷，副刊主編是國文老師，文章登出來是傳閱給全班同學看。那時候，我把寫文章當作學習一門技能，它把個人的閱歷用文字傳達出來，社會需要這一個行業。那時文壇先進再三宣告，文章材料要向外開發，不要向內冥索，現實生活的驚險、曲折、詭異，絕對超過所謂天才作家的空想。也好，我也沒有能力處理自己的感情，既不能以感情做文學的動力，也不能以文學做感情的結晶。

以今日之我觀昨日之我，報紙副刊只是文學的窗口，「從窗口爬進來的是賊」，我不是賊，也不是科班嫡傳。他們的窗是玻璃窗，透明，沒有上鎖，我很感激。我到現在也不知道主編是誰，我知道《和平日報》社長是閻奉璋，《中蘇日報》和《中央日報》的社長都是余紀忠。余先生到台灣創辦《中國時報》，我有幸投入成為麾下一員，但我從未向他提到這一線因緣，他不喜歡人家提到東北。我搜集資料，找到《中蘇日報》長春特派員袁笑星寫的〈長春三害〉，有警察沒有憲兵，我很安慰。文史資料記述瀋陽學潮，也提到余先生在內部會議中反對軍隊鎮壓，力主勸導化解，那還是訓政時期，東北是戰地，他的身分是東北保安司令部政治部主任，難得能有這樣開明的見解！後來他到台北辦報，在戒嚴體制下鼓吹民主自由，同情異議份子，引人猜疑，由瀋陽到台北，看來他對國事有一貫理念，我對他應該有更完整的認識。

東北一寸一寸向下沉淪

國軍的軍紀變壞，憲兵隊冷衙變熱，民眾紛紛前來投訴，要求制止軍人欺壓。憲兵巡查沿途取締違紀事項，每天帶回整頁紀錄，有時加上需要「帶隊處理」的軍人。郭偉班長專門負責處理這些案子，我是他的助手，往往忙到三更半夜才得休息。

軍紀是怎麼變壞的呢？第一個原因是傷兵增加。

軍隊作戰，官兵當然有傷亡。傷者先由野戰醫院緊急治療，轉到後方醫院繼續治療，他們或因留下後遺症，不能再上戰場，或因心灰意懶，不願再上戰場，千方百計保留傷員的身分長期留院，於是後方醫院兼有收容所的性質。好萊塢出品的電影裡有一場戲，炸掉一條腿的大兵和炸瞎一隻眼的大兵額手相慶：「對我們來說，戰爭已經過去了，我們可以回家了！」國軍的傷兵無家可歸，你兩條腿離家，怎麼能一條腿回去？而且戰爭對他們並未過去，他們的家鄉在解放區，缺一條腿或瞎一隻眼，正是他殘害人民的罪證，不能掩飾，無法原諒。這些人逗留戲院，遊蕩街頭，心理不平衡，見誰跟誰生氣。

那時社會歧視「殘廢」的人，多少民間故事以嘲笑他們為題材，連兒童都以捉弄聾啞為樂。那時，基督教認為殘廢是上帝的懲罰，佛教認為殘廢是前世的業報。中國人把殘廢改成殘障，再改成肢體障礙，化了四十年的時間，四十年前，給殘障的人讓路、開門、預留座位，根本是不可想像的事。政府對傷兵沒有康樂服務，沒有職業訓練，沒有教育補習，沒有宗教陶冶，甚至連醫藥衛生也照顧不周。九十年代，我讀到美國心理學會一份調查報告，人若生活在困難的環境裡，長期受疏忽蔑視，容易產生暴力傾向，這時人經常憤怒，愛打架，任意破壞物品虐待動物，喜歡攜帶武器。我覺得這番話幾乎是為四十年代瀋陽的傷兵而設。

傷兵還想活，還想活得有自尊心，只有結隊聚眾提高自己的地位，他們發現，一個傷兵是弱勢，一群傷兵就是強勢。他們並不遊行請願、奔走陳情，那時不興這個，他們結夥橫行，強力開闢生存空間，用他自己的辦法向社會討公道、求補償，例如成群結隊吃館子，上澡塘子，老百姓眾口流傳的順口溜把「四大害」擴充為「十大害」，傷兵入選。瀋陽市是東北軍政首長集中辦公的地方，傷兵還相當收斂，到了偏遠縣市，他們簡直沒有顧忌。陝西安康是我和文學結緣的地方，我手頭有一部《安康市志》，明文記載安康八二醫院傷兵激起公憤，民眾衝進醫院，殺傷四人，醫院連夜遷走。

我和傷兵有很多接觸，我納悶、他們為何不和市民和善相處。有一個傷兵對我說，他也很想發展軍民關係，很想和老百姓起碼有點頭之交，無奈男人看見他就摀鼻子，女人轉身就跑。有一次他到公園散步，看見一個很可愛的小男孩，他走過去朝那男孩微笑，做母親的立刻把孩子緊緊抱在懷裡，向他怒目而視。他說我們是傷兵，只能做壞事，不能做好事，我們進飯店白吃白喝，社會能接受，大家認為我們就是這麼個料子，我們做別的，社會不接受，認為我們不配幹那個。

他說將領以前玩弄他，現在政府捨棄他。二十多年以後，我自己有了孩子，他玩塑膠小兵，排列陣勢，發現缺腿斷手的小兵，挑出來丟掉，我在旁想起瀋陽的傷兵，想了很久。

他說小時候信奉基督，後來想上教堂，他告訴我在瀋陽進教堂的經驗。他只有一隻腳，腋下拄著大拐杖，禮拜堂的大門正對著講壇，牧師正在講道，他走進去的時候，會眾正在唱詩，他熟悉那首詩：

為你，為你，我命曾捨，
你捨何事為我？
為你，為你，我身曾捨，

你忍何辱為我？

他說，會眾看他走進來，立刻閉起嘴巴。他的拐杖落地，發出沉重的聲音，䡾、䡾、䡾，他一步一步往裡面走，全堂聽眾都轉過臉看他，好像都在等待甚麼。他忽然明白了，他聞到的氣味，看到的臉色，知道那些人等他退出去，認為他不該進來，他轉身往外走，他聽見禮拜堂的大門在背後關上。

他向我大聲質問：「我的上帝，你為甚麼離棄我？」那年代教會使我們跌倒。後來我知道，不是上帝離棄我們，是上帝的代理人離棄我們，三十年後，我越過代理人，直接恢復信仰，有時想起那個傷兵，猜想他的靈魂在哪裡。

第二個原因是通貨膨脹。

抗戰勝利，國民政府把東北定為經濟特別區，發行九省流通券，希望幣值穩定，減低腹地經濟波動的衝激，這個目的並沒有達到。我們初到瀋陽的時候，瀋陽市的公共汽車和電車，一張車票三毛錢，另有私營的馬車代步，車伕沿街招攬生意，不斷喊著「一張票！一張票！」意思是花一塊錢就可以上車，你可以坐車到鐵西區內的任何地方，越區才加收車資。沒過多久，這「一張票」居然變成十塊錢了。我把以後的發展提前寫在這裡，據《瀋陽市志》記述，兩年以後，一九四八年六月，公車車票一張漲到兩萬元。再過三個月，幣制改革，金圓券出籠，東北流通券三十萬才換得新幣一元！

且說我們當時，有一個大兵坐上馬車，下車的時候車伕向他收錢，他奪下趕車的鞭子，給車伕一頓狠狠的抽打。

郭班長審問他，問他為甚麼坐馬車不付錢，他說，一個月的餉只能買兩條麻袋，拿甚麼付車錢？既然沒有錢，為甚麼要坐馬車？軍人坐電車、坐公共汽車都是免費的啊。他說瀋陽市這麼大，街巷這麼複雜，我們外路人哪裡摸得清楚？誰知道該坐哪輛車？下了車誰又知道怎麼找門牌？

你不付錢，已經過分，為甚麼還要打人？問到這裡，「被告」的語氣忽然激昂：「他根本不應該向軍人要錢，我要立下規矩，教他們知道軍人坐馬車也得免費，規矩立下來，你們也可以不花錢坐馬車。」

我在旁邊製作筆錄，聽到這番話怔住了。郭班長勃然大怒，抄起木板，命令他「伸出手來！」狠狠打了他一頓手心。吩咐我「寫下來！把他說的話都寫下來！我們要專案報上去。」

情況越來越令人不堪，我要把後來發生的事情提前寫在這裡。三個軍人坐一輛馬車，找個空曠無人之處，把車伕的雙手倒剪，毛巾堵住嘴，麵粉口袋套住頭，推倒在地，三人趕著馬車揚長而去。他們一定是把馬賣了，把車也賣了，軍營似海，這個案子誰也無法海底撈針。

我記得，四小名旦之一的毛世來到瀋陽唱戲，門票東北流通券五千元一張，愛好京戲的人想買票還得找門路。公演這天晚上，憲警在戲院四周每一個路口布下崗哨，文官的汽車，武官的吉普車，富商巨賈的私家馬車，一望如水如龍，平時看白戲的人個個坐在家裡死了心。

我聽見這樣的對話：

毛世來一張票憑甚麼賣五千塊？

大米賣到一萬塊一石了，毛世來也只是為五斗米折腰。

我要把後來發生的事情提前寫在這裡。瀋陽市有一條街叫太原街，這條街很長，商店很多，街道兩旁擺滿了賣銀元的小攤，軍公人員領到薪餉，急忙跑到太原街去買銀元，當時叫做「保值」。那時銀元市價紊亂，「貨比三家不吃虧」，手裡攢著鈔票的人，一個攤位一個攤位問價錢，怎麼越問價碼越高？還是開頭第一家便宜，急忙回到原處去買，這「第一家」居然比「最後一家」還要貴！「早晚市價不同」，貨比三家吃了虧。

於是國軍的「五強」作風，漸漸由關內帶到關外：強買，強賣，強借，強住，強娶。

強買，商家定價一百元的貨物，硬要二十塊錢買下來。強賣，拿著東西到商店推銷，明明只值二十塊錢，硬要一百塊賣給你。強借，借用老百姓家的東西，你不借也得借。中國人因為語言不通或腔調不同，互相輕視，有些士兵聽不懂東北話，東北人也聽不懂他的鄉音，借東西溝通失敗，自己升室入室尋找，哪有功夫聽老百姓爭論，索性舉手就打，拿了東西就走。強住，軍人不帶著房子走路，隨地住在民家，眼睛只看屋子不看房主，一句商量也沒有。強娶，團長或師長級的帶兵官選中了對象要成親，他的年齡可能比岳父大，說媒求親納采下聘樣樣按規矩來，花轎抬到門口，你還想怎樣？強娶的例子關內多，關外少，但是影響面很大。

「五強」本來是個榮譽。大戰結束，英美蘇並稱三強，美國從歐洲拉來法國，從亞洲拉來中國，合稱五強。那時「五強」經常掛在要人的嘴邊，嵌在報紙的大字標題裡，實際上中國的國勢很弱，老百姓把軍人違紀擾民的行為湊成五項，冠以五強之名，真令人哭笑不得。

第三個原因是成立許多保安團。

幾乎人人都說，政府沒有收編東北的青年，犯下極大的錯誤。我到瀋陽以後知道，經過蘇聯紅軍佔領和中共搶先接收兩番淘洗，等到國民政府的大員出現，滿洲國的軍隊已不存在。國府派出的文官也曾成立地方武力，第一批出關的軍隊也曾大量吸收東北青年入營，憲兵第六團也曾立刻招考新兵，我還奉命去監考。

然後，出現了一個又一個保安團，我曾看到保安第四十四團的番號。

保安團是就地取材的「民兵」，軍事當局先委派某人做團長，他再找營長連長，四處招兵。政府給他們的薪餉補給諸多不足，他們自己就地籌措，怎樣籌措呢？除了「五強」，他們不知道別的辦法。有個保安團長在鐵西區弄到一棟房子，有了房子就得布置家具，他的副官帶著幾個護兵四處尋獵，衝進一個中年商人的客廳，搬走全套設備。商人到西區憲兵隊告狀，郭班長派我去察看他家空空的客廳。

我奉令去找那個保安團長，冒著大雪找到他的家，他讓我進門，卻任我立正站在客廳裡，不理不睬，他和他的朋友一同喝高粱酒，吃白肉酸菜火鍋，我說話他裝做沒聽見。等到酒過三巡，我按捺不住，提高嗓門告訴他，他必而須把東西歸還原主，究竟那一天歸還，現在必須給我一個答覆。他站起來指著我，斥責我目無長官：「你給我回去，叫你們連長來！」谷正倫的靈魂忽然附在我身上：「我正在執行勤務，我現在代表連長，代表警備司令部，代表國家的法律。我給你三天時間，三天之內你一定要歸還。」說完，我離開他的家。

他沒有歸還。一個星期過去了，我以隊部名義起草報告，要求警備司令部處理。兩個星期又過去了，我再起草一份言詞激烈的報告去催促，有幾句話是：軍隊是國家的命脈，而軍紀是軍隊的命脈，警備首長一再如此訓示，憲兵未敢或忘，所以整飭軍紀，鍥而不捨，人微言重，要求長官決斷。朱連長讀了我起草的文稿沉吟良久，終於對「人微言重」四個字表示欣賞，算是批准發文。

然後，我們的努力實現了，保安團副官帶著大卡車送還家具。大概我在外面留下一點虛名，常常有市民寫「呈文」給我，申訴「五強」遭遇，信末寫著「謹呈上等兵王」。且慢高興，我把那些信拿給郭班長看，他說「燒掉」，我遵命燒信，心裡很痛苦。

我的「第一天差事」，曾經和國軍編餘的一位營長打過交道，他姓莊。我又遇見他，他佩戴中校領章，進保安團當營長。他對我說：「現在我這個莊營長不是假裝營長，是真正的營長。」那時許多人冒充連長營長在外招搖，他拍拍我的肩膀，「小兄弟，以後見我這一營的弟兄，能放一馬就放一馬，大家都得混口飯吃。」

他沿街招兵，我總是在馬路邊碰見他，每次他都對我有忠告：「小兄弟，你們憲兵做事不方便，有些事可以來找我。」我不懂甚麼意思，他望著我微笑。

有一次，他提議喝茶，坐定了，他又提議喝酒，我堅決拒絕。

他說，他投考軍校的時候也是個純潔的青年，「像你一樣純潔」。但是人生漫長，總不能「一條路走到天黑」，以前當軍人為「國」，這一次當軍人為「家」，合起來還是「國家」。上一次做的是賠本生意，這一次要賺回來。

他說：「我現在是真營長，你來、咱們共患難也共安樂，我給你當排長，你帶兩三個憲兵來，他們當班長，趁著天下大亂，好好的幹他一場。」我急忙站起來往外走。這樣的保安部隊，我在河南見過，知道他們的三部曲：怕共，通共，降共。真奇怪，軍政當局為甚麼要「一條路走到天黑」！

第四個原因是國軍常打敗仗。

春盡夏來秋又至，共軍連番發動攻勢，國軍打了好幾次敗仗，撤出好多據點。敗兵入城，自以為「入死」、「出生」，高人一等。這時，首批出關作戰的精銳開疆拓土，越走越遠，後續部隊在訓練、裝備、教育程度各方面都次一檔，基層官兵的舊習氣比較深，壞習慣比較多，他們不但擾民，也和友軍衝突，也和憲兵衝突。他們的長官多半有「家傳」的統馭學，以包庇縱容部下的違紀行為來營造個人威望，維持士氣。向來敗兵難惹，即使是史可法，也只是一句「悍卒逢人欲弄戈」了事。後來，終於有一天，他們用衝鋒槍向憲兵開火。

說到兵家勝負，有人認為出關的國軍多半從南方調來，難耐塞外的嚴寒，此言有理。記得出關第一年冬季，團部派幾個人到長春出差，他們穿著皮衣皮褲，回瀋陽都進了醫院，小腿的肉凍壞了，必須開刀。我們的棉軍服裡面有純毛的毛衣，外面有厚毛呢和卡嘰布縫製的大衣，風雪之夜，衛兵只能在戶外停留三十分鐘，他得回到室內休息三十分鐘再出來，室內有暖氣，兩班人馬輪流取暖。天氣影響士氣和戰力，我們睡在鴨絨睡袋裡，睡袋的尺碼形狀照著人的身體設計，門戶鎖鑰全仗中間一條拉鍊，拉鍊失靈，人就變成木乃伊。長春外圍的共軍黃夜摸進國軍的哨所，把躺在鴨絨睡袋裡的哨兵抬走了好幾個。

可是想想共軍：抗戰勝利，時在夏天，中共急忙從山東、熱河、河北、察哈爾抽調十萬軍隊，出關接收，他們是穿著單衣上路的。國軍出關以後，共軍退到松花江北，那裡比瀋陽更冷，那時共軍的補給十分簡陋，縱然組織動員的能力高強，鄉村婦女趕製出來的棉衣畢竟水平很低。東北的天氣，借用武俠小說家古龍的話：「冷風如刀，以大地為砧板，視眾生為魚肉。」他們如何度過第一個冬天？我在風雪之夜站衛兵的時候時常替他們犯愁。

那時有關共軍的報導極少，偶然從報上讀到一些，從小道消息聽到一些。共軍雪地行軍，把棉軍服翻過來穿，軍服用白布做裡子，白雪就成了他們的保護色，可以躲避國軍飛機偵察，讀了這條新聞，我知道他們還沒有大衣。後續報導說，有一天，共軍踏雪行軍，頭頂上忽然來了飛機，全體官兵一律蹲下，以免暴露目標，飛機盤旋幾圈，掉頭而去，可是蹲著的官兵大半站不起來，咳！他們凍僵了。

聽說國軍出動突擊，來到鄉下，共軍的一位軍官正站在井旁，指揮民工打水，水桶裡的水溢出來，流到他的腳旁，結成冰，把他釘牢在地上。國軍衝進來，他只有站在原地射擊抵抗，當然，他陣亡了。由這條新聞看，他似乎穿著布鞋，咳！「千里冰封，萬里雪飄」，布鞋！

瀋陽市區幾乎家家用蒸氣取暖，燒煤，煤由撫順運來，可是共軍挖斷了鐵路。這年冬天，瀋陽的最低氣溫降到攝氏零下三十三度，我們的天花板罩上一層濃霜，還掛下簷溜，我躺進鴨絨睡袋，再蓋上毛毯和大衣，還想打哆嗦。那時眼鏡的鏡片用玻璃製造，同班列兵郭某嚴重近視，他的眼鏡凍裂了，一時沒錢去配新的，排長暫時免了他的勤務。夜晚出外巡查，回來指甲發紫，這時暖氣降到最低，特准我們到廚房裡生火，一面烤火一面發抖。那時國軍掌握城市，共軍掌握鄉村，鄉村的建築水平、取暖設備、食物熱量都差一大截，那日子如何度過？咳，布鞋，沒有大衣，還半夜出來摸哨，挖鐵路。

雪地行軍，如大浪中浮沉。冷，人如生了鏽的鐵。我讀到神話，共軍入關，七日不眠，三日不食，冰上赤足行走三百里，零下四十五度照常出操。我不相信，他們也無須我相信。他們匱乏艱苦到極點，士氣仍然很高，能征慣戰，無論如何這是奇蹟。毛澤東用兵如神，練兵也如神，其中的神祕性猶待揭開。

無可奈何，有一個國軍將領嗟歎：他們怎麼沒凍死！真是天亡我也，他們怎麼凍不死！大家猜想，出關第一個冬天，共軍可能凍死許多人，野狗常從雪後的路側和田野裡扒出屍體來，那穿白衣的（翻穿軍服）的都是共軍。可是直到現在，我沒有看到有關的資料或聽到傳說，征人苦寒也還很少進入以內戰為背景的小說詩歌，只有詩人毛澤東的名句流傳：凍死蒼蠅何足奇！

國軍敗兵違法亂紀的事件不斷增加，違紀人員的階級也一再提高，起初只有士兵，後來有尉官，然後出現上校。一名上校在旅館裡企圖強暴一名女學生，女生從樓窗跳落街旁，嚴重骨折。恰巧憲兵巡查經過，舉發他的罪行，死生有命，陳誠接東北行轅主任，立即殺他立威。然後出現少將，一名少將高參竟然私帶鴉片，那時鴉片行情奇俏，號稱「黑金」。憲兵（我還記得他叫周哲斌）發現，移送法辦，可是死生有命，陳誠卸任走了，繼任的衛立煌放了他！這位朱高參寫了一張明信片到憲兵隊部，文曰：「我行我素，自由自在，其奈我何！」真名真姓落款，毫不含糊。巡查憲兵見他和美女並坐在吉普車上，從身邊風馳而過。

郭班長工作認真勤奮，那時處理軍人違紀，沿用谷正倫時代的老模式，偵訊，製作筆錄，或者違紀者寫悔過書，蓋手印。然後郭班長問他：你願意送回原部隊處理呢，還是願意打五個手心？大多數人立刻把手伸出來。辦公室裡有一根粗重的「刑具」，既像棍，又像板，郭班長下手不留情，他雙手掄起，重重落下。他用這個板子打過二十幾個校官，不計其數的尉官和士兵。他的腦子裡有個小谷正倫。但是總覺得狂瀾已倒，自己立腳不穩。

夜晚，有人報案，他說一個軍官尾隨他太太進入客廳，坐下不走。郭班長帶著我前往處理，進門一看，還是個少校呢，大模大樣坐在椅子上喝茶。班長問他：「誰請你進來的？」

他說主人的太太請他來的，太太堅決否認。「你怎知道太太請你進來？她對你怎麼說？」太太一句話也沒說，可是太太在前面走，他在後面跟，太太好幾次回頭看他，他受到鼓勵，一路跟進了客廳。

郭班長聽了，臉色一沉，吩咐我「出槍！」我把手槍從槍匣裡取出來，退後一步，子彈上膛，班長同時取出手銬。他一臉茫然，反覆分辯「她還給我倒茶呢！」我差一點笑出來。原告被告一同帶回隊部，連夜偵訊。要少校寫悔過書，他說不會寫。要他在口供上寫名字、蓋指紋，他用拿鉛筆的方法拿毛筆。偵訊完畢，原告回家，郭班長對那被告說：「你私闖民宅，意圖調戲良家婦女，我送你到警備司令部。」他撲通一聲跪在地板上。

班長說：「你不願意？那麼換一種處分，我打你五個手心。」他立刻把手伸出來，就這麼著，他跪著，班長站起來，居高臨下，打了幾下，他的手掌腫高，面無人色。

工作完畢，夜靜無聲。郭班長頹然坐下，他說太累了！低下頭去，又抬起頭來，他對我說，這種人也當少校，如果我出去幹，他們得給我個少將。

後來回想，他說這句話的時候已有去志。

小兵立大功　幻想破滅

在我們眼裡，朱騰連長的形象很完美，但是，如果副團長一直想整垮他，早晚會逮住機會。

說起來我有罪。我們的營房兼西區憲兵隊，設在一棟日本式的小樓裡，紙門隔間，「榻榻米」鋪地，房間裡整面牆裝設壁櫥。我那時天天覺得睡眠不足，需要「晝寢」，（用今天的醫學常識來衡量，也許是患了某種程度的憂鬱症吧。）營房裡規矩嚴，我不能公然躺在榻榻米上，就鑽進壁櫥，拉上木板門。有一次我睡過了頭，值星班長連問許多人，都說沒看見我，他報告值星排長，兩人往壞處想，以為中共地下人員綁架了我，他們正在驚疑不安，我揉著睡眼從壁櫥裡走出來。

咳，我是一個不祥的動物嗎，他們對這個營房本來不滿意，潛伏在內心的疑懼因我而浮上檯面。這麼多壁櫥都是視線的死角，倘若「歹徒」藏在裡面，突然跳出來殺人，我們豈不是要全軍覆沒？一道又一道紙門也是行動的障礙，「榻榻米」有優點，但是進屋要脫鞋，美式軍靴穿上脫下都很費事，遇上緊急情況怎麼行動！

我不知道決策的過程，只聽見朱連長下令「拆」！拆掉壁櫥，拆掉紙門，拆除榻榻米，改成一覽無餘的大通鋪，拆下來的木材當柴燒，省下來的煤賣掉做全連官兵的福利金。糟糕，營房怎任你胡亂裝修，物資怎可擅自變賣，副團長在二連培養了一個臥底的排長，該排長又培養了一個臥底的班長，該班長向團部提出檢舉，團部一聲令下，把朱連長拘押起來，說是要軍法審判。

那時去抗戰時代未遠，大家都缺乏法治觀念，部隊長拆東補西，不增加公家負擔而能改善生活、提高士氣，毋寧是可以欣賞的事。我們認為這是副團長以法律之名迫害忠良，他為了逞快一時，不惜給憲兵很大的傷害。

毀壞營房、盜賣物資已是嚴重的罪名，副團長又指控朱連長私吞軍火，這可怎麼得了！我們在馬營倉促成連，每個列兵領到一條子彈帶，裡面應該有一百發子彈，但是有些子彈帶裡面的子彈數目不足，連部只有設法彌縫。我們打靶，按規定每人射擊三發，連部呈報團部，也是每人射擊了三發，實際上每人只用了兩發子彈，用另外一顆彌補虧空。這等事真個「提起千斤、放下四兩」，他們簡直想要朱連長這條命！

二連的士兵都氣憤不平，郭班長發起全連官兵上書為朱連長陳情，他指導我執筆寫陳情書，全連官兵簽名，那據說向團部告密的人也只好從眾。陳情書第一段是「操守論」，連長操守很好，沒有菸酒嫖賭等等嗜好，從不和商人結交，還沒結婚，也還沒有女朋友，生活非常儉樸，一心盡忠職守，他絕對沒貪汙，請長官珍惜他這個人才，給他繼續效命的機會。第二段是「動機論」，朱連長熱愛憲兵，以二連為家，他看見官兵生活清苦，想到自己應該想辦法照顧大家，他發現有一個辦法，既不增加長官的困難，又可解決士兵的困難，二連官兵感激長官，感激政府，更願意鋼膽熱心，報效國家，朱連長因立功心切而觸犯禁令，功過可以相抵。第三段可稱為「影響論」，大意說沙團長治軍嚴明，全軍畏服，全國稱頌，本來就沒人敢貪汙，朱連長尤其不會貪汙。現在朱連長以貪汙獲罪，事出有因，他一人得失事小，下級官兵覺得長官用法過嚴，對下情的了解和體卹未足。

呈文定稿，郭班長先拿給朱連長看，連長讀後很感動，他要求這份原稿給他留著，事後送給他做紀念。據說陳情書送到團部，多人傳閱，追問這是誰的手筆，嗟歎二連怎會有這樣的兵，怎會有這樣的班長。據說他們一度想把我調到團部工作，後來知道我寫日記、寫文章，「寫文章的人思想複雜」，於是作罷。

沙靖團長總算英明，朱連長一案「事出有因」，他不願重辦，但「查有實據」，無法不辦，他把「撤職查辦」改成免職，朱連長失去軍職，也免了牢獄之災。朱連長恢復自由，回連部惜別，他站在院子裡，我們圍著他，他說我們都還年輕，大家好自為之吧，態度從容，表情誠懇，沒有抱怨，沒有辯白，餘音嬝嬝，常在我心。我對這樣的結果並不滿意，朱連長誠然頂撞了副團長，但副團長先惡意羞辱他！我認為武官是死士，統馭者對他應該不計小節，而且你給他的訓練是威武不屈，養天地正氣。

隨著朱連長去職，二連的人事大調動，三個排長「全都換」。第一排張志華排長舊學根柢好，是憲兵連知識水準的象徵，他又回到團部辦公去了，接替他的李排長改了主意，認為野戰部隊一刀一槍才像個軍人，他調職走了。第三排楊排長最受新兵愛戴，他的眼睛是我們心裡的光，他調到北大營訓練新兵去了。我們並不怎麼喜歡第二排的黃排長，可是一年新兵訓練，他和我們一同披星戴月，常言道「衣不如新、人不如故」，我們也希望他留下來，他也調走了。二連好像經過一場激烈的戰役，很多人都消失了，我們內心沮喪，大受挫折。

楊排長一直受團部打壓。擔任新兵訓練的排長向來都是最優秀的軍官，他們是種子，來做榜樣。訓練新兵是辛苦的差事，全部時間精力拿來觀察新兵，了解新兵，關懷新兵，征服新兵。每天聚精匯神，挺胸抬頭，像對著照相機。東北的冬天，練兵更要在冰天雪地中做硬漢，耐天磨。依照慣例，他在完成二連的訓練之後，應該去服勤務，或者坐辦公室，調劑勞逸，現在中間不下馬，不給他留喘息的機會，明明「整人」。他有甚麼過錯呢？無非因為他愛護新兵，替我們爭到兩餐飽飯而已！「慈不帶兵」，這個「慈」字的對面應該是「嚴」，不應該是殘忍冷酷。我們覺得對他有虧欠，憲兵自命神聖部隊，居然也有世俗的黑幕。

憲兵要求嚴格，升遷很難，又不參加第一線戰鬥，沒人陣亡，所以後來繼任的連長排長都接近中年，經驗豐富，人情練達，我們覺得到底欠缺熱力。新連長姓田，上任以後諸事也不順心，團部打電話給他，教他逮捕剛剛上任的某排長押送團部，那時連隊剛剛裝上轉盤式撥號電話機，他在三樓，一具分機裝在二樓。事有湊巧，某排長在二樓和連長同時拿起電話，聽到電話的內容，他悄悄放下電話，走出大門，從此不見蹤影，簡直就像電影情節。

我們看見了田連長的沉穩老辣。事件的原委大概是，一連幾天，巡查憲兵都發現某步兵團的士兵違紀，這些違紀官兵的姓名職級照例要呈報上去，由於違紀事件密集發生，團長營長受到上級申斥。他們的副團長帶了一個排的兵力來找田連長評理，他教士兵在隊部門前的樹林裡散開，面向憲兵隊部，一挺輕機槍衝著隊部的大門架好。副團長登上三樓，進入連長室，不久就聽見他們大聲爭吵。那時排長外出，郭班長立刻關好大門，衛兵撤回門內監視「敵人」，把二連僅有的一架輕機槍取出來，請一位資深班長就射擊位置，二樓三樓的樓梯口加派武裝警衛，他自己帶著手槍站在三樓的樓梯上，隨時可上可下，如果連長室發生異常的情況，他隨時準備衝進去。我想排長也未必做得比他更好，他的確是十位班長中的佼佼者。那天田連長堅持立場，寸步不讓，最後連長告訴他有兩條路可以選擇，其一，連長打電話報告警備司令部，請他們派人來處理，其二，「你到窗口喊話，命令你的部隊回營，你留在這裡喝茶，喝完了茶再走。」副團長思前想後，只能接受第二個條件，我們勝利了！可是這事代表作戰部隊對憲兵的輕蔑，為日後的一再衝突顯示預兆。

大環境也打擊我們。蔣先生開始實踐他的諾言，「抗戰勝利之日，訓政結束之時」。國防最高委員會通過廢止限制人民自由的法律三十八種，修正了若干種，公布憲法草案。十一月，政府為制定憲法，召開國民大會。瀋陽街頭，行人口袋裡裝著報紙，你若攔住他問話，他從口袋裡掏出報紙來給你看憲法草案：人民有居住、言論、集會結社等等自由。社會上空氣瀰漫，憲政就是人民向政府爭權，憲兵警察都是民主憲政的障礙，公權力遭人奚落，小報開始管我們叫「餡餅」。第一營長對全營官兵訓話的時候說，以後軍隊國家化，我們不能再說憲兵是領袖的近衛軍，是革命的內層保障。那麼憲兵是甚麼呢？他說不出來。此公糊塗，徒亂人意，但也顯示時潮如何沖刷他的思維。

戰爭時期，政府需要擴張權力，推行憲政，政府應該縮小權力，那時東北既是戰時又是平時，我們處於夾縫之中。我看到命令，憲警執行勤務，搜查必須有搜索票，逮捕必須有拘票，搜索票、拘票由地方法院檢察官發給，憲警事先陳述理由向法院申請。我也讀到治安機關的陳情書，司法人員偵查犯罪，一要保密，二要迅速，反對事先申請，我還記得原句：「摘奸發伏，時機稍縱即逝。」法院一度發給我們空白的搜索票，蓋好印章，由憲兵隊自己填寫使用，不久，上級又下令收回，可以想像兩種權力拉鋸，其中之一得到最後勝利。

憲兵的金身一層一層剝落。那時國民政府受國際限制，只能派保安部隊出關維持地方秩序，所以東北的最高軍事機關叫保安司令部。起初，保安司令部行文所有的軍事單位，軍人違紀必須服從憲兵取締，我們很高興。後來保安司令部突然下令，說是憲兵歸他指揮，我們一向輕視「保安」兩個字，心裡很不舒服，怎麼憲兵團和保安團成了一丘之貉？然後又出現意外，聯勤總部突然來文，宣稱憲兵畫歸聯勤，他連大印都替你刻好了，印模隨命令頒示，印文是「聯合勤務總司令部憲兵司令部印」。緊接著憲兵司令部的公文來到：「本部仍由國防部直轄」。那時國軍今日失一城，明日失一地，形勢嚴峻，中央猶在鉤心鬥角，高峰似乎玩弄權謀。我實在納悶，聯勤管的是補給，他要軍事警察權做甚麼？那時軍紀蕩然，憲兵在國防部的光環照耀之下，尚且無力整飭，聯勤何德何能回天？

當憲兵越來越難，外出值勤，有人被成群的大兵包圍辱罵，奪走手槍。南京地區的一位憲兵不甘受辱，他的腦子裡大概也有一個谷正倫，憤而開槍射擊，把滋事的大兵打死了兩個，軍中和社會輿論都一面倒，大家責難「憲兵殺人」。依照我們受訓時背誦的條文，當「遭遇暴行脅迫有生命之虞」的時候，你可以開槍，但語意籠統模糊，標準難以認定。南京衛戍司令部匆匆審判，趕快把開槍的憲兵槍斃了！報紙記載這個「伏法」的憲兵很年輕，判決執行時，軍法官照例允許被告作最後陳述，這個年輕的憲兵很激動的說，現在軍人的風紀太壞了，時時刻刻擾民害民，動搖國本，他要求政府拿出決心和辦法來。各地憲兵讀到這條消息，真個是「寒夜飲冰心，點滴在心頭」。

憲兵進一步收縮自己，出外值勤一律佩帶空槍，不准攜帶子彈，只有衛兵例外。料想這是憲兵司令部的統一規定，預防各地血氣方剛的憲兵重演南京事件，也預防大兵奪槍後射殺憲兵。除此以外，聽任反抗憲兵勤務的行為越來越多，沒聽說有甚麼對策。空槍出勤該是憲兵的業務機密，怎麼外面立時傳遍了？我們出街巡查，常遭路旁的大兵譏笑：「喂，老鄉，又拿空槍出來嚇唬老百姓啊？」聚在一起叼著菸捲遊蕩的大兵也常對我們提出挑戰：「槍裡有子彈沒有？拉開槍膛看看！」有一次，我聽見一個大兵像唱小曲似的：「槍裡沒彈，好比雞巴沒有卵，多難為情！」怎樣處理這種情況，連上的長官從來沒有教導，他們裝作不知道，我只有裝作沒發生。後來我在天津被解放軍俘去，接受管訓，發現他們每天晚上分組開會，彼此交換經驗，改進缺點，解決疑難。這才想到，當初瀋陽市內市外，到處可能有看不見的解放軍，這種檢討會也是每晚都在舉行的吧，他們縮短睡眠時間做工作，國府在東北的軍政官員也縮短睡眠時間去享樂，正是：「台下積薪台上舞，可憐俱是不眠人。」

我不喜歡被人看透料中，你們以為我的槍是空槍，我偏偏裝上子彈。我絕不讓他們奪走武器，必要時、我也打算開火。這種想法簡直莫名其妙，根本破壞我的大計畫，我應該苟全性命，爭財不爭氣，和家人一同度艱難歲月。一時負氣，捨棄幹線追逐支線，回想起來，那是我最危險的時候。

一天晚上，出外巡查的憲兵打來電話，他們遭一群大兵包圍，困在一家飯館裡，難以脫身。郭班長帶著我趕去處理，他徒手，我佩槍。現場群眾對我們嬉笑怒罵，郭班長昂然說，憲兵在遇有暴行脅迫時可以使用武器。他們哈哈大笑，「你的槍是個啞巴，有沒有子彈？」郭班長向我伸手，我把自來得手槍從槍匣裡取出來交給他，他拉開槍機，一顆子彈跳出來，拍嗒一聲落在燈光照不到的黑影裡，槍裡不但有子彈，而且子彈上膛！郭班長大吃一驚，他本來以為是空槍，拿出來虛張聲勢。出來巡查的三個憲兵心領神會，也都把槍拿出來裝模作樣，那一群大兵立刻氣短。「南京事件」固然教訓了我們，同時也教訓了他們，其中有人較為老成，帶頭說「今天放他們一馬」。

我們外表沉著，內心慌亂，匆匆脫離現場，忘了那顆子彈。第二天，郭班長教我回頭去找，哪裡找得著？那時槍械子彈管理嚴格，槍彈短少，上級要追究流向，尤其是手槍子彈，可能涉及暗殺，十分敏感，等到「大檢查」那天，我怎麼交代？如果把實情說出來，恐怕連郭班長都要受處分。最好能找到一顆子彈補上，可是哪裡去找？

那天晚上總算撐過去了，但是事情總是向壞的一面發展，我把以後發生的事情提前寫在這裡。瀋陽四周的據點都丟了，瀋陽是孤城也是圍城，敗兵入城，散亂錯落，有人沒戴帽子，有人不扣釦子，三五成群叼著香菸街頭遊蕩，進館子吃飯不付帳。他們和巡查憲兵對抗，他們的長官開著吉普車來增援，車上有人開了衝鋒槍，一名憲兵當場死亡。地點在第六連管區，瀋陽市南站廣場，也就是蘇聯紅軍留下紀念碑的地方。

這時我和郭班長都已離開瀋陽，我聽說憲六團在瀋陽市的南京戲院開追悼會，我認為追悼會應該由警備司令部主辦，至少、東北軍政首長應該有人出席演說支持憲兵，可是沒有，好像這是憲六團的內部事務。沙團長發表激昂的演說，宣示憲兵的使命和決心，可是他一個人的聲音何其小！氣勢不夠。

東北保安司令部改為東北剿匪總部，瀋陽警備司令部改為防守司令部，瀋陽由「警備」進入「作戰」，野戰軍一把抓，成立軍憲警聯合糾察隊，維持治安，城防司令部派員擔任隊長。他們的興趣是抓賭，依照規定，抓賭只能沒收賭桌上的現金，他們對賭客脫衣搜查，不分男女，連口袋裡的錢也拿去。他們的興趣是查妓院，命令姑娘們在屋子裡排隊，聽候問話，嫖客站在院子排隊，登記姓名職業。他們的興趣是檢查戲院，命令戲院中途停演，打開所有的燈光，辨認「逃犯」。他們的興趣是檢查貨運，十輛二十輛大卡車停在路旁，一天兩天不許開行，商人急得四處找門路。沙團長能做的是，命令憲兵退出聯合糾察隊，憲兵在東北名存實亡。人家不容分說，聯合糾察隊的全銜仍然冠以「軍憲警」，沙團長無可奈何，「軍憲警」也就晉入「十大害」的名單。

我的名字王鶴霄

我需要一顆子彈，「自來得手槍」的子彈。你看，天天看報有好處，報上說，聯勤總部嘉獎辦理東北補給的軍官，其中有一位上校，名叫王運和，山東臨沂人。臨沂是我的故鄉，「王運和」這個名字，很像是我族的長輩。那時全國劃分了好幾個補給區，東北排名第六，我到補給區司令部去找他。如果我沒猜錯，我從他那裡不但可以得到一顆子彈，還可能得到父母家人的消息。

我一直找到人事處的李處長，尋找「失散多年的爺爺」。他很疑惑：「你今年幾歲？」我解釋，我們是大家族，有「三歲的祖父，八十歲的孫子」。他教我留下姓名、職業、住址和父親的名字，回去等消息。兩個月後，這位王運和先生來一便條，約我到秋町十三號一談。「秋町」是日本人留下的名稱，國府更始以後，地方還在沿用。

他是一個胖子，沒有高級軍官的英武，卻有家族尊長的和藹。他說他認識我的父親，也認識我的五叔，他和五叔是黃埔軍校砲科的同學。他的工作忙碌，經常關內關外飛來飛去，為了住宿方便，所以在瀋陽買下這棟日式房子，交給一個副官留守。他問我工作情形如何，可有甚麼困難，我說我需要一顆子彈，自來得手槍的子彈。他莞爾一笑，話到此處，來了客人，他不再細問，教我「下星期你來找趙副官」。

重到秋町，沒見到上校爺爺，趙副官拉開抽屜給我看，裡面手槍子彈成堆，我一顆在手，如釋重負。趙副官勸我多拿幾顆，我搖頭，這玩藝兒短少了是麻煩，多出來也是「濕手抓麵」。第三次到秋町見這位爺爺，專誠探問家鄉的變化，他拿出厚厚一疊信來，異鄉的族人紛紛寫信給他，其中有五叔，也有我的父親。一眼看到信封上父親留下的通訊處，悲喜如劫後重逢。

總算能夠和父親通信了，我趕緊把所有的錢寄給他，可恨通貨膨脹，我手中的錢已嚴重縮水。能夠和父親通信，我應該興奮，但是我十分膽怯，他的顛沛流離，我能想像，寫出來，他痛苦，讀一遍，我痛苦，我沒問，他也沒說。我「慌不擇路，飢不擇食」，他也能想像，寫一遍，我痛苦，讀一遍，他痛苦，他沒問，我也沒說。我們的通信簡單扼要，毫不流露感情。

父親十分窮苦，但他從沒有主動催我匯錢。母親已經去世了，父親也瞞住。他每一封都傳達母親一句話：「你娘說，你每天早晨起床以後，要先喝一杯熱水。」「你娘說，你夜晚要把棉被蓋好。」「要讀〈馬太福音〉，你娘說的。」「你娘交代，洗衣服之前，要把每一個口袋掏乾淨。」他老人家不肯一次全說，好像有意製造錯覺，後來知道，他在傳達母親的遺言，他盡可能維護我，估量我能承受的程度。

直到五姨母來了一封信，她說，母親重病時，姨母曾到蘭陵探望，母親有話託姨母設法轉告：第一，幫助妹妹弟弟長大成人，第二，讀《聖經》，第三，每天早晨起床以後要先喝一杯熱水，第四，夜晚要把棉被蓋好。姨母說，母親去世時神態安詳，彌留之際，蘭陵教會的長老宗茂山，傳道人張繼聖，帶領許多信友來到我家，整夜唱詩祈禱。老天爺！我早就有些懷疑了，我跟父親中間隔著一層窗戶紙，誰也沒有勇氣戳破。姨母還說，……我的天！她說的和父親來信所說的一樣，可是父親省略了「幫助妹妹弟弟長大成人」一條。也許父親知道我沒有能力做到，也許父親認為撫養子女畢竟是他的責任，也許他知道即使不說，我也會竭盡所能。

五姨以後不再來信，天下已亂，人人學習無情，母親去世，她好像認為和我家塵緣已了。她這封信不帶感情，簡潔客觀。我讀了她的信熱血上湧，奪門而出，必須找一個地方去痛哭，我在馬路上亂闖，哭不出來。我闖到地藏庵，小師父照例送來一杯茶，一部經，封面上寫著「父母恩深難報經」。我推案而起，我來不及哭，我暗想，我離開憲兵的時候到了！整飭軍紀根本沒希望，我得另找生存的意義，通貨膨脹太快，憲兵待遇太低，稿費收入太不穩定，我得變個法兒活。日本企業家松下說，倘若第一顆鈕釦扣錯了，以後會一直錯下去，我的第一個鈕釦已經扣錯，現在得扣第二個。我渾身發燒，腦子像一塊布幕，左右兩股力量拉扯，越拉越緊，中間忽然裂開，露出後面一團漆黑。我悚然一驚，知道不能再想下去。

那時一同出關的同學紛紛設法離開六團。跟我一同協助郭班長辦案的李蘊玉，精細深沉，千方百計找到東北宿將萬福麟寫信，他一個初中畢業生進了杜聿明創辦的中正大學。調到團部跟張志華排長一同工作的梁肇欽、陳百融，考進中央軍官學校（黃埔軍校），前往四川成都受訓。還有幾個人考進長白師範學院……皇姑屯憲兵隊，那位入贅當地富翁之家為婿的班長，做了最後的選擇，老老實實當一名老百姓，幾個受過軍官養成教育的人都進五十三軍，各就各位，回歸本行。還有那位馬連長，一路循規蹈矩演好二等兵的角色，功德圓滿，恭恭敬敬跟班長排長握手道別。我們初到瀋陽的時候，有位上尉軍官到二連來找上等兵黃岳忠，黃的哥哥當師長，也調到東北，駐守瀋陽。以後，我沒再看見黃岳忠。

現在輪到我了，蜻蜓要在吃完自己的尾巴之前找到食物。我決意另找職業。我去見上校爺爺，他毫不驚訝，毫不推諉，「好，我來想辦法。」他了解我家的困境，似乎正等我找他，他的態度使我非常感激。

我有一份新工作，地點：秦皇島，機構：聯勤補給的一個單位。秦皇島在河北省東北部，緊靠渤海灣，離山海關只有十七公里。實際上它是一個小小的半島，據說秦始皇曾經來到這裡「鞭石入海」，所以有這樣一個偉大的名字。

一九四五年對日抗戰結束，共軍搶先進入東北，國軍由秦皇島登陸攻打山海關，取錦州瀋陽，再北上長春。聯勤的運輸補給使用遼寧省的葫蘆島，葫蘆島離瀋陽近一些，港口冬季結冰，因此又使用秦皇島，路程遠一些，冬天不結冰，有時結一層薄冰，也很容易用破冰船衝開。國軍補給東北，以秦皇島為冬港，以葫蘆島為夏港，特別成立秦葫港口司令部，由何世禮中將擔任司令，統一指揮，經由這兩個港口，滿足東北四十萬國軍的需求，當地聯勤的運補單位，可以說責任重大。論補給系統，秦皇島屬於關外，論地域區分，秦皇島屬於關內，這是我當時能夠得到的因緣。

仰賴「上校爺爺」的安排，我向秦皇島的一個補給單位報到。那時該單位上尉軍需王鶴霄辭職離任，由我來頂替他的名字，我必須記住：官兵薪餉名冊裡的那個王鶴霄，就是我。那時「冒名頂替」的現象普遍，在軍政部的檔案裡，抗戰八年傷亡官兵三百二十萬人，發出卹金三萬一千人，僅佔百分之一，其中又有若干卹金無人具領，因為「死人」還活著，不敢出頭，這種怪現象正是「冒名頂替」造成。

為甚麼不辦任免手續呢？其一，如果辦公文報上去，說王鶴霄辭職了，上尉軍需出缺了，上級機構可能不容分說「空降」一個人下來，老闆的眼睛裡無異滲進一粒沙子。其二，即使老闆可以照自己的意思用人，他要用的人，譬如我，資歷不合，上級也是不准。一個風調雨順的單位，往往多年不任、不免、不獎、不懲，主辦人事業務的官員是最清閒的人。

國府退到台灣以後整軍經武，每一個軍人都有「軍籍」，根絕冒名頂替，有人像演戲一樣從大陸演到台灣，無法下台卸妝。三十年後兩岸恢復交通，大陸上的父母到台灣找兒子，找到一個假兒子。或者真丈夫有個假身分，沒法接妻子到台灣見面。這人得向法院自首，承認犯了偽造文書罪，法官認為情有可原，判個緩刑，當事人拿著判決書去更改戶籍，再去做兒子、做丈夫。

同事說我運氣好，改了名字沒改姓氏。真王鶴霄雖然是個上尉，假王鶴霄卻只能領少尉的薪餉，兩者的差額由會計部門注入老闆的宦囊。我完全沒有意見，我知道，我若不來乞食，這份上尉的薪餉全部歸他所得，現在他分一大部分給我，並非我分一小部分給他。我還記得我是月半到差，第一次領到餉袋時，裡面裝著法幣一千多元，據此推算，全月餉金約兩千多元，折合東北流通券，收入增加了五倍多，儘管通貨膨脹厲害，數字本身給我很大的滿足。我應該感激他，山重水複，好歹找到一條路，總得紀念修路的人。

做了軍官還可以領到眷糧，依規定，每人最多不得超過四口，於是一律按四口申報。我在名冊上立刻有了一個老婆和兩個孩子，實際有眷的人領實物，實際無眷的人領代金，代金的價格低於實物，中間的差額也歸老闆。為防虛報冒領，要附全家照片，主辦人替我找來三個「演員」，我付給演出酬勞法幣一百五十元。

我勉強照辦，心裡覺得十分彆扭，忽而有得救的感覺，忽而充滿了罪惡感。我又能怎樣呢，以前政府騙我，我無法選擇，現在我們集體欺騙政府，政府也無法選擇。為了防備點名檢查，我時時默念我叫王鶴霄，河北徐水人，徐水在保定之北，北京之南，東面天津，南面石家莊。太行山有一條河自西北流向東南，經過縣城，徐水因此得名。徐水的特產是黃瓜和老醋。我寫這篇文章的時候，得知徐水的新產品是好酒，假故鄉和真故鄉畢竟有共同之處，兩者都是酒鄉。我也時常提醒自己，我的妻子姓許，兩個孩子叫大寶二寶。

一九四九年我以王鶴霄的名字入境台灣，不久，台灣保安司令部看到我寫的一篇故事新編，傳去問話，教我當面寫一篇自傳，我立即把兩件事交代清楚：其一，我在聯勤補給單位冒名頂替王鶴霄，其二，天津失守，我成為中共的俘虜。自此以後，我為這兩件事填過各機關寄來的調查表，我實在怕人見到王鶴霄三個字，好像找到這三個字就找到我的真贓實犯。多年以後，我又常常罣念真正的王鶴霄那個人，好像他真的成了我的一部分，或者我成了他的一部分，我用它做筆名寫文章。我奉他的名活下來，不知他奉誰的名活著、活了多久。

我從未遇見名冊裡的王鶴霄，卻忽然和我照片上的妻子重逢。我穿過台北市新公園的時候遇見那位許小姐，她手裡牽著一個小孩，好像想跟我說話，我低下頭來躲開。事後自問為甚麼要躲？應該問一問她是怎麼來台灣的，她的機緣也許比我更曲折艱難，我相信任何一個有故事癖的人都不會斬斷這條線索，而我那時正在學寫小說。比起真正的小說作家，我顯然缺乏好奇心，也沒有勇氣正視人生。

我們這個單位分設好幾個部門，經理室，會計室，參謀室，押運室，譯電室，書記室，副官室，軍醫室。經理室是「心腹」，掌理金錢物資的機要作業，押運室是「股肱」，負責把軍用物資收進來、運出去，其他各室聊備一格，像參謀室、僅有參謀一人，副官室、僅有副官一人。書記室負責收文、發文，繕寫文件表冊，管理一般檔案，書生無用，受人輕視。醫官是個四川人，非常健談，他本來學獸醫，戰時應付緊急需要，把他改造成一般醫生，大家愛聽他談笑，不找他看病。

我到差時，書記室僅有我一個「司書」，各室擬辦的公文都送到我那裡繕正，這就給我機會大致了解全部業務。各單位為了爭權利、推責任，公文往返，鉤心鬥角，或者報銷遺失短缺的軍品，巧用法規縫隙，我覺得妙趣橫生。例如某一軍品是由四個小件合成，遺失了一百「套」、要追究責任，遺失了四百「個」、可以註銷。

我馬上學會了中文打字。當年中文打字機有一個字盤，還保留者「活字版」的模樣，字盤中間排列常用字，兩旁排列「間用字」，另外有個備用的字盤叫「罕用字」，一般公文語言簡單，用字重複，打字速度很快。我們的單身寢室和辦公室相連，我除了理髮、洗澡、寄信，輕易不出大門，出門一步就要花錢。那時「壓力」這個名詞還未流行，我只覺得緊張疲倦，可是夜晚又要失眠，我拿林肯說過的一句話做藥方：「只有工作是抵抗煩惱的工具。」我每天把所有的公文打好才上床，常常自動工作到深夜，秦皇島附近有很多名勝，我從小就嚮往山海關上的那塊匾，愛聽孟姜女哭倒長城的故事，而今興味索然。聽說有個地方叫「無顏城」，據說吳三桂在那裡跪迎清兵，我是個無地自容的人，看到這個地名動了心，想去看看，可是也沒有實行。

這就給老闆留下深刻的印象。既然我那麼喜歡留守在辦公室裡，他們就物盡其用，派我做「收發」。公文的來源很多，遠方的機構從郵局寄來，當地的機構派專差送來，異地的押運員隨身帶來，必須隨到隨收，十分煩瑣，他們發現了我，問題立刻解決。上海來的押運員，常在中午休息時間或傍晚下班以後匆匆趕到，他們階級比我高，見了我又鞠躬又作揖，感謝我為他們加班，朝我抽屜裡一包又一包塞前門牌香菸。我不抽菸，常有本單位的同事拉開我的抽屜順手拿去。

依照規定，收發公文的人只能讀公文前面的「摘由」，按照摘由所說的業務，送交主管人員辦理，不可以閱讀全文，沒人告訴我有這樣的規定，我總是把每一件公文從頭到底讀完。那時國防部已完成軍中的公文改革，廢除傳統的框架、腔調和「套語」，採用白話一條一條寫出來，倘有圖表或大量敘述，列為附件。國防部把公文分成幾個等級，某一級公文遍發給某一個層級的單位，不再一層一層轉下去，我們可以直接收到國防部或聯勤總部的宣示，鉛印精美，套著紅色大印，上下距離驟然拉近了許多。

我們的老闆是上校，我們那個單位的編制是少將編階，這叫「上校佔少將缺」，凡是發到少將層級的公文，我們也有一份。上級常寄來一些與補給業務無關的訊息，既奇怪又複雜，老闆對這一類公文置之不理，我卻讀來津津有味。我還記得，某單位來一公文，轉述甚麼團體的意見：依憲法現定，「中華民國國旗為紅地，左上角青天白日。」該團體認為「左上角」不妥，應該改為「另一意識型態」，轉知我們參考。還有某單位來文說，國軍的帽徽本是國民黨黨徽，現在實行憲政，黨國有別，新帽徽在黨徽四周圍一個紅邊，以國徽代替黨徽。這太可笑了，抗戰發生後，我在淪陷區生活了四年，看見汪精衛政權統率的軍隊，他們用青天白日帽徽，表示遵奉正統，卻又在周圍加上紅邊，表示和重慶有分別，國軍如果要換帽徽，自己應該有創造力，怎麼照抄「漢奸」的構想？

許多年後，二十世紀已經結束了，我在紐約《世界日報》讀到一則掌故，作者說，中華民國行憲以後，軍隊國家化，國軍的帽徽不再用國民黨的黨徽，而是在黨徽四周圍個紅圈，算是國徽。這是一個不幸的預兆，以後國共激戰，國軍的據點一一陷入共軍的重重包圍，成為死城，最後全部失守。可是我只記得有過這樣一紙公文，沒領到這樣的帽徽，聯勤製發的軍服並未更換帽徽，海軍一向以國民黨黨旗為軍旗，也始終一仍其舊。當年到底是怎麼一回事，費人疑猜。

那時部隊調動頻繁，由秦皇島過境的部隊，也由我們這個單位補給。依照規定，部隊未到之前，聯勤總部先從南京發電報通知我們，部隊既到，軍需人員拿著收據來領糧領彈，經理室根據電令核實。起初我大吃一驚，這教軍隊調動如何保密？既而一想，也只能這樣辦，否則、我們這些人視線不出辦公室的四壁，可能把軍品發給叛軍，也可能發給敵軍。史學教授黎東方，名記者陸鏗，都曾在他們的著作裡責怪補給單位，軍隊轉戰千里，竟然不發給他們子彈和棉衣，他們對聯勤的補給作業太隔膜了。過境部隊倘若缺糧，還可以發一天兩天主食，再拍電報向南京請示，倘若要子彈棉衣，那是任他怎樣吵鬧辱罵也不能答應，必須等聯勤總部回電，一點也怪他不得。

運補東北越來越艱難，尤其是糧食。國軍以大米為主食，米由上海裝船啟運，上海到秦皇島六五七公里（一二一七海里），秦皇島出山海關經錦州到瀋陽，三八九公里，瀋陽到長春三〇五公里，全程一三九九公里，補給線太長。由山海關到長春這六九四公里，地形狹長，易入難出，正是《孫子兵法》所說的「掛形陣地」，國軍的形勢不利。

聯勤運補用火車，後來火車不通，改用汽車。共軍的確是打游擊的天才，他們徵集農家耕種用的「耙」擺在公路上，「耙」的形狀像梯子，釘滿了鋼打的長釘，它本來的功用是劃破土塊以便播種，幾百個「耙」翻過來，釘尖向上，公路就變成刀山，軍用卡車不能前進，幾十輛卡車編成的車隊，一時又怎麼後退？只有任憑他們把糧彈搬運一空。這個「釘板陣」，小說家莫言有生動的描寫，他把背景放在山東對日抗戰的時候，據我所知，抗戰時期、至少在山東，共軍從未使用這個奇特的戰術。恐怕這是中共的祕密發明，留到內戰時使用。

押運員送糧送彈，不分晝夜，不論雨雪，人人滿臉風霜。和談期間，沿途常遭共軍射擊，和談破裂，共軍改為襲擊，押運員受傷、被俘不是新聞。聯勤總部因應時局，派人到許多小據點設立堆積所，就地儲存糧彈，供國軍固守，用小據點拱衛大城。這些小據點一個一個失守，兵站派出去的庫員紛紛下落不明，妻子兒女流離失所。

後來東北的國軍全面崩潰，第六補給區司令劉雲翼告訴人家，東北國軍從未因彈藥缺乏而失一城一地。他的話大概可靠，今天讀中共出版的戰史，他們在攻佔名城之後，記述俘虜了多少官兵，繳獲了多少武器彈藥，數量都很可觀。據趙勤軒《瀋陽，一九四八》一書記載，國軍在瀋陽遺留的彈藥，可以裝六百節火車車皮。張駿主編的《山東重要戰役資料叢書》說，共軍解放濟南，繳獲砲彈二十二萬多發，子彈一千一百多萬發。我寫這篇文章的時候讀到新聞報導，一九四九年國軍撤出上海，遺留子彈將近一億發，國軍還把大量軍火埋藏地下，現在一處一處都被上海民眾掘出來。

我在秦皇島的日子，每天胸口鬱悶，左胸疼痛，常常呼吸困難，只要辛苦工作，症狀就會減輕或者暫時消失。我想勞累只能增加病痛，如果真有肺病或心臟病，情況應該相反，我決定不去看醫生。後來，長時間持續不斷的工作，會產生緊張飽滿，一步步造成高潮，這時候非常快樂，跟性經驗相同。（那時我還沒有性生活，我又「把後來發生的事情提前寫在這裡」了。）我一度懷疑，許多快樂（賽球、登山、看電影、賭博）都是性經驗的摹擬。

老闆發現我沒有娛樂嗜好，沒有交際應酬，沉默寡言，沒有口舌是非，認為我可以進一步吸收使用，這是嚴重的誤會。他想把我調到會計室，學習記帳、打算盤、處理單據報銷，把我訓練成一個親信，我斷然拒絕。老闆大出意料之外，他的會計主任也不願意增加新手，趁機向老闆進言：「流亡學生多半有精神病。」我雖然是個邊緣人，終於也發現這裡每一種業務都在營私舞弊，依法辦事乃是為了違法圖利。我的心裡有鬥爭，我不能在這樣的機構裡尋尺寸前程，早晚總得走出去。

一夕之間，我由寵兒變成棄嬰，老闆不再理我，宦海多風濤，幾個月後，他也翻了船。他是讀書人，走得很瀟灑。新老闆來自上海，儈氣僚氣流氣都有幾分，都不十足，他帶來幾個人，當天更換糧倉的管理員，顯示他是一個內行，不問江山問錢包。到了這個時候，一切都無所謂，一轉眼國軍喪失了全部東北，放棄了秦葫兩港。

貪汙哲學智仁勇

國共內戰期間，聯勤運補東北國軍，開支龐大，據說佔全國軍費的百分之四十。無數物資由上海運出，由秦皇島葫蘆島兩個港口運入，後來陸路交通斷絕，仰賴空運，仍然由葫蘆島運往錦州，由秦皇島運往天津，再由兩地空軍轉接。

軍糧運補的工作最繁重，《孫子兵法》：軍無糧則亡。但我從未想到軍糧運補的方式如此粗糙而原始，手續繁複而不精確，每一道手續都有侵吞的機會。

第一步，運糧的輪船進港，起重機卸下米包，每次十包，臨時放在碼頭上。全船一共運來多少包，接糧的單位對「包數」要負責任。依照規定，准許有「船耗」，如果船艙漏水，一部分糧米潮濕霉壞，可以由船長出具證明，申請報廢。於是每一艘運糧船的船艙都進水，每一位船長也都願意證明，沒聽說哪位船長拒絕合作。為甚麼每一艘輪船都會漏水？政府從未監督改善。

第二步，每一包米都要過磅，計算這一船米有多少公斤，接糧的單位對「斤數」要負責任。俗語說，兩隻碗同樣大小，把滿滿一碗水倒進另一個空碗裡，不會仍然滿碗，依照規定，裝船時允許有損耗，卸船時也允許有損耗，按路程遠近定出百分比，於是每一船糧米都可以短少一些，完全合法。

第三步，一包一包軍米過磅以後，由碼頭工人揹上火車。工人手裡拿著一枝鐵鉤，先把鐵鉤插進麻袋，用力向上一提，接著一轉身，另一個工人兩手捧起麻袋，向上一送，整袋米馱在背上，這時鐵鉤在麻袋上拉出縫隙，大米嘩拉嘩拉流到地上。地上早已打掃乾淨，從地上掃起來的米仍是好米，可是依照規定，這些米受了汙染，需要整理，整理時有進一步的損耗，兩斤折合一斤。每一船米都會有相當數量的「汙染米」。工人為甚麼一定要用那把鐵鉤？政府從未過問。

第四步，軍糧裝滿火車，再一節車廂一節車廂過「地磅」，地磅裝在鐵軌上，稱出整節車廂的重量，扣除「皮重」，求出「米重」。我一直納悶，既要分包過磅，又要整廂過磅，這種設計有何必要？兩種重量的差距又將如何對待？這個祕密，我始終沒有窺破。

有時候，船上運來的是麵粉，麵粉只問多少袋，不問多少斤，因而受另外一種待遇。除了船艙漏水產生廢麵以外，所有的麵粉立即運到本單位特設的倉庫，這個倉庫由老闆最信賴的軍官管理，最信賴的工人操作，我們一律不得走近。若是老闆調動，新老闆必定帶自己的人來上任，第一天第一件事就是接管倉庫。

據說這個倉庫除了存放「廢米」，有一間密室，四壁光潔，地上鋪著細紋的蓆子。工人把一袋一袋麵粉放在蓆子上，用籐條抽打，麵粉從布袋纖維間飛出來，落在蓆子上，再掃起來，裝進空袋裡，由老闆待機支配。據說每一袋麵粉抽打多少下都有規定，抽打的力度角度都有訓練，瘦身後的一袋麵仍然是一袋，交出去沒有困難。有一次，只有一次，我在二樓的辦公室憑窗下望，看見一個滿身雪白的工人經過，那天他一時怠忽，沒有卸裝就胡亂走動，算是讓我看到一個旁證。

每年一次或兩次，本單位依法處理「廢米」，照例由三家大糧行競標，上級派員全程監督。依照規定，派下來的官員階級一定要比我的老闆高，他和我的老闆必須沒有歷史關係，也沒有親戚關係。這些規定都沒有發生作用，他們雖然沒有歷史關係和親戚關係，他們卻像電影裡的黑幫人物，儘管素昧平生，只消一個手勢，一句暗號，立刻產生完全的默契。他們都熟悉音樂和舞步，可以一見鍾情，佳偶天成。高級首長派誰出來幹這趟差事，就是看某一個老部下生活太清苦了，給他機會找些外快，當時叫做「調濟調濟」，也許由他順便帶些油水回來分享。監督者和被監督者「二人同心，其利斷金」，關係超過同鄉同學同宗。

監督者先視察倉庫，他看見了「九千斤廢米」，他作市場調查，證明「底標」的價格合理，他親自主持開標，親眼看見得標的糧商把「九千斤廢米」運走，他負責證明這一切，千真萬確。但是事實上三家糧行共同接下這筆大生意，他們以低價買去六萬多斤好米，我們不眠不休，動員配合，完成表面作業。當年這叫「集體貪汙」，今天稱為「共犯結構」，可以想像，偌大一筆糧款，絕非老闆可以獨佔，許多人都會有一份。

當時政府籌糧，多管齊下，公文中有採購、派購、攤購、配購、搶購、搜購等等字眼，可見籌糧之辛苦積極，也可見民力負荷之重，運補單位並未受到感動。政府對運補的損耗設想種種可能，也算十分體貼，運補人員反而受到鼓勵，混水摸魚。防弊的規定如此周密，作弊者破解跨越易如反掌，一切如德國小說家褚威格所說，由軍糧處出發，有一條金線似的捷徑，直伸到銀行家和放高利貸的人。民間也有順口溜：「從糧（良）不如當倉（娼），當倉不如直接稅（睡）！」每年約有十艘萬噸級輪船前來卸糧，當局沒有絲毫檢討改進，我雖已放棄一切理想，仍不能甘心接受這樣的現實。

有一位唐中尉，老闆的小同鄉，他在十多位押運員中年齡最長。他在北洋政府時代當過憲兵，那時叫做陸軍警察隊，我倆有些共同語言。他偶爾找我聊天，他常說：「吃紂王的飯不說紂王無道。」他說得對，可是我聽不進。老闆常說，合情合理不能合法，唐老說：合情、仁也，合理、智也，不必合法、勇也，要具備智仁勇三德，才夠條件當老闆。他說得對，可是我也聽不進。他說：「我們每天犯法才活得下去，聯勤不犯法、不能運作，國民政府不犯法、不能存在。」我有時像歐幾里德，動輒認為「那是不合理的」，然而唐老說，那是「合宜」的，人間事合宜為要，合理次之。他說得對，奈何我總是聽不進！今天回想，那時人人疏遠我，只有唐老接近我，他是有心人。

有一天，他辦公桌上放了一堆舊子彈，他一個個用力擦拭。我問為甚麼這樣做，他說，他押運重機槍子彈，帳目上短少一千發，上級催討，他還不出來，現在弄到幾百顆廢品，擦亮了、搪塞一下。這未免太荒唐了，子彈怎麼可以短少一千發，一旦短少，上級機關應該追查原因，怎麼可以要他賠，糧食可以賠，服裝可以賠，子彈教他怎麼賠！他的對策也奇怪，怎麼可以用廢品充數，接收的人難道是瞎子。我對唐老已經有感情，這些念頭都不在話下，衝口而出的是替他擔憂，我說，如果這些子彈發到某個連隊手中，如果他們作戰時不能射擊，陣地因此失守，如果事後檢討戰敗的原因，追究這批子彈的來源，唐老如何擔當得起？他說「確實擔當不起，我現在瞎子碰上小數點，一籌莫展」。唐老提出一個辦法，要我到軍械庫去找一位孫押運員，請他借給唐老一千顆子彈。是了，我有個「上校爺爺」主管軍械補給，唐老看上我這個背景。後來回想，他故意擦廢彈給我看，他是有心人。

一千發子彈，而且是重機槍子彈，說是借，根本沒有還，我認為孫押運員沒有這麼大的彈性，關說一定無成。誰知這個短小精悍的中尉一口答應，不過他說要我們那個主管軍械的何上尉出借據。我想，何上尉為甚麼要欠這筆帳？他必然拒絕，豈知何上尉欣欣然對唐老說：咱們兩人給他寫個條子。結果是唐老以借方簽字，何上尉以證明人簽字，我做雙方的信使，子彈如數到手。

孫押運員怎麼會有那麼多子彈！他哪裡來的子彈！我正在百思不得其解，唐老忽然變了臉，不理我了。這又是怎麼一回事，難道在他眼裡我只有這麼一丁點兒利用價值，難道我像一顆子彈，只能使用一次。這顆心正沒安頓處，消息傳來，孫押運員向我的「上校爺爺」討好，說是衝著我的面子借出去一千顆子彈，這些子彈是帳外餘物，絕對與庫存無關。我以為我只是一個傳話的人，作夢也沒想到有這麼大影響力，「上校爺爺」認為我多管閒事。「上校爺爺」那裡我留下壞印象，唐老那裡我沒留下交情，孫押運員那裡反而欠了債。他們有心我無心，無心卻被有心惱。

這一段煩惱我久久不能忘記。並不是動機好就能把事情辦好，一顆好心可以受到各式各樣的利用。唐老從此緊閉雙唇，但是他說過的話收不回去，他說：「合情仁也，合理智也，不必合法勇也。」至今令我拍案叫好。受他啟發，我長期思考貪汙問題，貪汙的確需要勇氣，孔子作春秋，亂臣賊子懼，現在貪官汙吏勇者不懼，我就是這麼幹，看你一個字能賺多少稿費！偶有貪官撤職，我都想送一副對聯：「三德智仁勇，一官歸去來。」

那時貪汙是熱門話題，輿論界八音連彈，有人說，貪汙是潮流，眾官不貪，一官難貪，眾官皆貪，一官難清。有人說，貪汙是人性，貪汙不能根絕，因為人性無法改變。有人說，貪汙使人樂業，增進祥和氣氛。有人說，貪汙使人效忠，凝聚向心力。有人說，國富則多貪，「寄主」肥壯，寄生蟲營養良好，貪汙是好現象。我至今不能分辨誰說了正言，誰說了反話，誰在規勸，誰在諷刺。

遏息貪風，有人提出十二字真言，要做到官吏「不能貪，不敢貪，不願貪，不必貪」，也就是制度足以預防，法律足以嚇阻，道德操守足以自約，薪俸足以維持合理的生活水準。看來面面俱到，實際上藥方很好，藥劑永遠配不齊。凡是文章作得太好，實行一定困難，但是好文章一定引人幻想，九十年代，中國共產黨採用資本主義的生產方法奏效，果然國富多貪，輿論又翻出這十二字真言來，念念有詞。

蔣介石本人是清廉的軍政領袖，但是「一二人心之所向」不能轉移社會風氣。那時國民政府治下，貪汙的現象嚴重而普遍，政府則表現了驚人的寬容，由蔣主席到蔣總統，發表多少文告訓詞，似乎從未針對懲治貪汙宣示決心，貪汙大案發生了，他可曾「干涉司法」，指示徹查重判？他也曾派出督察團肅貪，結果武官只辦了一個少將，文官只辦了幾個行政督察專員（比縣長高一級）。他這一階段執政的特色是，未因操守問題殺一貪官，那時多少人罵他獨裁，看來他像是《紅樓夢》裡的晴雯，枉擔了虛名。他究竟是怎麼想的，沒人知道，現在他的日記全部公開了，歷史學者也沒有從中給我們找出答案。但是他退守台灣以後十分注意官員的操守，他整飭聯勤的事務用過霹靂手段，他的一個兒媳婦被迫自殺，情節頗似帝王時代的賜死，據說就是因為她介入了軍方的採購弊案。蔣氏的決心在中國近代史上再無二人，這時候我們應該知道他是怎麼想的了。

毫無問題，秦葫港口司令何世禮將軍操守高潔，他的父親是香港富豪，財產多，他本人的生活儉樸刻苦，花錢少，不必貪。他因血統關係生有異相，小孩子看見他，叫喊「洋人來了」，雖然對方是孩子，他總是用中國話鄭重糾正：「我是中國人，不是洋人。」他的愛國心也不願貪。這人辦事認真，惟有對貪汙問題漠然視之，他是坐汽車的大官，心中彷彿有個汽車哲學，做官如坐車，車是你的，開車坐車是我的事，修車換新車不是我的事。他雖然在英國美國受軍事教育，卻跟所謂正統嫡系沒有矛盾，他在孫立人之外顯示另一種可能。

那時代貪官的風險很小，可以說，「有所不為」的風險比「無所不為」的風險還要大。「合情合理不能合法」，同事長官形成共識，大家有不成文的盟約，若是一個貪官倒下去、揭開來，所有的加盟者都成一網之魚，他們必須互相保證人人可以全身而退。也正因為如此，貪汙的數目必須竭力擴大，他必須計算各方打點之後還能剩下多少，他必須籌畫怎樣使加盟者皆大歡喜，結果貪得越多越安全。這是第一道防線。

還有第二道防線。萬一官司上身，推給部下承擔，只要部下說一句「這是我幹的，上司不知道」，上級順水推舟，貪官金蟬脫殼。東方文化有「替死」的傳統，首長平時注意物色人選，以備不時之需。如果有一個年輕人，樸實率真，講忠講義，沒有才能見異思遷，有一點把柄可以掌握脅持，首長就拔擢這個人，把他放在他自己不能達到的位置，由他感恩圖報，火中取栗。如果首長該坐牢，他也該坐牢，他一人坐牢可以大事化小，首長還可以照顧他的家小，供應他在獄中的需要，安排他出獄後的工作。我有時對著鏡子看自己，覺得我好像正是這樣一塊材料，所以對進退出處特別謹慎。

最大的恐懼是部下挺身檢舉，平時首長必須在維持尊嚴和安撫不馴之間取得平衡，這就增加了統馭的難度。倘若「常在水邊走，怎能不濕鞋」，法網恢恢，那就啟用第三道防線。沒甚麼了不起！抗戰時期，國府本來有《懲治貪汙條例》，明文規定要沒收貪官的財產，勝利後檢討戰時法規，認為這一條很像是專制時代的抄家，不合時代潮流，予以徹底修正，貪官失去權位，仍可以保有財富。我曾聽見一位官太太在打牌的時候說：「我們這輩子和下一輩子吃不完也喝不完，甚麼都不怕！」她的丈夫因貪汙判罪，正在獄中服刑。

我永遠不能忘記通貨膨脹的噩夢，著名的「金圓券」，就在我掙扎覓食的那段年月出現，在通貨膨脹的壓力下，一般軍公人員都不能靠本薪過活，物價像鞭子，驅使人人向法紀的反面擁擠，貪官反而成了救星。甚麼是通貨膨脹？外電報導有生動的註解，戰前法幣一元可以買到一隻牛犢，戰後一元法幣只能買到一根油條。有位老太太，戰前把積蓄存進銀行，戰後再去提出來，回到家裡她瘋了。換個角度說，如果某人居住京滬地區，擁有「中儲券」一百萬元，一九四五年抗戰勝利，兌成法幣五千元，一九四八年廢法幣，只能兌到金圓券六角。他的錢哪裡去了？老太太的牛又哪裡去了？政府用增加通貨發行的方式取去了！通貨膨脹是一個騙局，而且全面行騙，天天行騙，悍然違反了林肯的告誡：「你不能永久欺騙所有的人」。

「金圓券」並沒有結束通貨膨脹，通貨膨脹是連續劇，金圓券把它推向更高的高潮。金圓券於一九四八年八月出籠，規定銀元一元換金圓券五角，據國府財政官員朱偰和黃元彬寫的文章，八個月後，一九四九年四月，銀元一元兌換金圓券三百六十萬元！此時我在上海，看見面額一百萬元的大鈔，也看見臭水溝裡都是百元千元一張的金圓券，上面印著蔣介石的側面肖像，面對五百元一千元的數字。鈔票變垃圾，景象恐怖，現實成虛幻，生存被徹底否定。丟棄鈔票的人有意汙損咒詛某一個人，這個人能有多大福分、禁得起這樣折損？有一個人用金圓券當壁紙，糊滿四壁，他邀我去參觀，他說要在這間屋子裡照一張相片傳家，教後世兒孫知道他住過這麼豪華的房子。到這般田地，軍公人員除了抱緊不法手段和不法所得，教他怎麼活？

到一九四九年七月，國民政府再改幣制，廢除金圓券，發行銀圓券，竟規定金圓券五億元換銀圓券一元！財經大員的勇氣了得，可是智在哪裡？仁在哪裡？

我每個月按時把錢寄給父親。這時國軍在山東連打敗仗，鄉人族人紛紛南下，父親有我那一丁點兒接濟，得以離開徐州，暫住浦口。百善孝為先，可是這一善究竟能抵銷多少罪孽？當年山東土匪多，好漢們平時在遠方打家劫舍，過年回家先給老娘磕響頭，到了末日，基督怎樣審判他？

秦皇島上的文學因緣

「當你寫不出文章來的時候，你就該閱讀或旅行。」那幾年我南船北馬，心中渴求安定，旅行二字，味同嚼蠟。那時我讀文藝小說義憤填膺（主流文藝作家愛寫現實人世的愁苦不平，鼓勵抗爭），讀愛情小說愁腸百結，幾乎沒力氣揭開書本，沒奈何，我找上武俠。

那年代，文學界極力貶低武俠小說，認為寫武俠的不是小說家，讀武俠的不是文學人口，我在學校讀書的時候，武俠是訓導處的「禁書」。在秦皇島，我以「反抗期」的心情走進小說出租的商店，挑選了王度廬的《寶劍金釵》，這是我第一次仔細閱讀武俠小說，沒想到，他寫得很好嘛！休要再說武俠小說有敘事而無抒情，《寶劍金釵》的愛情筆到情到，筆不到的地方情也到，而且常在情何以堪時調門突然拔高，我至今沒有忘記他說，人際關係像瓷器，一旦出現裂縫，無論怎樣修補也不能完整如初。他寫的是武俠，總有一股柔情貫注其間，感動我、又不使我像雪人一樣融掉，我對武俠的看法立即改變。

王度廬真正把我引進武俠的大門，接著我讀了他的《鶴驚崑崙》、《臥虎藏龍》，這樣的小說為何有人口誅筆伐？我左看右看找不出理由。我寫這篇文章的時候，導演李安在好萊塢把《臥虎藏龍》拍成電影，奪得奧斯卡金像獎，王度廬再度受人注意。聽說還珠樓主是承先啟後的大師，我喜歡他的《青城十九俠》，他創作豐富，雖然多半結構有缺點，他筆下的臉譜、身段、場景、奇功異能，給後來的武俠小說建立了許多原型。我也看了向愷然的《江湖奇俠傳》，鄭證因的《鷹爪王》，白羽的《十二金錢鏢》，他們文筆簡鍊遒勁，句句到位，我覺得順心可口。

文章寫到這裡停筆尋思，世上確有一些惡行，道德不能防止，法律不能制裁，人們盼望武俠手段能夠救濟。「俠」是「人間天理」，信俠和信神有相通之處，「武俠和神話」，可有人拿這個題目做論文？初期的俠士好像沒有私生活，他們是理想化的人物，可稱「神格武俠」，後來武俠也有自己的社會，那個社會裡也有種種不公平，俠士彼此之間也有鬥爭，俠士也可能受欺凌陷害，有些武俠中人也做壞事，他們是「人格武俠」。神格武俠只須關心弱者的痛苦，而人格武俠，讀者也得關心他們的痛苦。人格武俠比較好看，是武俠小說的進步，似乎同時也是對武俠人物的解構。

我想，武俠小說算是一種「情節小說」，情節掛帥，情節密集，以情節之優劣定作品之優劣。嚴格而論，海明威的《老人與海》只有一個情節：老漁夫出海，好不容易捕到一條大魚，回航途中，大魚的肉被鯊魚吃光了，只剩下一副骨頭架子。若是武俠，中文三萬字總得寫出十幾個情節來，情節密集，把自然風景、人物心理、哲理思考、美感經驗擠出去，全力訴諸好奇心的滿足，所以武俠小說能使人廢寢忘餐，堪稱「殺時間」的利器。後來我到台北，聽說台灣大學一位名教授不幸喪女，教授和夫人整天看武俠小說度過最悲痛的日子，他們把當時能找到的武俠小說統統讀完了。

那時代的武俠小說也許禁不起嚴格的文學檢驗，但是左翼陣營徹底否定武俠，我仍然覺得很難理解。武俠浪跡江湖，「江湖」向來與「廟堂」相背，武俠除暴安良，濟弱扶傾，又和「社會主義良心」可以掛鉤，毛澤東能從《紅樓夢》中看出階級鬥爭，為何忽視了武俠小說中的「階級意識」？左翼文壇欣賞《血染鴛鴦樓》，推薦《打魚殺家》，怎能比武俠刀山血海、快意恩仇？中共宣傳革命，利用一切「民族形式」，惟獨放過武俠小說，真想知道他們當年是怎麼考量的。武俠小說是沒有受紅色花粉沾染的文學門類。

由武俠切入，我找到偵探，它也是一種「情節小說」。福爾摩斯是這一門類的魁首，必然要瞻仰，我一本一本看完他的「大全集」。我看了英國女作家克里斯蒂的《東方快車謀殺案》，後來知道她是西方偵探小說黃金時代的開創者之一。我看過《俠盜亞森羅賓》，法國作家的作品，他的全名裡也有一個「莫里哀」。

我認為還是福爾摩斯最迷人。原來一隻腳印，一個菸斗，一張看來隨手亂畫的便條，都可以是險谷入口，高峽棧道。原來人生的重巒疊嶂經不起這樣單刀直入。原來我們的行為都會留下證據，而證據就在受人忽視的日常瑣事之中。讀福爾摩斯探案和讀《聖經》〈啟示錄〉差不多，都能產生因果恐懼，只是福爾摩斯比老約翰曲折有趣。

施公案、彭公案、海公案是本國古典，當然要拜讀。這些奇案雖然知名度很高，一拿來跟福爾摩斯比就索然乏味了！包公、彭公那樣武斷草率，任意推理，信任神話和巧合，過程簡單粗糙，也是一種可怕。有人說，現代人看來，福爾摩斯辦案的方式，有很多地方侵犯人權、違反程序正義，我看包公、彭公只有更甚，此二公的確破了許多冤案，但是用他的方法一定破不了那些冤案，也許還會製造冤案！寫小說的人為才情功力所限，只能預設破案的結局，支持包公、彭公的行為，為了目的正義、犧牲程序正義。我後來知道，它正好反映了、助長了中國人論斷是非的態度：經驗主義優於證據主義。軍中流行一句話，凡是幹過三年軍需的人一律可以槍斃，保證沒有一個是冤枉的，說這句話的人大概是包公、彭公的粉絲，福爾摩斯若是聽到這句話，一定嗤之以鼻。

我也讀到程小青的《霍桑探案》，他模仿福爾摩斯，還有孫了紅的《魯平奇案》，他模仿亞森羅賓。（魯平、羅賓，連名字都近似。）我後來知道，就文學創作而言，模仿低於原創，但是這兩位民國作家畢竟使用了較為嚴謹的推理，反映了比較複雜的社會結構，勝過包公案、彭公案、海公案多多，但「三公」是朝廷命官，民間嚮往公正廉能、不畏權勢的好官，所以愛聽三公斷案。後來「包公案」改編成電視連續劇，故事重新設計，原有的缺點完全改正過來，收視率自始至終居高不下，這個優勢，偵探小說很難跟它相比。

我覺得武俠小說和偵探小說有共同點，兩者都是「俠」，一個武俠一個文俠。（我到台灣後一度鼓吹文俠。）也可以說，武俠是體制外的偵探，偵探是體制內的武俠，兩者都情節密集，都必須設計情節與情節間的鉤連糾結，需要緊密的結構。我後來知道了結構和邏輯的關係，邏輯觀念發達的社會才產生福爾摩斯。

胡適博士說《紅樓夢》不好看，因為沒有plot，《基度山恩仇記》才好看，他是一個理性的讀者。偵探小說也注重plot，發展為推理小說，好看，我也逐漸走向理性。我受不了新文藝小說的那種感傷，他們描述的人間是我的傷心地，是非場，離它越遠越好，我把手邊一流的、經典的武俠、偵探和推理讀完，寧願去讀二流的、速朽的。那時有人說，武俠訴諸人們的報復心，偵探訴諸人們的好奇心，報復和好奇都不是人類高尚的情操，所以……，那麼，感傷又能有多高尚？又過了好多年，我知道武俠也罷，偵探也罷，都是作品的題材，作家的藝術是把題材處理成某種高級象徵，道在天地、道也在螻蟻，小說不以它的敘寫分大小，而以它的隱藏分大小。那時候武俠偵探沒人做到，我懷疑他們也沒人知道，直到金庸出現……。

基於模仿衝動，我也編過幾個情節掛帥的故事。

我們奉命闖入建在深山裡的一座迷宮，任務是把躲藏在裡頭的人全部殺死，不許留一個活口。那夜是中秋節，月光照得見每個人的眉毛，但迷宮是黑暗的。我們冒險點亮所有的火把，沒想到裡面的人業已逃走，沒留下半絲半縷線索，連桌椅床鋪茶杯草紙都消失得乾乾淨淨，我們希望地上有腳印，門把上有指紋，也都落了空。看樣子他們知道首領要下毒手。

首領非常憤怒，他下達嚴厲的指令，必須追殺所有的逃犯。這幾乎是一樁不能完成的任務，我們根本不知道住在裡面的人是誰，首領沒有任何具體指示。我們重回迷宮搜查，只見一片虛空死寂，惟一的動態是迷宮裡面有一道流泉溢出宮外，形成一條小溪，躲在裡面的人無須出來取水，行蹤就更為隱密，我們的調查工作就更為困難。

我們住在迷宮裡研究案情，早晨到溪旁捧起水來洗臉，水明如鏡，照見每個人的影子，我們聽一位巫師說過，每一個拿流水當鏡子的人，他的面相永遠留在水裡，如同照相機的底片感光，高明的巫術能使隱沒的人影顯現。

千方百計找到那巫師，帶他到溪旁察看，他說水中人影都戴著面具，只有一人例外。我們教他把那人的相貌畫出來，真令人驚駭莫名，那人就是我們的首領。我們立刻殺死了巫師，有人發抖，他知道首領必定殺死我們。我們決定分頭逃亡，終身戴著面具，即使和情婦上床也不取下來。我們永遠不用溪流洗臉，我們都立志使自己永遠消失，使自己消失比使別人消失更難，你得殺死一個自己，再長成一個自己。

我們約定，三十年後的中秋節，再到別墅後面的小溪旁聚晤，取下面具洗臉，那時首領應該已經死了。小溪依然清澈，可是沒想到首領突然出現，不消說他一直偵察搜尋我們的行蹤，雖然他已老態龍鍾，我們還是魂飛魄散。可是……大家重逢以後，情節怎麼發展呢？我沒有能力把故事完成。

我還設計過一個故事，作家在攤開的稿紙前面坐了很久，他想寫一個故事，心中空空，不能落筆。忽然發生了奇怪的事情，紙上自動顯出字來，速度很快，立刻連成一行，馬上佔滿一頁兩頁。那並不是他要寫的文章，但是那是一篇很好的文章，預料有許多些人愛讀，一個作家很難抵抗這樣的誘惑，他簽上自己的名字。……然後呢？這些自動出現的文章給他惹禍，他得承擔後果，應該發生驚人的事件，對吧？我也不能把它完成。

算是開卷有益吧，偵探小說給我許多邏輯訓練。那時社會普遍缺乏邏輯思考，用意識型態論事。他們口中筆下的事實不是事實本身，而是對事實的詮釋。事實的發展永遠是合乎邏輯的，事實的「詮釋」卻往往違反邏輯，這裡那裡都是意識型態正確、邏輯錯誤的頑童或玩童。

舉例來說，那時流行的口號是「中國人不打中國人」，可是共軍一面說，一面攻打國軍，國軍也還擊反攻或主動攻擊。這一方說，國軍是美帝走狗，不是中國人，另一方說，共軍是蘇聯的爪牙，不是中國人。事實上都是中國人，一經詮釋都成了外國人。當初共軍提出「中國人不打中國人」，真正的意思是：你不應該打我，這話只說對一半，還有一半，「我也不該打你」，那時我的同儕都不能發現。

三民主義有句話：「民生主義就是共產主義。」於是中共宣傳，三民主義就就是共產主義。我的同儕竟不能發覺，民生主義只是三民主義的一部分，部分是共產主義，並不等於全部是共產主義，原典的意思是，三民主義可以包含共產主義，並非共產主義可以包含三民主義。何況下面緊接著說，「共產主義是民生主義的理想，民生主義是共產主義的實行」，國民黨要實行的仍是民生主義。我的同儕幾乎都不能這樣條分縷析。國民黨敗退台灣，痛定思痛了二十年後，黨國元老梁寒操還在黨員代表大會上發出驚人之論，他說國民黨反中共、反俄共，並不反對共產主義，因為總理說過民生主義就是共產主義。他老人家還是三民主義理論家呢！全場愕然，後台「把場」的蔣經國氣得面無人色。

那時有人批評知難行易，認為人的行為並不根據他的知識，而是根據他取得利益的方法。他也舉出許多例證，其中一個是針對當時的通貨膨脹而發，人人知道「囤積」使市面上物資短缺，使通貨的流通量增加，使貨幣貶價的速度更快，但是人人都急忙把手中的錢拋出去，買更多的柴米油鹽回來。報紙以半版的地位刊出這人寫的論文，可見他並非等閒之輩。但是我不服氣，古往今來，分明有多少人為了抽象目標自動拋棄了現實利益！照他的說法，這些人為名，而名也是利，這就混淆了「名」和「利」兩個名詞的界限，他說道德滿足也是利，他又混淆了理想和現實的界限。他對「利益」一詞沒有嚴格的定義，他的大前提也就模糊不清。

我悶在心裡有口難開。我想盡辦法找《中央日報》看，希望有人反駁澄清，似乎沒有。我不自量力，自己寫文章寄去，當然也沒登出來。我到台灣以後認真讀了幾本講述邏輯的書，我本來沉默寡言，我的邏輯癖把我變成一個喜歡辯論的人。

另一方面，武俠使人果斷，偵探使人冷酷，對我的寫作大概有負面影響。至少寫小說不能快刀斬亂麻，馬上把結論提出來。小說，尤其長篇小說，常常要糾纏不清，渾沌不明，敘述的過程即是風景，過程比目的更重要，「感覺」比理解更重要，這些並不能從那時我讀的武俠或偵探中學到。那個租書店的東牆擺武俠偵探，西牆擺著秦瘦鷗的《秋海棠》，張恨水的《春明外史》、《金粉世家》，劉雲若的《紅杏出牆記》。那時徐訏和張愛玲受委屈，他們的小說也被打入通俗作品，和以上諸人同列。我常想，如果我那時不看東牆看西牆，把那半牆張愛玲、徐訏、蘇青、周瘦鵑、徐枕亞、陳蝶衣一氣讀完，我又會怎麼樣？

由學運英雄于子三看學潮

秦皇島環境安定，工作簡單，適合寫作，但是我寫不出文章來。我常常面對稿紙躊躇，同事好奇，有人跑過來問我看甚麼。日有所思，夜有所夢，我屢次在夢中畫鈔票，一面畫、一面惴惴不安，惟恐人家發現是偽鈔。那時我並不知道這些夢都是生活經驗的「偽裝變形」，它寓有我在生活困境中的掙扎、對社會陷阱的猜防和恐懼，從生活經驗到文學創作，也應該有同樣「轉化」的過程，這才是「將真事隱去」、「滿紙荒唐言」。在理論上一切經驗都對作家有用，難言之隱，「無可如何之遇」，都能昇華為極好的作品，那時候、我完全沒有機緣聽到或者讀到這般指點。

山重水複疑無路，忽然想到、報紙文章常常跟著新聞走，我何不一試？生活經驗有限，新聞生滅無窮，遊牧民族逐水草而居，草原如海，何愁沒有食物？回想起來，我後來為日報工作，配合新聞，寫了三十年的小專欄，正是這一念種下的因。

那時各地不斷發生學潮，學生遊行，軍警彈壓，發生流血衝突，是新聞也不是新聞。有一天，我在浙江學潮的新聞中看見「于子三」的名字，心中大動，于子三是國立第二十二中學的同學，我在初中部，他在高中部，為人個性外向，口才敏捷，有領導能力，是一顆明星。那時國民黨約束學生的課外活動，他嫌二十二中封閉保守，遠走重慶，高中並未讀完，以「特殊方法」進入浙江大學農學院，那時浙江大學設在貴州。一九四五年抗戰勝利，浙大年底復員，遷回杭州。他領導學潮，被警察逮捕，死於保安司令部看守所中，今考其時，已是一九四七年十月二十九日。

我對學潮有感傷，感傷自己失學，于子三給我強烈的寫作動機，我借學潮酒杯，澆自己塊壘。我以母親的口吻寫了一篇對愛子的呼喚，我說求學的機會難得，何不及時努力？我引用當時教育部發表的統計資料，民國元年至三十二年，全國專科以上學校畢業生十二萬人，僅佔全國青年的三千分之一。那時華北各省有水災，有旱災，有戰禍，餓死病死了多少人，多少難民賣兒賣女，社會上有千千萬萬失學的青年，你們領公費，讀大學，為甚麼要罷課？罷課就是自己製造失學啊！你是在爬梯子，多少人暗中嫉妒你，等著看你們的笑話，只有母親揪著一顆心，怕你們掉下來。

我沒能把那篇文章寫好，如果十年以後寫，我會加上「孩子的體重增加一磅，母親的壽命減少一年」，我會加上「兒行千里，母擔萬里憂」。我的母親對我說過：「這是亂世，我不指望你偉大，只盼望你安全。」當年為勸阻學潮，浙大教務長張紹忠發表公開信：「縱諸同學不惜以身犧牲，如何對父母師長？」甚麼時候天下子女才知道體貼他們的母親？

于子三，浙江大學為他出了特刊，杭州文史資料為他出了專輯，據鍾伯熙《于子三運動回憶片斷》，曲言訓《青山不老，英名長存》，他是山東牟平人，一九二五年出生，大概和我同年，死時二十三歲，正讀大學四年級畢業班。他有兄弟姐妹十一人，父親做小學教員，家境十分艱苦。他的父母好不容易盼到兒子就要畢業，大概總希望兒子找一份工作，給這個家庭添幾擔柴、幾升米吧，他跟我背景何其相似，選擇又何其不同！但是于子三因緣時會成為英雄，英雄只要偉大，不要安全，他雖然不能給父母麵包，卻能給父母光榮。他葬在西子湖畔，與岳飛、秋瑾同列，墓園一派烈士氣象，入選浙江大學創校以來的「百年人物」，儼然不朽。然而捲入學潮的青年無數，幾人能感天動地？單說因于子三之死而引發的一連串學潮，全國二十九座學校、十五萬多學生遊行支援，持續四個多月，挨打被捕流血喪命的人輕於鴻毛，于子三只能有一個，這就是運動。

那時候我的文章內容單薄，如果現在寫，我會提到一九四五年的戰地服務團，于子三入團為前方官兵服務，他在團內常受特務「騷擾」，心中憤憤不平，沒人告訴他捐血之前先要驗血。他的手掌溫軟，凡是和他握過手的人都久久不能忘記，國民黨埋沒他的才華，左派滿足他的自尊心，他因此投入學潮。于子三是龍，左派是水，學潮是驚濤駭浪，龍的舞台。一九四七年五月，左派學生擁立他做浙大學生自治會長，那是他自信心最強的時候，也是對學校的權力最藐視的時候，沒人告訴他，中共學運行雲施雨，捧他出來呼風喚雨，人生如戲，演員入戲，張翼德真以為自己喝斷了當陽橋。

如果文章現在寫，我會說，「大時代」的青年是資本，是工具。我們振翅時、空中多少網羅，我們奔馳時、路標上多少錯字，我們睡眠時、棉絮裡多少蒺藜，我們受表揚時、玫瑰裡多少假花。渴了、自有人向你喉中灌酒，死時、早有人為你準備好墓誌銘。天曉得，因為熱血，多麼狹隘的視界，多麼簡單的思考，多麼僵硬的性情，多麼殘酷的判斷，多麼大的反坐，多麼苦的果報。

如果是現在，我會說，學潮這個怪物由中共授精，國民黨授乳，中共與學潮之間曲曲折折的線，明明暗暗的人，閃閃爍爍的話，國民政府的情治人員只會逼上梁山。我會說，這是下一代反抗上一代，這是未來反抗現在，你的兒女反抗你、而你的看家護院打死他，你有再好的理由也難心平。情治機關很難捕到真正組織策動學潮的共產黨員，以浙江大學而論，現在知道，真正指揮學潮的地下黨負責人姓呂，事發之後，「安全轉移」，他是牧人，于子三是引路的「頭羊」，他們背後還有「東家」。中共開國以後，各路英雄寫史料，誇功績，直言不諱。那時各界都說學潮是學生自發的愛國行動，都說愛國學生被構陷栽贓，中共對學潮發出那麼多文告指示，後來輯成那麼厚一本書，當年「各界」有誰讀過一行一字。中共對學潮用心之專，用力之勤，當年「各界」有誰知道。學生爭民主，要和平，自以為一塵不染，他們怎知道學潮是「解放戰爭的第二陣線」，于子三的九牛二虎之力，無非「策應蘇北解放軍的戰鬥」。

于子三在保安司令部拘留所「以玻璃片割喉管自盡」，浙大校長竺可楨帶校醫同往探看，校醫認為是「他殺」。這位醫生說，割喉自殺應該鮮血噴射而出，玻璃片上應該染滿血跡，于子三手中握持的玻璃片只有尖端染血，而血跡又和傷口的大小相符，不合醫學常識。於是各校學生的激烈抗議燎原而起，連遠在陝西的國立第二十二中學，都想派代表到杭州參加追悼。

我想寫文章，材料不夠，我用三個辦法無話找話。第一個辦法是「亂問」：浙江省保安司令部怎會殺死于子三？于子三死了，保安司令部能得到甚麼好處？保安司令部好不容易釣到這條大魚，一定要慢慢審問，慢慢引誘，直到掏空所有的情報，于子三突然死了，那是保安司令部極大的損失。

于子三是自殺而死嗎，他為甚麼要自殺呢？他崇拜英雄，英雄貴在成功，不在成仁。「以玻璃片割喉管自盡」，技術上並不容易，他關進去才五天，情勢並未山窮水盡。

我的第二個辦法是「亂想」，由校醫想到法醫，校醫僅是到場察看，法醫驗屍才是權威。報上沒有驗屍報告的內容，沒有法醫的談話，民間如沸水，官方如止水，「立正」的功夫很好。由驗屍想到指紋，于子三握在手中的玻璃片應該經過化驗，上面也許有別人的指紋？那時法醫拒絕回答記者提出的問題，我由法醫沉默聯想到省主席沉默，負實際責任的保安副司令也沉默，一任群情洶湧。我認為高層治安單位應該立即展開專案調查，讓社會有個期待，有期待才有安靜。

于子三怎麼死的，我的第三個辦法是「亂猜」。那時流行電刑逼供，很可能、他們朝于子三身上「通電」的時候，由於某種原因，于子三停止呼吸，他們要向社會交代，「畏罪自殺」是惟一可用的理由。浙大校長竺可楨的日記業已出版，書中逐天記載于子三案件的發展，客觀詳盡。看守所告訴竺校長，于子三已死了三天，可是校醫察看屍體之後，認為于子三已經死了六天。這三天「差額」，大概是急救、請示、開會商討和布置現場的時間，于子三的死完全是個「意外」。

文章如果今天寫，我會加上一段：學潮既然是戰鬥，是另一個戰場，也就有了殘酷的成分。革命家相信，無辜者的鮮血可以嚴重傷害獨裁政權，一面鼓勵流血、一面譴責流血，也就成了鬥爭必要的手段，領導學潮要「不畏懼少數學生積極分子暴露」，這才不斷有血可流，中國有句話：「別人的孩子死不完。」竺可楨日記中有一段對話，竺氏身為浙大校長，憂慮再有流血事件發生，對方卻認為流血事件越多越好！一九八九年，北京發生「六四事件」，百萬群眾聚集天安門附近請願，中共以機槍掃射，並出動坦克鎮壓。事後逃亡海外的學運領袖告訴人家：「我們就是要流血。」可不是，軍警愚昧，你殺了他的肉體，他的靈魂就成神了，群眾看見鮮血，忽然就變成火牛了，這等事每做一次，國人就恨你三分，你的統治機器裡就摻了沙子，慢慢磨損了。

于子三死於學潮，觸動我失學的傷感，這才文思泉湧，今天回想，還覺得滿腔有話。且說當年一波未平，一波又起，繼于子三事件之後，北平又發生「七五事件」，我的老同學李蘊玉置身其中。李蘊玉是個男生，我們一同隨二十二中遷到陝西，一同從軍開到瀋陽。東北保安司令長官杜聿明為「恭祝蔣校長六十壽辰」，策畫成立中正大學，蘊玉得貴人之助，由初中畢業生一躍而為大學新鮮人。他曾寫信告訴我：「社會正在改變，能吃苦愛工作的年輕人會受到重視。」我一看這般語氣，知道他「進步」了。

內戰打到一九四七年底，東北敗局無可挽回，南京教育部決定把瀋陽的大學生遷到華北。左派學生發起運動，反對遷移，國民政府的忠貞學生不眠不休，艱苦戰鬥，總算把對方的氣燄壓下去。這些學校遷到北平，政府並沒有給他們適當的照顧，許多學生沒有上課的地方，教育部虎頭蛇尾，難以自圓其說。蘊玉寫信訴苦，他說天氣寒冷，他需要棉被，我急忙買了一床棉被寄給他。這麼多「流亡學生」，難免三五成群，遊蕩街頭，北平參議會有位參議員看不順眼，提案要求「處置東北學生」，認為這些學生都應該從軍。那時已是一九四八年，「從軍」可不是甚麼好字好詞，流言蜚語，「從軍」提案乃是出於南京中央授意，東北學生引為奇恥大辱，力主遷校的「忠貞學生」啞口無言，覺得自己被人出賣，「七五事件」因此而生。

一九四八年七月五日，東北流亡學生集體走上北平街頭，軍警布成人牆攔截，學生不退，軍警開槍，學生九人死亡，七十多人受傷。蘊玉來信歷述驚險，他說幸虧受過軍事訓練。那時我們比別人多些常識，恐慌的人群是死亡的漩渦，人潮席捲，容易因碰撞而受傷，如果撞倒在地，多半遭踐踏喪命。商家住戶看見學生遊行請願，連忙關緊大門，門板和牆壁相比，畢竟凹下去幾寸，這幾寸空間也能避難，身體緊緊貼在門板上，比隨波逐流要安全。如果位置離門太遠，擠不過去，那就抱住電線桿。我在文章裡公布了蘊玉的救命祕笈。

明知蘊玉身不由己，我仍然寫信勸他「人多的地方不要去」。這句話出於母親的耳提面命，我用這句話做題目寫了一篇文章，母親說過，「人多膽子大，能做不能當」，她的話有道理。我還記得日本兵打到家鄉，大家逃難，當前敵情不明，如果越走同行的越少，大家就害怕，即使那條路很安全，如果同行的人越來越多，大家就放心，即使再走下去很危險。這叫「群膽」，好像大家互相擔保，一同負責。「人多的地方不要去」，我到了台灣還一再引述。

我沒能把那篇文章寫好，如果十年以後寫，我會加上「人一多你就犯糊塗」，我已讀過許多研究群眾心理的文章，但我寧願引用母親這句家常。我已知道個人一旦融入群眾，往往陷於催眠狀態，思考力、判斷力很弱，據說智商只有十四歲，盲從妄動，跟大夥兒一齊叫、一齊衝。日本人常說「紅燈大家一齊闖就安全」，其實「他所做的他自己不曉得」。這時候群眾會像磁石一樣，把旁觀的人吸過去、捲進來。當年軍警鎮暴，也往往把看熱鬧的人打一頓，或者把中途經過現場的青年銬起來。

「七五事件」也越鬧越大，起爆點在軍警的槍擊，當時軍警能夠控制現場秩序，為何還要殺人？軍警方面說，群眾有人先開槍，這話本來不通，你並沒有看見開槍的人，居然舉槍就射，你把所有的人看成一個人，又認定這個人就是開槍的人，天下豈有此理？可是那時許多人接受這個理由。餘波蕩漾，有人說，共產黨員混在學生的隊伍裡開槍，引誘軍警、製造血案，以便擴大事態、聳動中外。有人說，便衣軍警混在學生的隊伍裡開槍，製造鎮壓的藉口。也有人說，學生隊伍裡根本沒人開槍，軍警編造謊言，掩飾錯誤，推卸責任。真相難明，而死者不可復生！後來我知道，在伊朗，在日本，在南美洲，都有「群眾先向軍警開槍」，軍警胡亂鎮壓一番，這等事居然也有樣板。

我對學潮能理解，不能支持。讀大陸校友所編的《國立第二十二中學校史初稿》，不談敦品勵學，不談變化氣質，大幅渲染一場受到《新華日報》稱讚的學潮，我不能終卷。那時政界和教育界的要人發表許多文告，勸學生專心讀書，似乎毫無作用，〈蔣主席告全國青年書〉，要求青年不要對現實期望過高，老生常談對初生之犢，學生當作笑話。官員文告的說服力趕不上北洋政府時代的蔡元培，而學生的鬥爭技術超過五四，起初，學生是膽怯的，零亂的，當局略施小技可以對付過去，但是根本問題猶在。學生回去想一想，心裡不服，還要再來，這一次他們比上一次能幹一些，一次又一次，你那點子老練，那點子機變，那點子爾虞我詐，學生不久就摸清了，你也許有幾個高招，但每一招式只能用一次，下一次，學生就知道怎樣破解。你縱有可敬的品德，可愛的風範，可羨慕的學問，拿來掩護現實的缺憾，抵擋潮流的沖刷，也只能維持很短的時間，以有限對無限，終久要赤手空拳。

文章寫來容易，發表卻很困難。秦皇島當地沒有報紙，天津北平的報紙檔次太高。倒也奇怪，我針對學潮寫的幾篇短文，寄給瀋陽的《中央日報》、天津的《民國日報》，他們居然採用了！我收到稿費，沒看到報紙，秦皇島看報不方便，那時文章發表後，報館不興把當天的報紙寄給作者。回想那年代誰敢批評學潮！胡適名高、技巧也高，抬出左派最喜歡的易卜生，引用他的名言，勸告學生「要救社會，你自己得先成器」。一言既出，四處回聲，都說胡適脫離青年、不配做青年領袖了。我算老幾？怎會有我的發言權？思來想去，一定是和聲太多，「另類」太少，編輯檯上降格以求吧？

我經常「緊追新聞記者的馬車，呼吸它揚起的灰塵」為報紙「在豆腐乾上刻字」，豆腐乾賣不掉，丟進垃圾桶，不在話下，我跟同儕一同度過那個時代，記憶力比他們好得多，因為我讀過、想過、寫過。

滿口荒唐見人心

國共內戰打到一九四八年，國軍在兩個主力決戰的戰場上都告失敗，東北只剩下長春、瀋陽、錦州，山東只剩下濟南、青島、煙台、臨沂。眼見反攻無望，堅守也難持久，河北戰場唇齒相依，這時候也只剩下北平、天津、保安、塘沽。

形勢日非，倘若由作家構想情節，我們人人垂頭喪氣，惶惶不安。然而我們那個承辦後勤軍運補給的辦公室裡，卻經常出現亢奮的情緒，鬨堂的笑聲。秦皇島到瀋陽的火車已全線不通，押運員閒來無事，暢談他們所見所聞。他們講述國軍投降或敗退的情狀痛快淋漓，共軍徵集民工兩萬六千人，以兩晝夜功夫、將錦州到山海關之間的鐵軌全部翻轉，他們嘻笑述說，如欣賞一幕鬧劇。他們的情緒感染整個辦公室的人，大家愛聽，如同接受一個免費的娛樂節目。

回想起來，那些押運員很像替我們「采風」，靠他們居間傳播，我們得以略聞當時的街談巷議，市井流言。那時是民國三十七年，西元一九四八年，民間耳語，中華民國的國運到民國四十年走到盡頭，因為孫中山先生的遺囑說過：「余致力國民革命，凡四十年」！中國「讖語」之說深入人心，這句戲言很有震撼力。一九五〇年、即民國三十九年，中華人民共和國成立了，好像是應了那句讖語。以後中華民國在台灣的日子，有人描述為「借來的時間，借來的空間」。一九七一年，台灣朝野慶祝中華民國開國六十年，我覺得恍如一夢。我寫這篇文章的時候，已是中華民國九十三年、二〇〇四年了，這些年，海外多少華人盼中華民國消失，盼到頭髮掉光，她也沒消失；又有多少華人盼中華人民共和國崩潰，盼到糖尿病末期，她也沒崩潰。

且說秦皇島當年，眼看國軍就要完全退出東北，中央的戰略要確保華北，大家說，東北既然不保，緊接著華北也要丟掉，因為流行的口頭禪是「沒有關西（關係）」。那時候人對語言文字怎會那麼敏感，「共產黨一定成功」，你看凡是跟「共」字合成的詞都吉利，共和、共同、共享、共生、共存、共榮、共有、共渡、共得。蔣委員長當初教中國人「走路要靠左邊走」，註定了中國人都要歸共產黨管。訓政結束，憲政開始，當局沿用孫中山《建國方略》裡的說法，宣告國民政府「解散」，全國報紙以頭版頭題特大鉛字刊登，大家說：「完了，完了，解散了！」這些校官尉官的聲調表情簡直幸災樂禍，完全沒想到那將是他們的末日。

我一直很難了解那些人的感情，事前事後，他們都絕非中共的工作人員，國民黨政權是他們的衣食父母，他們何以完全沒有留戀顧惜？一九四八年八月，金圓券出籠，鈔面印上蔣介石總統的肖像（以前都是孫中山先生的遺像）。他們拿著新鈔指指點點：誰的像印在錢幣上誰垮台，袁世凱，孫中山，現在是蔣介石！他們又說，蔣穿著軍服，面相瘦硬倔強，沒有王者氣象。為了預防鈔票摺疊時磨損人物肖像，新鈔設計把蔣氏的像片從中間稍稍右移，這也成了惡兆，國民黨要「偏安」！我知道，他們這些話都從親朋鄰舍那裡聽來，但是他們非僅不能過濾選擇，而且好像炫耀自己的創造發明。

我還記得，我們那個單位有位上尉，他讀完了遼西戰敗的新聞，到處找《三國演義》，他要悠然低吟卷首那首〈西江月〉：「是非成敗轉頭空，青山依舊在，幾度夕陽紅。」好像他真以為自己是明代的楊慎或羅貫中，可以「古今多少事，盡付笑談中」。一九四九年我到台北，好不容易進《掃蕩報》工作，不久，報社的財務發生問題，永久停刊。那時新職難覓，對員工本是很大的壓力，可是人人如釋重負。後來我讀到義大利文豪卡爾維諾的話：「既想自衛又想逃跑，既希望消滅敵人又希望被敵人消滅。」好像被他說中了！

那時中共高喊「形勢比人強」，形勢在變，人的想法在變，談話也就換了內容。某同事信佛教，拜菩薩，我問拜哪位菩薩，他說拜「大勢至」菩薩，聽來悚然一驚。新到差的參謀主任算是本單位的二把手，他為了聯絡同仁感情，發起赴北戴河一遊。北戴河距離秦皇島十三公里，以避暑勝地聞名全國，我也跟著去了，那是我僅有的一次出遊。我沒有心情寫遊記，只記得看見一棟一棟精雅的別墅（現在知道有三百棟之多），全是當朝顯要的產業，全國硝煙瀰漫，山水失色，主人留下一個人看守空屋，飄然遠去，預料他永遠不再回來。我在廟裡抽了一根籤，籤語是「昨日雲，今朝雷，明晚霞；釋氏空，塞翁失，楚人得。」十分奇特。

抗戰時期，愛好京戲的人信口哼幾句「我主爺起義在芒碭」（蕭何追韓信），內戰末期，愛好京戲的人信口哼幾句「未開言不由人珠淚滾滾」（言菊朋讓徐州）。那時最流行的流行歌曲是「你你你，你這個壞東西，當年的一切給了你，你卻白白把我棄……從今以後，再也不要你這個壞東西！」它本是一部電影的插曲，劇中妻子唱給負心的丈夫，電影演完以後，歌曲脫離劇情，自己生長，社會供給營養。新聞報導說，宋子文坐船遊西湖，被某大學遊湖的學生發現，學生的十幾條船包圍了他的船，大家齊唱「你你你你，這個壞東西」，發洩對財經政策的不滿，宋氏十分狼狽。（所以國民黨退守台灣後，電影檢查的辦法裡增加規定，某一部電影可以上映，但是其中的歌曲不准廣播，不准製成唱片出售。）還有人杷幾首抗戰歌曲混編，唱成「委員長前進，我們跟他前進！委員長勝利，我們跟他勝利！委員長失敗，我們跟他失敗！我們再也無處流浪，也無處逃亡！」

說到逃亡，那時流行一個說法，中國人有五等去處：第一巴西，（想不到吧？）二次大戰期間，美國國庫的黃金運到巴西貯存，那裡最安全。第二澳洲，原子塵的降落量最低。第三瑞士，永久中立國沒有戰爭。第四昆明，第五廣州，兩地氣候溫暖，餓死凍不死，密鄰中南半島和香港，如有必要，可以繼續往外逃。美國和台灣榜上無名，（更想不到吧？）美國有種族歧視，那時排華的風氣還很表面化。台灣面積小，逃去的人已經太多了，道路傳聞「連廁所裡都住人」，有錢人都往外國逃，後來聽說有人寫了一篇很叫座的文章，題目是「資產階級無祖國」。

那時，茶餘酒後有些小故事也該傳下去。據說兩個小國的國王見面交談，一個問：「如果第三次大戰發生了，你站在哪一邊？」一個答：「我加入蘇聯集團，幫他們打美國。」那是為甚麼？美國有原子彈，勝算比較大啊？對方回答：「我也知道美國會打敗蘇聯，我戰敗之後，美國一定給我大量金錢和物資，也會派很多專家來幫我修橋、蓋樓、造鐵路，我就有好日子過了。」結論是、寧可做美國的敵人，不可做美國的朋友。國民黨正是美國的朋友！

國軍軍服改制似在一九四六年，我查了好幾種版本的大事記，都沒有記載，服制改革是大事，比一城一地得失重要，編大事記的人沒眼光。「失敗主義」氣氛瀰漫，這件舊事也加入話題，新式軍服廢除了「武裝帶」，武裝帶模仿日本陸軍，日本既已戰敗，成為可恥的或可同情的對象，中國應該走出它的陰影，可是民間說國軍「解除武裝」，難怪潰敗投降。日本軍官在武裝帶上掛指揮刀，中國軍官在武裝帶上掛短劍，劍柄刻字「成功成仁」，服制改革後短劍不再隨身佩帶，國軍從此既不能成功又不能成仁。舊式軍服衣領上有「風紀釦」，軍人出門必須把它扣好，否則就是違紀。這個風紀釦實在麻煩，它用銅絲製成，一公一母（以鉤形鉤住圈形），被服廠工作粗糙，或者沒有對準，或者沒有釘牢，軍服不是量身訂做，領口太鬆或太緊，反而製造許多風紀問題，新式軍服索性廢除，大快軍心，可是民間說從此國軍風紀蕩然。

有人說，以上種種都出自中共文宣，中共改造了或者汙染了國民黨治下的意識型態。如果中共真有偌大能耐，咱們也服了，他也許像破壞鐵路一樣，自己起個頭，拔掉幾顆釘，以後靠鐵軌枕木本身的壓力自動進行。那時候我也對新式軍服有「看法」，年輕人當然喜歡新衣服，我用今天的語言述說當年心情，新式軍服受美軍影響，設計比較「人性化」，但是它「顛覆」了國軍陸軍的形象。陸軍的光榮史是北伐和抗戰，戰史留下許多照片，英雄健兒頭戴窄邊帽（野戰小帽），身穿中山裝改造的上衣，打著綁腿，這個造型和戰史一同深入人心，上面附著多少人勝利的信心和英雄崇拜。忽然換成大盤帽，好像一陣風隨時可以吹掉，窄腰身大褲腳，帽子上繡著嘉禾，上校帽沿有金色梅花，將官帽上有金箍，三分像征衫，七分像戲裝，從服飾上看，陸軍和他的光榮史脫離了。再看眼前的戰爭，陸軍自從穿上這套明盔亮甲以後，怎麼總是打敗仗，有時全軍覆沒，有時全軍投降，人們對這套新衣服很難產生敬意好感。

我覺得這些都是寫文章的好材料，可是我的文章一篇一篇寄出去無人採用，我的作家夢受到嚴重打擊。那時我的心思全在如何寫成一篇文章，我的喜怒哀樂全由文章是否見報所左右，時而欣然，時而茫然，時而興致勃然，時而生趣索然，情緒極不穩定，長官同仁常用好奇的眼神看我。那時他們不知道我心裡想甚麼，我也不知道他們心裡想甚麼，他們不知道我做甚麼，我也不知道他們做甚麼，用今天的新詞說當年事，我和別人嚴重「疏離」，彼此沒有情感關係，沒有道義關係，沒有利害關係，以後的變局怎麼應付，我完全沒得到別人的關心指點，我也完全不能關心別人。一個人怎麼能那樣度過戰亂，回想起來，那也是我很危險的時候。

我讀到一句話：「好文章是好的意見說得好。」好意見是內容，說得好是形式，有些文章並非論說，這把尺可以稍稍鬆動一些：「好的材料寫得好。」以我的閱讀經驗，有些文章的技巧平常，只因材料難得，或者有些文章材料平常，只因技巧出色，也都能站得住，我有好材料為甚麼就不行！我把這些材料藏在心裡，帶到台灣，台灣文網嚴密，我是驚弓之鳥，不敢洩漏隻言片語。後來帶到美國，打算寫自傳，這些見聞未曾輕易使用，偶爾吐露些許。等到我寫出來，已是五十六年之後了。

那時國民政府的公信力跌到谷底，無論政府說甚麼，老百姓總是不相信。那時英國人諷刺倫敦的氣象預報，「如果他說今天是晴天，你出門時一定帶一把雨傘。」中國人就拿這句話來諷刺自己的政府。這時候發生川島芳子的生死問題，全國關心，擾攘不休，我也在一片嘈雜聲中有幸發表了一篇文章。

川島芳子的中國名字叫金璧輝，滿族肅親王之女，日本政客川島浪速收為義女，日本特務頭子土肥原把她訓練成一名重要的間諜。抗戰時期，她是許多傳奇故事的主角，抗戰勝利被捕，關押在北平第一監獄，一九四七年十月以漢奸罪判處死刑，四八年三月執行。川島芳子受審和處死，都是轟動全國的大新聞，中外記者前來採訪，旁聽席滿座三千人，庭外還有幾千人擁擠，法院一度延期審理。

川島芳子的死刑是在夜間執行，刑場設在監獄裡，不准中國記者進入監獄實地採訪，法院稱為「祕密執行」。眾家無冕皇帝守在監獄門口看了一眼屍體，子彈射入頭部，血跡模糊，長髮散亂，無法辨認臉孔。於是謠言四起，記者大作反面文章，川島沒死，死者是一名替身。報紙擴大發掘，種種內幕出籠，替死的代價是一百根金條。有女子出面自稱是她的姐姐替死，她家只拿到三十根金條。死刑執行多日之後，有人收到了川島芳子一封信。有一家報紙在四月一日登出愚人節消息，記者深夜與金璧輝見面，第二天這家報紙雖然登出更正啟事，但前一天造成的轟動效應繼續滾雪球。中央政府派員調查，所有的傳說都是憑空捏造，但民眾只相信傳說，不信政府的調查報告。

當時各報質問的重點在「祕密執行」，為甚麼祕密執行？有何不能告人之處？我對這個問題略有了解，死刑本是公開示眾以警傚尤，「看殺頭」何止是「中國人的劣根性」？法國斷頭台四周不也萬頭鑽動？後來法律觀念進步，發現公開執行可能出現兩種後果：如果犯人恐懼戰慄（有時不能舉步，必須由人抬進刑場），觀眾會覺得法律太殘忍，損害政府的形象，也助長社會大眾滋生殘忍心。如果犯人很勇敢，昂然上路大喊小叫，那又打擊法律尊嚴，助長悍然不顧一切的風氣。因此現代法院處死犯人不再讓大眾參觀，所謂「祕密執行」不過如此。如果「祕密執行」代表黑幕舞弊，怎能掛在法官嘴上？又怎會明文寫在法律條文裡？

這篇文章登在天津的《經世日報》上，川島芳子死了，我的信心活了。但是川島仍然沒死，幾十年來，多少人談論她的故事，仍然用買放替死結尾。到了八十年代，大導演李翰祥在香港寫回憶錄式的專欄，還咬住「祕密執行」不放。九十年代，李碧華以川島的素材寫小說，還暗示這位大間諜在日本終其餘年。我那篇文章沒人注意，有人即使看了也不肯吸收，成見是銅牆鐵壁。「祕密執行」從日文譯來，中文「祕密」一詞有負面含義，當年翻譯家或者不知語言「染色」之說，或者不信一粒沙裡面有一座山。以後多年我一直尋思，怎能另外想一個詞句代替「祕密執行」，我也實在想不出來。

山東　天敵之下的九條命

對日抗戰發生前，山東沒有中共一兵一卒，民間相傳，中共「七枝鋼筆進山東」。那時中共只能祕密工作，稱為地下黨，西安事變解決後，中共由地下轉到地上，公開活動，所以國民黨人一再說，西安事變救了中共，他們恨張學良、楊虎城。抗戰發生，中共黨員可以深入農村，招兵徵糧，募款買槍。山東籍的共產黨員回到山東，可以向山東軍政首長討一張證明文件，回鄉發展抗戰的游擊武力。人馬多了，地盤大了，就要設立黨部，委派鄉長村長，於是有了解放區。據《天翻地覆三年間》一書說，抗戰發生時，全國有七十個解放區，抗戰勝利時，全國有兩百個解放區。毛澤東公開說，日本侵略中國，中共才有機會發展壯大，日本無須向中華人民共和國道歉。

山東土匪多，國民政府允許民間擁槍自衛，抗戰發生時，山東民間自衛存槍越過三十萬枝。抗戰發生，地方以自衛武力為基礎，發展抗日游擊隊，一度超過一百萬枝槍。中共赤手空拳，從頭做起，竟能把這百萬人馬吃掉十分之九，纍纍戰果，對中共的成長極有幫助，世人注意中共接收日本關東軍的武器，忽略了中共併吞了山東的地方武力。有些史家說，抗戰期間，國共雙方機會均等，而中共後來居上，並不能完全用西安事變和日軍侵華來解釋。

中共發展壯大的經緯，到現在還沒人寫出一部《資治通鑑》。以我個人的感受，中共制勝，由於他的行為處處與國民黨相反，我是說「行為」，不包括動機和結果，「動機」口說無憑，「結果」木已成舟，「行為」才舉足輕重。國共「相反」，非常普遍徹底，幾乎可以看做是兩種文化，一生一剋。可以說，共產黨是國民黨的「天敵」，國民黨雖有種種反共制共的方案，其實擋不住，縱然高呼「向敵人學習」，其實學不來。

概括的說，國民黨辦事「執簡馭繁」，社會組織已經形成，已經運作，國民黨順應這種運作，倚賴由運作產生的樞紐人物，掌握樞紐就掌握了社會。地主是佃農的樞紐，資本家是工人的樞紐，校長是學生的樞紐，一個校長等於全校學生，一個地主等於全村佃戶，一個廠長、董事長能抵他旗下一千個工人，國民黨注意拉攏這些人，重視這些人的代表性和影響力，也偏重照顧這些人的利益。

共產黨不怕麻煩，反方向而行，他搞「農村包圍城市」、「小魚吃大魚」。他結合貧農、不要地主，他結合工人、不要資本家，他結合學生、不要教育部長，一部總機下面有一千具電話，但是他可以使九百具電話機不通。他在全民抗戰的號召下，理直氣壯的去組織學生和農民，因為上陣打仗要靠多數，不能靠少數。等到民眾組織成功，軍隊訓練成熟，政治運動轟轟烈烈，當務之急不是打走日本兵，而是一齊動手摧毀那些樞紐，重組社會，痛快淋漓！那時候中共刻意以改革社會凝聚人心，提高聲望，世人也就不計較他到底朝日本兵放了幾槍。

說到改革社會，那時主要的表現是「土改」。山東省農村多、地主多，山東人對土改的感受特別深刻。農人一生離不開土地，農民多麼渴望自己有一塊田，多少農民終生流汗難以達到目的，而地主、尤其是大地主擁有那麼多田產！「一家飽暖千家怨」，佃農對地主有心結。共產黨來了，把地主的土地分給佃農，因為「這塊田本來就應該是你的」，農民非常激動。然後中共又說，你們必須把地主徹底打倒，斬草除根，防他死灰復燃，奪回田產。充滿了危機感的農民，用中共發明的方式，把地主鬥倒、鬥傷、鬥死，這就和地主階級結下血海冤仇。走到這一步，農民無路可退，無處可躲，只有緊緊依靠中共，從軍支前，獻上身家性命，以防地主的保護人國民黨回來算帳。

山東土改慘烈，「五嶽歸來不看山」，山東是土改的「東嶽」。文學作品寫土改，《太陽照在桑乾河上》固然滿紙荒唐，《芙蓉鎮》也是扮家家酒，《白鹿原》比較深刻，其中有些細節，例如某長工最恨他的僱主，那人走路老是挺直腰桿，所以長工在土改時專門打斷僱主的腰，讓他到死直不起腰來。北京大學歷史系教授劉一皋指出，農民「並非只想改善些子，那是遠遠不夠的，他們經常夢想一下子翻飛到最高。」據我所知，土改充分滿足了農民的幻想，農民可以用鍘草的大刀把地主「鍘」死，可以往地主頭上澆開水把他燙死。鬥爭大會高潮迭起，地主不堪其苦，恰好會場旁邊有一口井，他趕快跳進井裡淹死。今天鬥爭熬過，明天鬥爭難熬，夫婦二人頭上頂著「光前裕後」的門楣，面對面吊死。考驗越來越嚴酷，刀尖向內，兒子清算老子，妻子檢舉丈夫，最好的朋友掌握你最多的祕密，也最有資格置你於地死。於今大學教授在他的論文裡舉重若輕，「儘管清算是在法律規定的範圍內進行，但是由於這些法令條文都是原則性規定，缺少可行的嚴密性，而且隨著運動深入，政策也隨著變動，簡單化的解釋在實際操作上是沒有多大作用的。」

外祖母是個寡居多年的老婦，家中田產早被舅舅賣光，她的身分仍然是地主。土改無情，她老人家按照規定「掃地出門」，不留田產，不給住所，不問生活。她死在村頭的一個席棚裡。我那個騎驢打游擊的舅舅，鄉人告訴我「他沒能老死」，我千方百計找到舅舅留下的兩個兒子。

那時中共下達了一些文件，糾正運動中「過火」的行為。今天這些文件已經公開，從中可以知道，當年各地群眾普遍打死人、逼死人。糾正過火是在過火的行為普遍發生以後，障礙已經清除，社會已經淨化。中共能放能收，當他「放」的時候，群眾如同中了巫術。孟子有言：「桀紂率天下以暴、而民從之，堯舜率天下以仁、而民從之，其所令反其所好、則民不從。」若非經過解放大業，怎懂得孟夫子說些甚麼！中共革命是「率天下以暴而民從之」，國民黨是「其所令反其所好則民不從」。

且說那時候，「逃亡地主」的子弟組成還鄉團，尾隨國軍進入新解放區。國軍應該使用這些人安撫鄉親，籠絡人心，可是國軍發給他們槍械子彈，教他們去殺人報仇！這些子弟本是民間擁槍自衛的骨幹，大多數打過游擊，或者有跟共軍交手的經驗，看人流血並不手軟。國共對進，共軍走了，國軍暫不進駐，預留短暫的真空時間，默許還鄉團先去「懲罰奸民、剷除障礙」。還鄉團殺掉為中共工作的人，殺掉分了他家田地的人，殺掉鬥爭會上活埋他父母的人，那些人也曾是他的鄰居、佃戶或僕從。中共殺人還有一個鬥爭大會，還鄉團殺人不經過任何程序，路上遇見路上殺，田裡遇見田裡殺，家中捉到家中殺，那時農民耕田經常耕出屍體來。國軍犯過許多大錯，這是其中一錯。中共殺人，加強對群眾的組織和教育，還鄉團殺人，逼得那些老百姓跟中共同命一體，今生今世再無反顧。

蘭陵王族是魯南的一座「封建堡壘」，土改將之徹底摧毀，王氏族人也就出了幾個還鄉團的傑出團員。我有一個同族的叔叔，他逃到徐州郊區的九里山做難民，還在九里山野地裡槍殺了他家的長工。他逃難逃到上海的時候，還藏著那把手槍。他看見上海市這麼大，這麼複雜，人和人又這麼陌生疏遠，以為可以藏身其中，苟且偷生，他低估了中共的統治能力。蘭陵公安局派了一個人到上海南京尋找有血債的地主，（認鄉隊？）把他揪出來押回蘭陵，在鎮中心的大街口槍決。

那時出現了一個新名詞：「造匪」。陶知行在《申報》發表〈論剿匪與造匪〉，他說今日「一面造匪一面剿匪，匪既不能以剿而絕，或且以剿而勢日大。官逼民變，民安得不變，既逼民變，復從而剿之，事之可悲，孰逾於此！」若說「造匪」，源遠流長，國民黨始則聯俄容共，繼而團結抗戰，千千萬萬人都和中共沾上關係，國民黨的政策可以任意改變，這些人的歷史不能隨手塗抹，只因與「匪」偶然結緣，在國民黨的檔案中一世難解，這些人到了台灣，處境尤其艱難。而且陶公只讀半部《水滸》，他只記得高俅逼林沖上山，忘了宋江也逼盧俊義上山，既有林沖又有盧俊義，《水滸傳》這才豐富深刻。中共「造匪」，土改、學潮固無論矣，國軍常常半夜出城到衛星村落去抓壯丁，鄉村年輕人不敢在家睡覺，逃到離城很遠的野地露宿，中共招待他們管吃管住，只消三天兩天，已在他們身上烙下印記，國軍把他們列入通匪的黑名單，他們回家再也難以安居，只有離家正式「投匪」。

中國人常說「人多了亂」，所以國民黨害怕群眾、疏離群眾。中共相信「人多拾柴燒火旺」，明知山有虎、偏向虎山行，入虎穴、得虎子、食虎肉、假虎威。中共有本事徹底拆散家庭、宗族、鄰里、朋友，每個人都孤立無助，都只有依靠黨的組織。經過中共組織訓練，人的個性泯滅，私人生活全被剝奪，群性和公共運動依照黨的需要掩蓋一切，人人都是社會的叛徒，人人也都是黨的馴服工具，如此，萬人只是一人，西方人的形容為「鐵板一塊」。北京大學教授劉一臯教授用他的學術語言這樣包裝起來：「新的編村制度全面實施，強化了政權對農村的直接控制，基本上完全改變了過去相對鬆散的行政結構。在鄉村都建立了村民大學，村民委員會，村武委會和民兵治保員等機構，職權包括生產、自衛、治安、財政、文教、調解、貿易、合作社等，涵蓋了全部農村社會生活。同時農村中還普遍建立了共產黨支部、農會、工會、青救會、婦救會、兒童團、識字班、互助組等群眾組織，傳統的血緣、地緣組織被取消或改造，每個村民都要根據自己的政治、經濟、性別、年齡、文化程度等情況，加入數目不等的各種組織，農村社會被置於有機的嚴密的組織網絡之中。」

中共用「相互清算、捨人之不能捨」改造每一個人。群體密集而擁擠，任何人無法掩藏自己，任何人也無法躲避別人，大整肅來了，人人註定要出賣他的新交舊侶，起初，人要經過內心的交戰，後來就成為制式反應。我在網路上看見一個小故事，頗能象徵中共的設計。故事說，教授叫一個女生走上講台，請她在黑板上寫下難以割捨的二十個人的名字。然後教授說，請你畫掉一個這裡面你認為最不重要的人，她照辦。然後教授教她再畫掉一個，然後再畫掉一個……。下決定越來越困難，她仍然合作到底，流著眼淚畫掉父母，畫掉兒女，她失聲痛哭，畫掉丈夫……。故事最後說，生活就像洋蔥，一片一片地剝開，總有一片會讓我們流淚。山東人解放後的歷程跟這個故事差不多，政治運動一波又一波發生，每一次你都得畫掉一個人，同時你也被別人畫掉，並不是一面流淚一面剝洋蔥，而是你慢慢學會了痛恨你畫掉了的人，你理直氣壯，心安理得，沒有絲毫內疚。

最後，你學會了畫掉你自己，這時，你就是一個「新人」。

中共的組織能力反映到沂蒙山區的戰場上，出現了軍民一體，高度合作。國共對進，飄忽無定，共軍部隊未到、宣傳隊先到，老大娘老大爺叫得親親熱熱，解釋我們為甚麼來；部隊先走、宣傳隊後走，解釋我們為甚麼走，告訴村民我們還要再來。宣傳隊挨家檢查有沒有打掃乾淨，有沒有借了東西沒還，有沒有打破了碗沒賠。

我在秦皇島的時候，五叔給上校爺爺通信，一再談到共軍堅壁清野之徹底，他當年透露的訊息，後來文史資料有詳細記述，鄉野有史，無名英雄泣鬼神之事未曾埋沒。戰守期間，民眾協助共軍冒險爭先，斷路，埋雷，割線，炸橋，阻止國軍前進。民眾砸鍋賣鐵，拆屋餵馬，支援共軍作戰。民眾以樹為家，樹與樹之間拉繩通信，草木皆兵。民眾把家當丟進山谷裡，國軍所到之處，望谷興歎，沒有一根草可以餵馬，沒有一樣生活必需品可用。七歲到十五歲的兒童，刺探國軍行動，偷輜重，放火燒汽車。據有關的研究報告說，青少年容易受暴力和槍枝誘惑，他們的人生經驗一片空白，容易培養出絕對的忠貞，而且沒有後顧之憂，十分勇敢。

那時候，山東的解放區、也就是山區和農村都非常窮苦，但民眾竭盡所有供應前方共軍的軍需。一九四七年一月有所謂「魯南戰役」，國共交戰十八天，據蒼山文史資料，僅我的家鄉蒼山一個小縣，供給解放軍毛線襪四萬雙，乾菜兩萬斤，花生米五千斤，公糧一百二十萬斤。家家把枕頭套拿出來當口袋，參軍一萬人，家庭主婦蒸饅頭，烙煎餅，九天九夜不休息，許多人累昏了，衣袖著火還不知道。一九四八年九月，共軍攻打濟南，單單我的家鄉蘭陵和我的外婆家南橋，兩個鄉鎮晝夜趕工，磨出七萬八千斤麵粉，提供四萬六千七百一十塊門板做擔架。一九四八年山東春旱，饑民二百萬，魯南為重災區，戰史謳歌淮海戰役民眾「支前」，山東出動民工兩百萬人，食油三十五萬公斤，食鹽三十六萬公斤，肉四十三萬公斤。單是蘭陵一個鎮，要負責前方一個師的補給和擔架。各地民眾推著小車，把這些補給品送到前方，車隊千里，晝夜絡繹不斷。偉哉壯哉！神乎魔乎？

國軍窮竭民力，並沒有弄到這個程度，也無法做到這個程度，國民黨編神話，也沒有這麼大的想像力。中共說過，農民自私保守，不可能自動放棄財產，必須如何如何。到底「如何如何」才做到「國民黨吃雞自己抓，共產黨吃雞送到家」？答案可以從「人民民主專政」六字真言中探索。學者既要維護學術尊嚴，不能說謊，又要符合當前政策，不能實話直說，發展出一套模稜兩可、點到為止的說法：「許多工作都是依靠部分積極份子，特別是少數幹部強力推行才得以完成的。」……「運動本身是發揚民主的一種方式；但大規模的帶有激烈階級鬥爭性質的運動，運作過程恰恰是經常違反民主原則的。」偉哉壯哉！神乎魔乎？自私保守的農民紛紛自動放棄財產，他們「畫掉了自己」。

那時許多人說，共產黨員走的是「群眾路線」，國民黨員走的是「領袖路線」，怎樣得到領袖的信任，怎樣厚結領袖左右的親信，耗盡他們的精力，他們也自以為這樣就解決了問題。中共經略東北，二十二個中央委員走出城市，脫下皮鞋，換上農民衣服，不分文武，不分男女，不論資格，統統下鄉，國民黨員幾乎不能想像。據段彩華為黃伯韜寫的傳記說，國軍在山東打了敗仗，中央追究責任，怪黃伯韜作戰不力，黃氏登台辯解，歷述山東作戰的艱困，其中一項是沒有可靠的、詳細的地圖，他們只有三十萬分之一的地圖，而且多處和實際地形地物不符。我後來讀國軍將領廖明哲寫的《了了人生》，這是他的自傳，他曾多次參加國共戰役，經驗豐富，書中也談到國軍作戰的缺點，「無圖上實地的偵察」。國民政府統治山東，即使從「九一八」算起，那時也有十五年了，為何沒有測繪五萬分之一的新圖？一位曾在有關部門工作的朋友告訴我，專業人員根本無法走出去實地測量。國軍脫離民眾支持，已嚴重到這般程度。

中國人一向「離鄉作惡，回鄉為善」。平時，當地人礙於情面，不能興利除弊，戰時，國軍來去如流水，沒有責任心，到處作踐百姓。我還記得抗戰前夕，國民政府辦理「土地陳報」，命令鄉鎮政府確實調查每一家地主有多少土地，據以徵稅，使稅負公平。那時地主普遍逃稅，短報他的田產，所以偌大蘭陵沒有任何人肯承辦這個工作。鎮長（也是族長）找上我的父親，費了許多唇舌，逼我父親答應，父親素有正直之名，不會為任何人弄虛作假，眾人信服，辦起事來阻力較少。那時中國人不在老家當保安團長，警察局長，稅捐處長，這些工作都會留子孫債，結來世怨。他們到遙遠的地方去幹這些差事，作了孽一走了之。

中共作風不同，他把原籍蘭陵的黨員派回蘭陵地區工作，魯南專區的政委和主持土改工作的「各救會」會長，都是蘭陵小學的老師，蘭陵公安局長、武公隊長、公安股長，都是蘭陵小學的同學。此外還有我的族人。這些人面無表情，沒有公事不跟你說話，路上碰見了，你若上前喊「大叔」或是「二哥」，他朝你一揮手：「太封建了，叫同志！」他們熟知蘭陵每一家屋頂上有多少風雨陰晴，屋頂下面有多少恩怨矛盾，他們也熟悉每個人的性格、能力、知識程度、成長的背景、人際的脈絡，甚至包括不可告人的陰私，他們來推行中共的政策，何等得心應手！他們斷然六親不認，他們並非包龍圖，他們都是「新人」，推己及人，前來製造更多的新人。

那些脫離民眾的國軍將領不僅屢戰屢敗，戰敗以後也無法逃走。據名記者龔旋舞的回憶錄說，濟南失守，王耀武帶著一個副官，假扮商人出城，走到壽光縣境，王耀武上廁所，副官站在廁所門旁伺候，「事畢」，王耀武伸出一隻手來，副官趕緊把雪白的衛生紙放在他的手上，被人看出破綻。我忽然想到一個問題，李自成破北京，崇禎皇帝逃出皇宮，在煤山上吊自殺，他怎麼會打結？誰替他打結？臨沂專員王洪九一向和老百姓混在一起，兵潰以後，他往北走，化裝成牛販子，再趕牛南下，一路賣牛做盤纏，逃到徐州脫險。

我寫這篇文章的時候住在紐約，我說住在紐約的人得有九條命，一條命給兒女，一條命給老闆，一條命給國稅局，一條命給盜賊，一條命給愛滋病……

如果是教徒，留一條命給上帝，給活佛。

如果是華僑，留一條命給中國。一條命也許還不夠，人禍能把你的一條命氣死，天災能把你一條命急死。

做人太苦，太累，太要命，拿人命當兒戲的事情太多，拆東補西，哪還有命給上帝（當然成了無神論），哪還有命給非洲苦人（當然成為自了漢）！

貓有九條命。料想有許多人是貓。如果只有一條命，今天我斷乎不能坐在這裡寫文章。我的家鄉舊侶，一條命給了黃河，一條命給了抗戰，一條命給了內戰，一條命給了土改或文革，一條命給了「資本主義的生產方法」。我們都還活著，隔海相看。

山東　從洗衣板到絞肉機

國共內戰，由三大戰役改朝換代，遼瀋會戰、平津會戰和淮海會戰（徐蚌會戰）。不應忘記還有一個戰場，交戰時間久，戰鬥次數多，戰禍損害大，關係國共力量的盈虛消長，那就是山東。

概括的說，抗戰勝利到大陸撤守，為時四年，山東戰場的形勢是：第一年，共軍採取攻勢，第二年和第三年，國軍採取攻勢，最後一年，共軍又採取攻勢。那時山東境內有兩條鐵路，膠濟鐵路自東而西，津浦鐵路由北到南，好比兩根扇骨夾出一個扇面，中間一大片山地，好比畫在扇面上的山水，大小戰役無數，雙方爭奪的就是兩條扇骨一幅畫。

抗戰勝利時，山東百分之九十的土地、百分之八十七的人口，俱在中共控制之下，國軍銳意奪回，不斷交戰。往事如麻，我現在參考劉統著的《華東解放戰爭紀實》，還有丁永隆、孫宅巍合著的《南京政府崩潰始末》，理出一個頭緒來。

一九四六年六月，國軍由濟南東進，青島西進，打通膠濟路。九月，國軍沿津浦路北進。雙方激戰兩個月。

一九四六年十月，國軍進攻魯南，馬勵武敗於此役。

一九四七年一月，國軍三十一萬人，分南北兩線進攻沂蒙山區。李仙洲敗於此役（二月）。

一九四七年三月，國軍在華北各戰區皆取守勢，獨向山東進攻，調動二十四個整編師，分三路指向沂蒙山區，同時企圖打通山東境內之津浦鐵路。張靈甫敗於此役（五月）。

一九四七年六月，國軍以二十五個旅再攻沂蒙山區，南麻戰鬥即在此役（七月）。

一九四七年八月，國軍五個整編師進入魯西南，與共軍鏖戰。

一九四七年九月至十二月，國軍六個整編師攻入膠東。

一九四七年十一月，國民政府劃分二十個綏靖區，山東佔了四個：第二綏靖區設在濟南，第九綏靖區設在臨沂，第十綏靖區兗州，第十一綏靖區青島。

一九四八年三月至七月，共軍攻先取膠濟路中段，再取津浦路中段，濟南、青島、臨沂成為孤城。

一九四八年九月，濟南失守，王耀武逃至中途被俘。

一九四八年十月，臨沂棄守，菏澤、煙台全失。

一九四九年六月，國軍撤出山東最後一個據點、青島。

看了以上的記述可以知道，蔣介石總統並不想放棄山東，至少在軍事上他把山東看得非常重要。國軍也並非只知道固守據點，大規模的攻勢也曾再接再厲。可以說，國軍作戰經過三個階段，第一個階段是攻擊，第二個階段是以攻為守，第三個階段才是「以孤城為最後碉堡」，死守守死。

國軍困於共軍的「捲邊戰術」，顧此失彼，得不償失，始終沒有辦法破解。「捲邊戰術」一詞費解，王健民教授在他所著的《中國共產黨史稿》裡稱為「對進戰術」，並加上註解：「你到我家裡來，我到你家裡去。」舉例來說，一九四七年國軍從各地調集重兵打通北寧鐵路，共軍乘虛攻吉林、新立屯、黑山，佔領朝陽、農安、德惠。一九四七年八月，國軍以十個整編師追擊劉鄧，豫西、陝南一帶空虛，共軍進佔洛陽和潼關之間隴海鐵路。一九四八年四月，國軍從各地調集重兵，企圖收復開封，漢水流域空虛，共軍趁機襲取襄陽、樊城。山東戰場也是如此，例如一九四七年六月，國軍指向蒙陰、新泰、萊蕪，共軍趁機南下，攻入魯西南。

《孫子兵法》說戰爭是「生死之地，存亡之道」，率軍出師的人有兩個選項，但是戰地的民眾只有一個選項，山東苦矣，山東苦矣。

「對進戰術」產生「拉鋸戰」，忽而國軍來趕走共軍，忽而共軍來趕走國軍，老百姓的身家性命化作木屑，紛紛飛揚墜地。故鄉蘭陵是個小地方，平時媒體不值一提，基於「戰爭使小人物成名，使小地方出名」的原理，竟也在當時的報紙和事後的專門著述裡頻頻出現。蘭陵苦矣，蘭陵苦矣。

一九四五年十月，國軍由蘇北沿運河布防，一度進入蘭陵。

一九四六年一月，郝鵬舉起義投共，由蘇北入魯南，經過蘭陵。郝的部下還以為是和共軍作戰，把蘭陵的中共幹部抓起來。

一九四六年春天，新四軍副軍長羅炳輝在蘭陵病死，軍長陳毅到蘭陵主持後事，安葬在蘭陵東北的鳳草山上。

一九四六年秋，國軍進攻山東嶧縣（嶧城）、台兒莊，一八〇旅旅部設在蘭陵。

一九四六年十月，國軍撤出蘭陵、嶧縣（嶧城）、棗莊。

一九四六年十二月，國軍進攻，佔領嶧、棗，蘭陵收復，次年一月又失去。

一九四七年一月，國軍共軍戰於向城、卞莊、蘭陵。

一九四七年二月，國軍北攻沂蒙山區，沿途收臨沂、嶧縣（嶧城）、蘭陵、棗莊、滕縣、費縣。

一九四七年六月，兩軍在蒼山（卞莊）、嶧縣一帶作戰，共軍退向濱海區。七月，國軍進出沂蒙山區，蘭陵再失再得。

一九四七年十月，共軍取蘭陵。

一九四八年三月，共軍取蘭陵。（在此之前想必有一次失蘭陵。）

一九四八年六月，台兒莊國軍出動，收復蘭陵，得而復失。

一九四八年十一月，國軍因徐蚌戰役（淮海戰役）放棄臨沂，故鄉「拉鋸戰」結束。

抗戰勝利時，淪陷區民眾「想中央盼中央」，不在話下。「拉鋸戰」前期，地方上的鄉鎮幹部有兩套班底，一套接待共軍，一套接待國軍。小學裡有兩套教材，國軍佔領期間使用這一套，共軍佔領期間使用另一套。鄉鎮公所辦公室預備蔣先生的玉照、也準備毛先生的玉照。聽說有個鄉公所，高懸蔣的肖像，同一像框的反面就是毛的肖像，若是忽然換了佔領軍，鄉長可以立即把像框翻身。最後國軍一敗塗地，共產黨「鐵打的江山」，老百姓也只能有一套教材、一張肖像了，也只能唱「沒有毛主席就沒有中國」了。國民黨似乎並非因失去人民而失去土地，乃是失去土地才失去人民。

我要再寫下一段文字感念李仙洲將軍。抗戰後期，他創辦國立第二十二中學，我在那所學校裡讀到初中畢業，那是我的最高學歷。那時政府對學生採行軍事管理，嚴厲刻苦，李仙洲愛護學生，居各位「將軍創校人」之首，回憶錄第二冊《怒目少年》詳述其事，連帶對國民黨戰時的思想教育也留下一些史料。

老校長李仙洲，山東長清人，黃埔軍校第一期畢業，山東「三李」之一，另外兩位是李延年和李玉堂。山東還出了一位將領王耀武，黃埔三期畢業，年級比較低，但升遷比較快，軍中常說「三李不如一王」，三李是純粹軍人，王耀武有政治手腕。他們的蔣校長把王耀武、李仙洲都派到山東，學歷較低的人做一把手，學歷較高的人做二把手。學歷低的人如何指揮學歷高的人，年紀大的人如何服從年紀輕的人，向來是個難題。據說，蔣校長故意如此配搭，利用矛盾是蔣氏一貫的統馭之術。

一九四二年，李仙洲以第二十八集團軍總司令名義率軍入魯，遭受共軍的激烈抵抗，黯然折回，從此失去兵權。據說他常靜靜的站在山東省地圖前面，設想如何攻守制敵，希望有一天統領十萬之眾，完成未竟之業。一九四七年二月，國軍出徐州，由台兒莊、郯城北上；出濟南，由明水、淄川南下，想和共軍陳毅決戰，他自動請纓。他只看山東地圖，沒看全國地圖，更沒看世界全圖。王耀武給他兩個軍、一個師、再加一個旅，共五萬多人，向共軍老根據地吐絲口、萊蕪、新泰進攻，計畫與南路歐震兵團會師，十天以後兵敗被俘。

他怎會這麼快就做了俘虜呢？山東父老愛護他，為他編造了傳奇。據說他騎在馬上進入萊蕪縣城，牽馬的「馬僮」是共諜，馬僮帶他進入一所宅子，共軍早在宅子下面挖好地道，在他床底下留了個出口。半夜時分，李仙洲睡在床上，怎麼也沒想到床底下突然鑽出敵人的敢死隊來。這個故事編得好，符合李仙洲魯直憨厚的性格，誇張解放軍捨正用奇的戰術，給老校長留下幾分面子。

今天知道，老校長被俘並不在萊蕪城內，而在萊蕪城之北、吐絲口鎮外的郊野，並不是馬僮出賣他，而是他指揮之下的一個軍長出賣他。吐絲口吐絲不吐人，他且戰且走，左腿中槍，跌下馬來，失血昏倒。這一槍保全了老校長的顏面，與那個傳說無關。

萊蕪兵敗，南京國防部作了深刻的檢討，事後發布了檢討的報告，名佈道家殷穎牧師參與此役，被俘脫險，他當時是個政工小青年，晚年也寫了回憶錄。老校長率領的軍隊都不是精兵，他們沿公路向北突圍，沒有遵守戰地行軍安全六要：偵察，掩護，警戒，搜索，聯絡，觀測。那時許多指揮官都不遵守「六要」，常為敵人所算，紙上談兵的楊杰憤憤的說過，凡是被俘的、被襲擊的、誤入敵人陷阱的指揮官都該槍決！還有，萊蕪之役大軍撤退不能保密，難民和軍隊同時出城，擁擠混雜，以致大軍行動遲緩，部隊與部隊間聯繫困難。老校長是山東人，無法用激烈手段排除難民造成的障礙，「魯人治魯」也有壞處。當年岳飛勒馬敵前，等義民完全撤走才班師，因此費了秦檜的十二道金牌，老校長學岳飛，畫虎不成。

老校長的上級也犯了錯誤。據說由萊蕪、新泰南下是一條險路，勝算最小，南京參謀本部偏偏選了這一條路線。參謀本部認為北線沒有共軍主力，催促他急進，其實共軍已布好口袋。他的部下也犯了錯誤，沿途亂丟輜重，明語喊話，聽見槍響亂成一團。更不說第四十六軍軍長韓練成是中共的內應！我寫這篇文章的時候，一度流行所謂「彼得原理」，其中有一條說，在一個歷史悠久的機構裡，「每一個人都升到他不能勝任的職位為止」。一個科員做得很好，於是升科長，他做科長也很好，於是升副處長，如果他做副處長很平庸，也只有繼續讓他當副處長，既不能升他處長，也不能把他降回科長。老校長李仙洲和他的上級，大概也都「升到他不能勝任的職位」了吧！老校長苦矣，老校長苦矣。

萊蕪之敗有代表性，它提供了一張切片，使我們看見為何共軍能夠一再得勝。李仙洲指揮兩個軍長作戰，其中一個是中共間諜，這還了得！李仙洲召開會議決定撤退，會後這位軍長不見了，他和躲在城裡的解放軍的高級幹部一同開會去了，國軍怎樣做，人家全知道，人家做甚麼，國軍全不知道。幾乎各戰場都是如此。

台北的「傳記文學」出了一本專書，根據中共發表的資料，縷述國軍各個高級將帥的身邊都有中共的間諜，而且深受寵信。中共地下工作者滲透國軍上下內部，潛伏了不知多少年，擔任了多少重要的工作，情報部門始終沒有發覺。參謀本部「一人之下」的運籌者竟是老共產黨員，胡宗南揮軍攻取延安，竟然找共產黨人草擬作戰計畫。每一戰役的作戰計畫擺在蔣介石的辦公桌上，同樣也擺在周恩來的辦公桌上。南京電訊局設置「軍話專用台」，專門轉接國民政府總統、國防部長，以及陸海空軍總司令的電話，工作人員九人，其中七人是中共間諜。許多人把國民政府的軍事情報首腦形容為神機妙算，未卜先知，可是「耳目所及尚如此」！

國民黨失去大陸，原因很多，我總覺得主要的原因還是由於軍事失敗，而軍事失敗主要的原因，由於情報失敗，每一個戰役都是金魚缸撞保險箱。軍事失敗，使統治區域縮小，治區縮小，使人口減少，可以當兵的人少了，兵源難繼，納稅的人少了，財源難繼。學者說，區域越小，通貨的流通越快，通貨膨脹越厲害，物價越來越高，人民的生計越來越艱難，如此這般，政治、經濟、黨務又焉能成功？即使戰後不裁軍，即使戰後不出兵接收東北，即使沒有馬歇爾調停，恐怕也難改一九四九的結局。

萊蕪之役，七十七師師長田君健戰死，三十六師師長曹振鐸逃回濟南。據說王耀武對著他拍案大罵：「即使你們是五萬多頭豬，也不會在三天以內全給人家捉去！」狼奔豕突，的確很難對付，然而老校長率領的不是豬，是人，人為萬物之靈，看風向，識時務，趨吉避凶。濟南守軍十萬，王耀武也只守了八天，天津守軍十三萬，只撐了二十九個小時，遼瀋戰役最後決戰，廖兵團一夜瓦解。人啊人！

萊蕪既敗，蔣介石總統親自飛到濟南，在綏靖區司令部召見王耀武，那時山東籍的名記者王潛石在濟南採訪新聞，據他得到的消息，蔣劈頭就責備王耀武：「你把李大牛送出去……死特啦！」蔣氏稱李仙洲為大牛，可見他對李的喜愛，也可見他知道李的局限。據說王耀武低聲分辯了幾句，蔣舉起手杖就打。

在台灣，李仙洲是「蠟像館裡溶掉的蠟像」，有時聽到他的名字，心中難過，他不是一個靈活的人，如何適應中共的換魂改造？那時讀到一句話：「共產黨要把人皮揭掉，換一張新的。」中共對地主、商人、教員、國民黨工、中下級軍官千折萬磨，沒想到對中將、上將、當朝一品、封疆大吏反而寬鬆，八十年代，沈醉的《戰犯改造所見聞》問世，公布了許多祕辛，那些超級俘虜既未遭受公審清算，也未經過痛哭認罪，沒有強迫勞動，也無須天天背誦八股教條，大家當一天和尚撞一天鐘，閒來無事，相互誇耀過去腐化糜爛的生活。

沈醉提到李仙洲的名字，他說老校長沉默寡言，從不參加別人的吹牛聊天小組。中共動員超級俘虜對台灣廣播，勸國軍官兵起義歸順，別人都公事公辦，李仙洲總是婉言推辭，他說我打了敗仗，做了俘虜，有甚麼顏面勸以前的同事部下投降？中共倒也不勉強他。天下事因果難測，《戰犯改造所見聞》傳到台灣，起了一個意想不到的作用，大家推想，如果有一天台灣解放了，中共秋後算帳，也是官做得越大罰得越輕，「特任官住的牢房比簡任官舒服，簡任官住的牢房又比委任官舒服。」今天趕快力爭上游吧！於是「矢勤矢勇，必信必忠」，加強了黨政團隊的向心力。

美國總統華盛頓說過，美國革命成功，因為有千千萬萬個華盛頓。國民政府蔣主席引用這句話，他說中國抗戰建國，要有千千萬萬個蔣中正。中共毛主席接著說，他只殺小蔣介石，不殺大蔣介石。國共內戰究竟有多少「大蔣介石」落入中共手中，未見正式的統計數字，只知道中共關押國內戰犯九二六人，軍中系統者七三六人，包括中將七十二人，少將三百二十三人。一九五九年國慶，特赦三十三人。一九六〇年又特赦五十人，李仙洲在內。一九七五年全部特赦完畢，未殺一人。老校長受任全國政協委員，山東省政協常務委員，一九八八年十月二十二日病逝濟南，享年九十五歲，國立第二十二中學校友百餘人，從各地趕來參加追悼會。

我還要提出另一張切片，從另一角度看內戰。一九四六年十月，國軍由徐州大舉北上，次年二月初，整編廿六師師長馬勵武中將，下轄李良榮的快速縱隊，一夜覆沒，戰場就在我的故鄉。整編廿六師為美式裝備，快速縱隊是裝甲戰車，再加上砲五團、工兵總隊、輜汽廿四團，共約五萬之眾，堪稱精銳之師，先頭部隊由蘭陵向北延伸，指揮部及後勤支援部隊設在嶧城。

蘭陵之北一片平原，適合裝甲部隊行動，但是那裡有五公里左右的狹長地帶，土質鬆軟，晴天看上去沒甚麼異樣，天下雨立即成為爛泥塘，當地人稱為「漏汁糊」。馬勵武枉為名將，趾高氣揚，他上失天時，下失地利，中失人和，不知道有個「漏汁糊」，沒人告訴他有個「漏汁糊」。據《蒼山縣志》和《臨沂百年大事記》記載，一九四七年二月一日，雨雪交加，廿六師官兵躲在裝甲車旁的帳篷裡忍受惡劣的天氣，馬勵武接受官紳邀請，進城過年。共軍自百華里之外的山區，強行軍撲向嶧城及蘭陵以北地區，向馬勵武部隊截擊，國軍所信任的地方民眾，配合共軍展開突襲行動，各地區指揮中心皆為共幹控制，強大的精銳國軍在一夜之間潰散不存。各路共軍向快速縱隊合圍，裝甲戰車且戰且走，大部分陷入「漏汁糊」中被共軍炸毀，僅七輛坦克、九百步兵突圍逃往嶧城。

族叔敏白當時在嶧城避難，據他回憶，九日晚間，共軍圍攻嶧城，馬勵武把坦克擺在城牆上，當作防禦砲使用，後來想突圍，坦克沒法從城牆上開下來，他真是「升到他不能勝任的位子上為止」了。十一日共軍攻入城內，馬勵武投降，族叔毓白看見他高舉雙手，呼喊「不要打了」。

徐州有百萬山東難民，他們都堅決反共，國軍出兵之時，山東難民推派代表到軍部陳情，願意擔任嚮導，軍部高官拒絕接見。國軍進入魯南，從共軍手中奪回許多鄉鎮，各鄉鎮都沒有傾向中央的居民，當地中共幹部以民眾身分出面歡迎，提供協助。徐州的反共難民返回鄉里發覺不妥，大家又推派代表向部隊長反應實際情形，部隊長認為這是地方派系貪功爭寵，實際上他也沒有辦法分辨好壞，結果這些部隊長全被中共的工作者蒙蔽包圍。

那時國軍從不結合民眾，他們不讀史，不知一個農夫關係戰爭勝負、大軍安危。在他們看來，老百姓都是「匪」，或者都「通匪」，中央軍好像不是跟共軍作戰，而是跟全體老百姓作戰。楊正民教授的回憶錄《大地兒女》記述，他的老家在山東定陶，抗戰勝利，國軍開到，竟把村民都集中看管才放心宿營，國軍真的進入了「無人之境」，沒有人真心向著他。

今天回想，許多故事血跡未乾。國軍進入村莊，探問敵情，得到的答覆是附近沒有共軍，話猶未了，共軍忽來圍攻，國軍先把答話的人一槍射死。某將軍召集村民訓話：「我軍的行動，你們馬上告訴敵人，你們若不通風報信，敵人會活埋你；可是敵人的行動，你們從來不告訴我，你們料定我不會活埋你。今天我來告訴你們，我也會活埋人！」說到此處，將軍向民眾伸手一指，士兵跑過去，拖出來一個小夥子；將軍再一指，士兵拖出來一個老頭兒，地上早就挖好了兩個坑，等人下土。一時哀聲動天，妻子爺娘滿地打滾。一九四九年我到台灣，有時聽敗軍之將談作戰經驗，提到老百姓就咬牙切齒。

當年國軍心高氣傲，瞧不起地方武力。所謂地方武力，概指抗戰八年殘留的游擊隊，所謂殘留，因為這些游擊隊跟共軍勢不兩立，雙方經過無數戰鬥，大部分已被共軍消滅，這些地方武力能頑強的生存下來，自有他的長處，他們身經百戰，了解共軍的戰術，他們深入民間，情報靈通。國軍把他們看成多餘，實在是天下第一糊塗蟲。

那時張天佐、王洪九、張景月都是山東著名的游擊領袖，他們想晉見一個團長都鵠候多時，官兵白眼相看，拿他當無知鄉愚。共軍圍攻臨沂外圍王洪九的據點，有所謂「百日激戰」，國軍湯恩伯兵團入魯北上，從臨沂境外經過，先頭部隊陳大慶駐守百華里左右的滕縣，山東省主席何思源一再發電向湯恩伯求救，只見飛機來了，空投一批宣傳文件了事，聽其潰散。陳毅圍攻「魯南反共軍」王繼美，國軍在蘇北運河沿線布防，坐觀戰事進行，王繼美全軍覆沒，舉槍自殺。黃伯韜以臨沂地方武力為「死子」，掩護自己撤退，他自己到了蘇北，過運河不派工兵架橋，難逃中共重擊，依然損失慘重。國軍的行止從來不通知鄉公所，共軍一再偽裝國軍佔領鄉公所，消滅各鄉鎮的反共力量。如果中央軍嫡系部隊消耗非嫡系，那麼非嫡系也在消耗地方武力，山東精英肝腦塗地，只當作是腳底下的泥。

那年月我並不在山東，但是我回憶過去，無法對故鄉變故避而不談。有人說，一九四二年國軍撤出山東，負了山東，有人說，一九四六年國軍攻入山東，害了山東，立場不同，見解不同，總而言之，古體詩人說：「興、百姓苦，亡、百姓苦。」新體詩人說，戰爭像洗衣板，反覆揉搓一件舊衣服。最新的詩人沒見過洗衣板，他說戰爭是絞肉機。兩個比喻都有用，一個像八年抗戰，一個像四年（？）內戰。我落葉飄零，有負故鄉，山東之痛，觸及靈魂，我是山東的一部分，山東也是我的一部分。我始終不能用山東之痛代表中國之痛，象徵人類之痛，我負了文學。

東北　那些難忘的人

思念瀋陽，有幾個人物，我得為他們記上一段。

先說熊式輝，他是東北行轅主任，「行轅」的全稱是國民政府主席東北行轅，也就是蔣介石主席在東北的辦公廳，行轅主任等於說是蔣氏在東北的代表人，也就是東北九省軍政總管。這麼個大人物，有根神經跟我們相連。

憲六團派憲兵秦毓慶做熊式輝的隨身保安人員。秦毓慶告訴我們，熊氏的工作很辛苦，白天要接見許多人，要開會，半夜還在辦公室批公文，熊氏沒有下班回家，他也得全副武裝伺候著。

他說了一件軼聞。熊在辦公室外有個人專用的廁所，每天下班後廁所鎖起來，第二天上班時把門打開。這天晚上熊去上廁所，憲兵秦毓慶站在廁所門口等著，這時忽然停電，電燈都滅了，秦毓慶想起辦公室的門敞著，急忙回去關門，就在這個時候，專門負責打掃這間廁所的清潔工走過，他發現專用廁所的門還沒有上鎖，就隨手鎖好。熊氏打不開門，不好意思叫喊，秦毓慶在廁所門外恭候，不敢催促，害得這位儒將在廁所裡關了很久。熊氏大度包容，沒有申斥處分任何人。

瀋陽各界慶祝東北光復周年，請京戲「四小名旦」之一毛世來公演，只演一場，轟動東北。進場看戲的人皆非等閒，無異是特權階級大展覽，六團負責安全，抽調憲兵嚴密作業，我的位置恰在戲院門側，望見熊氏進場。他的氣概威儀可說是東北第一，可惜走路時兩腳高低不平，竟是一個輕微的跛子，難免減色，我大感意外。後來知道，東北保安司令長官杜聿明，遼寧省主席徐箴，也都不良於行，更覺詫異。蔣主席用人一向講求相法和預感，接收東北怎會在擺出一個步履艱難的畫面？

東北人對熊氏很有意見，認為這位儒將「儒」的成分多、「將」的成分少。熊氏長於折衝調和，東北人盼的是披荊斬棘之才。東北方言，「熊」是懦弱無能的意思，民間俗諺：「兵熊熊一個，將熊熊一窩。」行轅主任是上將職位，如何「熊」得？他們管熊式輝叫「熊十回」。蔣氏用人注意面相，但是他不懂東北方言，這也算是千慮一失吧？

熊氏也有英明果斷的一面，四平街第二次戰役，守將陳明仁置之死地而後生，援軍苦戰解圍。熊式輝爭取在第一時間慰問將士，立即飛往四平，再坐汽車馳入市區，當時戰場尚未清掃，沿途布滿陣亡官兵的屍體，座車從死者身上輾過，熊氏面不改色。那時大家都稱讚熊有帥風，可是我們這些上等兵的感受別是一番滋味。

名將孫立人也有根神經跟我們相連。憲六團派出一個加強班到東北行轅站衛兵，大家對這位英雄十分崇敬，但是憲兵向他敬禮的時候他從不還禮。本來也沒有甚麼，後來看電影，美國的巴頓將軍也不還禮，不過人所共知，孫將軍蔑視蔣氏的嫡系，他以愛兵著稱，獨薄憲兵，難免令人想得多一些。孫氏有軍事天才，但口型倔強，好像隨時準備吵架的樣子，出入行轅，總是帶著怒容。

我在秋町十三號聽見高級軍官們談論他，認為他既不能與上級合作，又不能與同僚合作，得民而不能得君，將兵而不知將將。他們說孫將軍總認為和黃埔嫡系推擠才有他的空間，其實他也是嫡系，至少他也可以成為嫡系。不錯，他戰功顯赫，認為戰功高於一切那是中下級軍官心態，「兵驕必敗」，不僅是被敵人打敗，也包括被自己人打敗。一個人、無論他有多好，他不能取代所有的人，到了積不相容的時候，只有調整少數，維護多數，這是「經濟」原則。有位軍官本是孫氏部屬，他千方百計調出來，他說良禽擇木而棲，孫立人這棵樹有危險。

瀋陽歲月，孫氏常有怨言，他的新一軍負荷太重，折損太多。我們無力分析每一戰役，不能指出指揮上的錯誤，一般而論，對付勁敵的時候當然要動用勁旅，最優秀的軍人常在最艱苦的任務中犧牲，這是戰爭的「反淘汰」現象，從古如斯，為之奈何！

孫將軍有抱負，但東北戰局並非他能扭轉，塞翁失馬，到台灣訓練新兵，脫離了東北這一劫，本是幸事。他是英雄，看歷史另有見地，終於捲入「兵變」疑案，幽居終身，親信部屬遭到無情的整肅，千古痛惜。《荀子》一書暢論君道與臣道，現在檔案資料逐漸公開，孫將軍臣道有失，蔣先生君道有虧，都付出慘痛代價。

我們最喜歡的將領是趙家驤，他擔任東北保安司令長官部的參謀長，主持瀋陽各部隊的大會操，每星期一早晨舉行一次。瀋陽醫學院附屬醫院的大操場大得出奇，東北真個地大物博。我們二連駐地鄰近操場，代表六團參加，趙家驤將軍聲音宏亮，措詞簡潔生動，善於掌握群眾心理，使人精神大振。

那時軍政要人訓話，憲兵參加陪聽，只見他總是拿出稿子照念，這是抗戰時期從未見過的事情。稿子由祕書撰寫，祕書長於寫輓聯、壽序、八行書、工作報告，不懂聽眾心理，未受過口語化訓練，演講者咬字不準，沒有節奏感，大部分聽不懂，小部分聽懂了、也沉悶無趣。蔣夫人在美國國會演講的時候透露，她在陳列館看見羅斯福總統的講稿，有時一篇稿子經過十二次修改，眼前這些長官幕僚根本不知道為甚麼要修改。我只遇上兩位不念稿子的人，除了趙家驤，還有陳誠，陳氏中氣不足，浙江鄉音極重，音質粗糙刺耳，我要第二天看報才知道他究竟講甚麼。趙將軍便不同了，那時聽演講不興鼓掌，每次聽他講話我都有鼓掌的衝動。

大會操時，我的位置緊接傘兵的排尾，他們全是二十來歲的精壯青年，臉色放出光來，全套美式裝備，草綠色尼龍軍服，上裝翻領，拉鍊半敞，沒有扣鈕釦的麻煩，一律佩帶卡賓槍，短小輕便而又火力強大，從步槍輕機槍的壓力下解放出來，風動袖管褲腳，若不是腳上一雙沉重的長筒皮靴，簡直飄飄欲仙，對那些扛著「小米加步槍」的解放軍來說，也就是天兵天將了。絕未料到中共能吃掉國民政府派出來的四十萬大軍。

一九四八年十月底，瀋陽不守，東北軍事最高負責人衛立煌和他的參謀長趙家驤坐飛機離開瀋陽。後來一再有人寫文章稱讚趙家驤有智謀，當時東塔機場擠滿了逃難的人群，滿地男女老幼箱籠行李，人群朝著衛立煌的座機一擁齊上，衛士把住機門，一腳一個踢下來，嫩江省主席逃到瀋陽，擠不上飛機，挨了這麼一腳。許多人的箱子摔破了、擠破了，滿地美鈔飄散沒人撿，有人高呼「衛總司令我是某某」，有人大喊「我是國民黨四十年的老黨員，忠黨愛國，給我一條生路。」這些人堵住跑道，飛機無法起飛，趙家驤出面宣布衛總司令有安排，後面還有四架飛機馬上就到，請大家遵守秩序排隊等候。他說話有公信力，大家安靜下來，目送衛立煌的專機升空，等來等去四架飛機沒出現，解放軍倒衝進來了。趟家驤用「望梅止渴」之計排除障礙，大材小用，可惜了他的智謀！

我還得記述一位東北耆宿馮庸。他原籍遼寧海城，在軍界、工業界、教育界乃至慈善事業都是名人，他和張學良、莫德惠同為東北的象徵。政府委派他做東北行轅政務委員會常務委員兼監察處長，主持「東北軍法執行部」，表示對東北人的信任尊重。他在「南七條」辦公，每個星期一開周會，憲兵第二連全連參加，論人數算是捧場最熱心的一個單位。

東北軍紀越來越壞，他沒有多大作為，情有可原。執行軍法非他所長，周會訓話言之無物，好在這是國民政府籠絡東北的一個形式，大家也能理解。可是有件事很奇怪，馮氏掌理軍法，憲兵是他可用的力量，他對憲兵從來沒有好言好語，還經常找麻煩。有一次周會結束，值星官喊立正口令，向馮敬禮，馮指著憲兵連大聲斥責：「看！還有軍官不向長官注目，你懂軍人禮節嗎？」他的指頭正指著我的排長李戩。李排長高聲回應：根據陸軍禮節，由值星官發立正口令向受禮者敬禮，其他的人一律立正，立正的要領是抬頭、挺胸、兩眼向前平視，我沒有錯。馮當時很難下台。

那是國民黨人充滿幻想的時代，每個人自己對著鏡子替自己看相，只往好處看。他們個個面龐寬闊，肌肉厚實，步履穩健，個個都能死守據點。他們對外演講無數，對內訓話無數，沒有一句「嘉言」流傳。但是有兩句話也許能在街談巷議中保存百年：第一句，接收之後，蔣介石主席和夫人宋美齡女士一同到東北視察，瀋陽市民特別為蔣夫人舉行歡迎大會，萬眾雲集，某大員登上講台昭告群眾：「東北收復，你們常說回到母親的懷抱，現在母親來了！」台下有許多白鬍子老頭兒，我不知夫人聽了感受如何。後來東北潰敗，四十萬精銳幾乎全軍覆沒，新六軍潘軍長逃到葫蘆島，新聞記者問他失敗的原因，他憤憤的說：「我們這一場戰役簡直是共產黨指揮的！」那時大家還不知道參謀本部主管作戰的次長和處長都是共諜。軍長一言透露消息，中央對東北戰事的決策和指揮犯了許多錯誤。

瀋陽不守，憲兵第六團團長沙靖指示官兵自行「突圍」，他發給每人一筆路費，指定到安徽省安慶市報到，六團是潰散，沒有起義也沒有投降，距離一九四六年六月出關，為時兩年零六個月。

沙靖綽號「沙和尚」，因為他有異相，「豹頭環眼」，近似少數民族，也因為他廉潔嚴肅，清心寡欲。亂局之中，公財公物缺乏有效管理，遣散費是一筆大錢，他沒有私人吞沒，十分難得。他治軍極嚴，抗戰時期屢開殺戒，出納虧空少數公款，部下軍官與民間女子發生婚姻糾紛，都論罪處死，但他在東北未殺一人，未刑求一人，未藉故羅織一人。（「特高組」做的事不該由他負責。）眼看大局崩壞，他對從陝西帶出來的質樸子弟似有憐惜之心。他本人變裝離城，參加葫蘆島的最後撤退，輾轉入川。一九四九年解放軍破成都，聽說沒留他這個活口（張學良、龍雲起事，都先殺憲兵團長）。我們說朱連長是好人，沒有用，得副團長說他好才行；我們說沙團長是好人，也沒有用，得中國共產黨說他好才行。共產黨也不是惟一的裁判，在這世界上誰也沒有最後發言權。

我非常關心楊書質排長和張志華排長，他倆個性不同，際遇有異。一九八〇年，中國改革開放，一九八四年，我從紐約向國內寫信尋找楊排長，惟一的線索是先向陝西臨潼找張排長。當時軍中傳說，臨潼人做不了大官，蔣介石主席非常討厭「臨潼」這兩個字。一九三六年十二月十二日，張學良發動西安事變，派兵到臨潼拘捕蔣氏，實行兵諫，這是蔣氏一生最嚴重的挫折，他從此陷入國共相爭的泥沼，步履艱難。蔣氏創巨痛深，對臨潼產生過敏症候。幸虧有這個傳說，我始終記住張排長的籍貫，也幸虧有臨潼這條線索，我於分別四十二年以後，先在臨潼鄉下找到張排長，承他提供線索，又在滄州鄉下找到楊排長。

尋人談何容易，多謝共和國僑辦和統戰部有完善的尋人服務，最後蒙滄州市委交統戰部辦理，賴承辦人王建國先生熱心，發現楊老師在滄州市河西陶莊子務農。一九八九年開始通信，這年楊老六十八歲，張老七十七歲。張老三代同堂，生活正常，楊老受的苦可就多了。他離開瀋陽，回到天津做小生意。一九五一年鎮反，他判了十二年勞改，押送內蒙勞動改造。

一九五九年提前釋放，回滄州老家種田，這年楊老三十八歲。「像所有的故事一樣」，勞改期間，楊太太跟他離婚，劃清界限，幼子幼女無人撫養，離散失聯。「像所有的故事一樣」，國民黨舊人的家屬無論多麼痛苦，並不怪中共的政策過於嚴酷，只是同聲責難一家之長害了全家。

我跟楊老通信，連續十年，安慰他，感謝他，勸他，幫助他建立基本生活，尋找子女的下落。我也幫張老買洗衣機、修理房子。楊老反對「平反」，反對我在回憶錄裡寫出他的名字，本書初版只稱楊排長而不名，二十一年後本書改版，才把「書質」兩個字補上。他拒絕回憶當年東北的工作和生活，他對現在和未來完全絕望，也完全厭惡自己的歷史，他寧願「像擦黑板一樣」。他也不肯皈依佛教或耶教。他原是一個充滿理想和朝氣的青年，他原是一個充滿愛心和正義感的軍官，他原是一個安分守己苟全性命的小市民！可是這幾個角色命運一律不准他扮演。

楊老接到我的信當然很激動，但是他在第一封信裡寫了一段他跟統戰部官員的對話，他對官員說明跟我的關係，聲明絕不為任何搜集情報的人服務。雖然改革開放了，革命政黨還是革命政黨，我跟楊老張老通信得十分小心。後來我從《新新聞》雜誌上讀到一篇報導，一九四九年國軍撤出大陸時，情報機構曾在各地布置人員，繼續敵後工作。一九八〇年中國大陸對外開放，台灣的情報機構確曾派出人員，尋找當年的「布建」，看他們是否健在，還能否為台灣做甚麼，據報導，這個方案叫「踩雷計畫」。這就難怪了！人生在世，你總是知道得越多，抱怨越少。

我和楊老張老通信也有過虛驚。「六四民運」以後，美國華人寄給中國大陸親友的信常常夾帶反共傳單，寄信人並不知情，收信人十分困擾，究竟何方高人有這般能耐，頗費疑猜。我把情況告訴張老和楊老，我說：「我有政治主張，沒有政治活動，絕不會自己夾帶傳單。」張老拿信給一個甚麼人看，那人判斷這是我的伏筆，以後信中必有傳單出現。經驗發現，他們總是太聰明，冰雪聰明，玻璃片似的聰明，剃刀邊緣似的聰明，使你無地自容。他的判斷當然落空，可是害得張老好不擔憂。

郭班長也是我心中的牽掛，他是陝西人，他也念過那首「男兒立志出鄉關，學未成名誓不還」。他入潼關，出山海關，一路慷慨。到了瀋陽不寫家信，若是收到家鄉來信，他在信封上批注「此人已死，原件退回」。

我曾經把我的困境告訴他：父母已老，弟弟妹妹尚幼，全家已成難民。他把他的計畫告訴我：離開憲兵，到陸軍求發展，他認為他起碼也是個連長，很快就升成營長，他見過多少差勁的連長營長，才具儀表都在他之下，他要帶著我一同奮鬥。他告訴我，世上最勢利的人不在外鄉，在自己家裡，你要回去，坐著小包車回去，你這個樣子回去是步死棋，你去陪他們討飯也沒人感激你。人要升官發財再顧家，咱們留在東北奮鬥，混出名堂來回去光宗耀祖，那時候你只要九牛一毛，他們就歌功頌德。我沒有聽他的，我的困難不能用他的方法解決。

古來征戰幾人還，可是天下大亂也出奇蹟，不知道郭班長是否「坐著小包車回去」。他山窮水盡找路走，形象突出，可以代表許多人。他看人情世故透澈，說出預言，大家心比天高，身似土賤，「有國有家終是夢，為龍為虎總成空。」他說得對，我做不到。他一直盤桓在我的心中，我很久很久不能放下。我也曾請求陝西省僑辦找他，拜託張排長找他，沒有結果。

提到當年結伴出關的同學，我也得為他們寫上一筆。我還在瀋陽的時候，同學之間忽然興起互相題字之風，為甚麼要題字呢？「說不出原因來，好像覺得我們隨時可能分手。」我給他們寫「時代如酒，健兒易醉」。或者是「墨比血濃，寫不成一個歸字」。有人一直保存著他的紀念冊，經過多次政治運動，直到文化大革命結束之後，拿出來影印給我看。袁自立同學也到了台北，也到了美國，他多次念給我聽。八十年代，他到山東老家探親，回美後對我說：「歸字到底寫成了，不過是個簡體字。」

我和李孔思同學還有一段後話。陝南分手，他留在憲兵十四團，我改投憲兵六團，東北西北，雲裡霧裡。四八年夏天，我在秦皇島，孔思突來一信，他說到西安考大學，不幸落榜，流落街頭，沒有出路。我欠他一筆人情，一九四三年我在阜陽病倒，正值日軍策應中原戰爭，由蚌埠出兵北攻，阜陽進入緊急狀態，幸虧他幫忙延醫買藥，治好了我的病，我應該回報他。無奈這時物價飛漲，我每月都把所有的錢匯給父親，勉強維持他的生活，讀了孔思的信非常羞愧。同事中有一位富上尉，本是一位江南佳公子，不知何種因緣也在我們這個單位落腳，他在西安有親戚，那人幹過師長，辭職後隱居。我借支薪水做電報費，央富上尉發了兩封電報，一封給這位退職的師長，請他為孔思找個職業，一封發給孔思，囑他依照地址前去拜訪。

孔思又來一信，他要回憲兵十四團去了！我大吃一驚，以後斷了音信，我只能悶在心裡。直到一九八五年，我找到定居浦口的陳培業，向他打聽，得到一個很好的故事。孔思在十四團受訓，學科術科都是第一名，而且性情憨直，十四團趙團長對他有深刻的印象。孔思流落西安，趙團長派人找他，親自接見面談，要他重回十四團，並且立即派他做新兵連的訓練班長，免除了軍士隊受訓的過程。這是憲兵史上從來沒有過的事情，趙團長行事風格不俗，很得我們的讚美。

後事又如何呢？我希望找到孔思，我有能力回報他了。培業說，西北解放時，孔思駐川北廣元服勤，隨國軍撤入成都，在成都起義，參加解放軍（一九四九年十二月二十四日是憲兵起義日），以後不知下落。他是孔思的好朋友，應該熟知實際經過。

女同學孟繁英另有說法，據她所知，孔思回到二十二中，隨校遷往漢中，一九四九年四月在漢中投考中央陸軍軍官學校（即黃埔軍校），入川受訓，名列二十三期第三總隊步兵科。十二月起義，進入解放軍十八兵團隨營學校學習。一九五〇年九月復員，然後失去聯絡。她言之鑿鑿，似乎也可信。孔思字希聖，單看名號，可知他出身書香人家，背負著父母很大的期望。可是道路如此曲折，他只能破格做人，時也命也，為之奈何！

我看電影的時候，常想劇中人物「出鏡」以後做甚麼。我遍尋舊侶，向各地寫過五百多封信，他們的故事不能盡說。袁枚詩：「胸中沒有未了事，便是人間好光景。」我們無人修到這般境界，只有一位同學約略近似。他當年考取陸軍中央軍官學校，「為甚麼去考軍校？」他說考軍校是為了學殺人，學殺人是為了報父仇，他的父親死於土改，此恨難消。他說話的時候聲音低沉，鼻翼掀動，呼吸有聲。

我找到他已是四十年後。當年他到成都入學，編入二十三期，他們還沒畢業，共軍已兵臨城下。他們三個總隊三千零四十一名學生，向劉伯承鄧小平統率的二野起義歸順。這個新政權教他如何適應？我很想知道他的心路歷程，不能明問，我轉彎抹角，他也不能明答，他含糊其詞。他說有一年遊歷某地，參觀某寺，寺門有對聯一副，上聯是「天下事沒完沒了以不了了之」。這句上聯令我大驚大笑，這麼好的上聯必定有個非常好的下聯，可惜他忘記了。我東找西找終於找到，全聯是：

天下事了猶未了何妨以不了了之
世外慧法無定法然後知非法法也

上聯醒豁，下聯深奧，難怪上聯易傳，下聯易忘。歷史像擦黑板一樣，也能擦去恩怨情仇，我的好朋友僅得上聯已能解脫，下聯也就姑置不論了吧。

國軍「入出」東北，惹人議論至今。一九四五年日軍投降，蘇聯佔領東北，阻撓國軍接收，做過中國戰區參謀長的美國將領魏德邁反對國軍接收東北，他建議把東北問題交給聯合國解決，國府派最能幹的軍事將領和行政官吏，好好的治理華北和華中，集中兵力與共軍在華北決戰。蔣著《蘇俄在中國》書中也說，蘇俄對東北問題既違約背信，中國也決定停止接收，最後又復動搖，仍然與他們商談、並繼續進行接收，乃是政策和戰略上的一大錯誤。於是「如果不出兵接收東北，那就會和何如何」，一度是個熱門的話題。

歷史只有「曾經」，沒有「如果」。但是現在有「虛擬歷史」出現，引用楊豫譯介尼爾・

弗格森的說法：作者以一種否定性假設的命題來挑戰歷史決定論觀點，同時企圖重新解釋現代史。「如果沒有發生美國大革命，英國持續統治美國，今日的北美洲將會是怎樣的局面」？「如果英國沒有克倫威爾，那麼英國光榮革命會出現嗎」？「如果德國在二戰打敗蘇聯，德國可能持續統治歐洲嗎」？「如果沒有戈巴契夫，蘇聯共產黨會垮台嗎」？饒富趣味的命題帶領我們另類思考歷史，沉思事件之間的因果意義是否那麼線性邏輯與必然。

我想聯合國「監護」東北，中共多了一個民族主義的口號可以借用，它在東北的發展可能更順利。東北物產豐富，北鄰蘇聯，南鄰朝鮮，都是共產主義國家，有這麼一塊完整的根據地，華北豈有寧日？國民政府官吏怠惰，軍事系統又全為共諜滲透，所謂「好好的治理華北和華中」，所謂「集中兵力與共軍在華北決戰」，看來也都不會成功。我實在不敢相信「那樣可以全力鞏固華北華中和華南，國民政府可以保住政權」。

東北人常說，倘若派張學良去接收東北就好了！這話感情豐富，表現了對少帥的疼惜敬愛，我們有共鳴。無奈先人遺澤和同袍道義很難遏阻中共發展，戰後東北的局面，有形而上的問題，有形而下的問題，幽居十年的少帥究竟能了解多少？歷史不能假設，但可以想像，抗戰時期，如果少帥帶兵「打鬼子」，他極可能是另一個張自忠，抗戰勝利，如果派他主持東北軍政，他也許是另一個傅作義。

滾動的石頭往哪裡滾

一九四八年秋天，長春、瀋陽、錦州已成「最後的黃葉」，共軍則颳起一陣又一陣秋風。十月七日長春墜落，十月十四日錦州墜落，十一月二日瀋陽墜落，二十五天內三大據點失守，國軍收復東北最後的象徵消失。十一月四日國軍自動放棄葫蘆島，撤出軍隊及「義民」十四萬人。屈指算來，國軍從秦皇島攻出山海關，又由葫蘆島撤往秦皇島，相隔三年差七天。

葫蘆島撤退後，空軍派飛機偵察東北，在這一百二十萬平方公里的大地上已無任何戰鬥跡象（陳嘉驥《白山黑水的悲歌》），只有松花江大橋的橋頭堡上還飄揚著青天白日滿地紅的國旗，堡中孤軍還沒投降，算是黑板上剩下一個「頓點」。陳嘉驥感歎國軍下級官兵忠勇，高級將領誤國。只有頓點沒有文字，頓點已沒有意義，只是給文史資料添一段筆墨，記述共軍怎樣心戰勸降。

東北決戰應該居「三大戰役」之首，時間最早，影響也最大。依共方資料，東北交戰，國軍損失四十七萬人，物資財力的耗費無法彌補，國際聲望下墜無法恢復。張正隆著《雪白血紅》，引〈東北三年解放戰爭軍事資料〉，共軍出關十三萬人，內戰期間發展到一百七十五萬五千人，東北全境解放時有共軍一百三十萬人，此時東北共軍的武器裝備戰力超過關內的共軍，士氣尤其高昂。大軍進關投入華北戰場，五十八天內消滅國軍五十二萬人。

那時我雖在關內的補給單位供職，補給地區卻在關外，我們的眼睛一直望著東北，我們對東北事事關心，也事事揣測。起初，許多事出乎意料之外，後來我們從事物的發展中摸索規律，多少事都在意料之中。最後突然有一件大事發生，它打碎了我建立起來的規律，使我驚駭莫名。那就是長春圍城。

一九四六年四月，國軍收四平，北進長春。然後國軍的力量由巔峰下降，一九四八年，國軍打算放棄瀋陽長春，固守由錦州到山海關的遼西走廊，與平津相呼應。東北解放軍的最高指揮官林彪主張，讓長春的國軍走出城來，半路截擊，予以消滅。那時國軍只要走出城垣碉堡，對大地山河滿心恐懼，察哈爾和河北的國軍撤退時驚魂不定，一個解放軍戰士可以俘虜二十個國軍士兵，一個班可以俘虜一個營，十幾個人佔據一個村子，可以使兵團進退兩難。林彪的作戰計畫穩操勝算，可是毛澤東要林彪包圍長春，嚴密封鎖，不許一根柴一粒米入城。六月圍城，十月佔領，民間傳言餓死三十萬人。依解放軍作家張正隆引述的資料，長春市餓死十二萬人。林彪不失為軍人，毛澤東畢竟是陰謀家。

那時我在秦皇島，長春大飢餓的悲慘狀況零星傳來。市民嚴重缺糧，一座大樓換一斤米，一個大姑娘也換一斤米，先是滿街搶劫，後來一家人互相搶東西吃，幼子幼女先餓死，大路邊，樹底下，都是屍體，他們出來找東西吃，甚麼也沒找到。國軍鼓勵市民出城，共軍把他們又趕回來，成群的人跪在共軍的陣地前哭號哀求，最後死在「無人地帶」，慘無人道的地帶。那時國際間沒有一聲譴責，南方的學生還一個勁兒向國民政府「反飢餓」！

那時共軍規定，國軍官兵如果帶槍出城，交槍可以放人。有一位連長以手槍換路條，連夜過瀋陽出山海關，投奔「上校爺爺」。他面色青白，語音如垂危病人。演戲說話有「氣音」，氣勝於音，以氣代音，這位連長用氣音說話，有氣其實無氣，看見他，我才明白甚麼是「士氣」。他常常深夜夢中痛哭，哭聲倒是很大，驚醒眾人。

連長告訴「上校爺爺」，軍中缺糧，國軍空投接濟，糧袋落下來，各部隊派人搶米，自相殘殺。他說天天看見老百姓餓死，長官還要派他到民家搜糧，「只要他們不派我去搶老百姓的糧食，我不會逃跑。」他說城門以外，共軍陣地以前，老百姓的屍體帶狀分布，好像給兩軍畫出中線，這是因為垂死的老百姓出城以後，既無法通過共軍的封鎖，又不准再回到城內，多次往返奔波，再也無力支持。氣息奄奄的嬰兒睜大眼睛看他，在路上看他，也在夢中看他。

連長說，共軍士兵看見饑民跪拜痛哭，也流下眼淚，但是他們堅決執行命令，饑民不聽話，照樣開槍打，他也看見帶傷流血的屍體。他說共產黨真厲害，怎麼能把兵訓練成那個樣子，「人民的軍隊愛人民」，多年的訓練可以一夕翻轉，執行任務時可以違反原則，違背良心。他說國軍官兵無論如何辦不到，格老子傷陰德，老子不幹，他會偷偷的放過饑民，或者自己偷偷的跑掉。他說黃氾區會戰的時候，共軍用「人海戰術」進攻，死傷太多，國軍打到手軟，射手把機槍往地上一丟：「老子不打了！」連長掏出手槍，指著射手的太陽穴，射手撲通跪下：「連長你槍斃我吧！」射手哭了，連長也哭了，說著說著「他」淚流滿面，他就是那個連長。

我也流下眼淚，我的眼淚冰冷，手指發麻。世界太可怕了，這要多大本領的人才配站在世界上，像我這樣一個人憑甚麼能夠存活。天崩地坍，我還有甚麼保障，平素讀的書，信的教，抱的理念，一下子灰飛煙滅。我是弱者中的弱者，惟一的依靠是有權有勢的人也有善念，欺善怕惡的人也有節制，可是命運給我安排的是甚麼！很久很久，我的心不能平靜下來。

我覺得，消滅長春的國軍，林彪的辦法比毛澤東的辦法好，毛這樣做「毫無必要」。後來才知道他有必要，他這一招嚇壞了傅作義。一九四九年初，共軍包圍北平，傅作義恐懼長春圍城重演，接受「局部和平」，二十五萬大軍放下武器。世人都說北京是古都，必須保護文物遺產，以免毀於砲火。毛和傅都心裡明白，文物遺產一定無恙，只是再餓死幾十萬人，這是土法炮製的「中子彈」，傅作義的投降宣言：「以我一人之毀滅，換取數十萬人之新生」，要從這個角度解讀。

我青年時代的老闆，《中國時報》的余董事長，曾任東北保安司令部政治部主任。一九八〇年他在紐約，他和報社駐美人員聊天的時候透露，當初國軍出關，攻下四平，國民政府蔣主席命令停止前進，杜聿明堅持拿下長春，蔣氏派白崇禧到東北處理。他們在火車上開會，白對杜說，你如果有把握拿下長春，你可以去打，我負責任；如果長春拿不下來，你自己負責任。杜一舉攻入長春，這才有後來的大圍城，大飢餓。有人抱怨國軍沒有渡過松花江佔領哈爾濱和齊齊哈爾，如果真的深入北滿，會不會再增加兩個長春？……當年我們的副團長要「整」我們的連長，最好的辦法是派我們這個連到長春，可是官場鬥爭之道是把你最麻煩的部下留在身邊，副團長也像杜聿明、毛澤東，一念之差多少生死性命。

長春圍得久，東北垮得快，我們身不由己、腳不點地，離東北越來越遠，長春圍城的消息刺激甚深，圍城的詳情所知無多。直到一九九一年讀到張正隆寫的《雪白血紅》，他以四十二頁的篇幅寫長春圍城飢餓慘象，前所未見。古人所寫不過「羅雀掘鼠」、「拾骨為爨、易子而食」，張正隆以現代報導文學的手法，用白話，用白描，用具體形相，為人間留信史、留痛史，有此一章，《雪白血紅》可以不朽，有此一書，張正隆可以不朽。此書從中共的角度全面掃描東北內戰，除了功勳顯赫，也暴露了惡行重大，既揭開中共文宣的粉飾，也洗去反共文宣的塗抹。它顯示偉大的功業與卑鄙的行徑有某種共生關係，人類歷史的進展，很可能是上帝和魔鬼相輔相成，視野遼闊，寄託深遠。有人問我，寫內戰的書這麼多，到底該看哪一本，我說如果「只看一本」，就看《雪白血紅》。

長春圍城對我的影響，好比波蘭亡國對邱吉爾的影響。一九四四年，波蘭在希特勒控制之下，波蘭的「鄉土軍」追求獨立自由，配合蘇聯紅軍的攻勢，進行「華沙暴動」。鄉土軍起事以後，史達林按兵不動，坐視納粹軍隊消滅波蘭的武裝，六十三天後，「鄉土軍」潰敗，波蘭受難者多達二十萬人，希特勒下令把華沙「夷為平地」。這件事「嚇壞了」英國首相邱吉爾，他斷定無法跟蘇聯共謀天下大事，這才出現了日後的「冷戰」。

我在秦皇島國軍的後勤單位服務，我們做的最後一件事：收容東北潰散的官兵。港口司令何世禮表現了卓越的指揮能力，他加強已有的防禦設施，重兵把守，阻擋來歸官兵於鐵絲網外，這些人飢寒交迫，我們立刻送去大米和菜金，他們穿平民衣服，晝夜跋涉，從小路翻越長城缺口，我們送上一套新軍服，然後軍事當局派卡車來，把他們集體運走，設法安置。

這件事做得相當圓滿，那時潰散官兵在南京、上海、青島外圍都有嚴重的紀律問題，卻沒有在秦皇島造成任何困擾。

看到他們來去，我想起一句洋格言：「滾動的石頭不長青苔。」他們沒有積蓄，沒有家庭，沒有歷史淵源，沒有社會關係，他們只是滾動，誰也不知道最後停留在甚麼地方。

潰散官兵未必全都慌不擇路，有些人想進秦皇島，因為這裡有他們的單位或親友。港口司令部設想周到，事先印好一種申請表，潰散官兵可以申請跟某某人見面，只要有人願意接待，簽名負責，他可以來把申請人領走。這種規定也是秦皇島獨有，賴何世禮將軍的德政，我的老同學袁自立找到我。我帶他理髮，洗澡，換衣服，安排工作，他告訴我瀋陽怎樣不守，東北行轅主任衛立煌先坐飛機出走，瀋陽市癱瘓在地上，等解放軍收拾。他星夜疾走八百里，穿越戰場，國軍炸毀了大凌河的鐵橋，但沒有完全炸斷，他攀住彎曲的鐵樑匍匐而過，解放軍圍困錦州，挖了許多壕溝，他跳下去再爬出來。沿途多少死屍、野狗、廢砲，空中飛舞蓋好了大印的空白公文紙。

秦皇島和葫蘆島是東北國軍的補給港，東北既已不守，兩港隨即放棄，秦葫港口司令部撤銷，我和袁自立寄身的聯勤補給單位調往塘沽，考其時為一九四八年十一月二十四日。前一天，駐守山海關的國軍撤到秦皇島會合，二十四日黎明時分，全部到碼頭登船。我從未到港口觀賞海景，這天站在甲板上迎晨曦朝陽，我才看到古人吟詠的「漫言此後難為水，試看當前不辨天」。碼頭伸入海中長約百米，面積約一平方公里，這麼一個小小的半島竟在現代史上有這麼大的擔當。

我在秦皇島結識了一位眼科大夫欒福銅先生，相處融洽，他是一個有愛心的基督徒，戰亂時期，他不但常常免費醫治難民，也常常免費照顧過境的傷兵，令我欽佩感動。撤退的行動祕密而匆忙，我沒有向他辭行，到了碼頭，才知道船艦要下午才離港，我站在碼頭上悵望陸地，對秦皇島忽然有依依不捨之情。這地方對我太重要了，它和安徽阜陽（我求學的地方）、山東臨沂（我生長的地方）同樣重要，當然，除了這三個地方以外，還有台灣，我在台灣脫離青年，度過中年，那是一九四九年以後的事了。對秦皇島，我惜別的情懷落實在欒大夫身上，我想此時市民都知道我們要走，保密已無必要，何不回到市內跟他告別？

我的行為太魯莽了！進了市區，才知道全市寂靜如死，商家住戶的門都關著，街道上沒有一個人影，公共汽車停駛，只見車站的站牌孤零零像一根豆芽。我應該折回碼頭，可是我仍然往前走，我的行為太魯莽了！欒大夫診所的門關著，我應該折回碼頭，可是我上前敲門，他打開了門，他還坐在診所裡等著救人。他並沒有教我坐下（幸虧沒有），我倆站在診所裡，他為我禱告，他左手拉著我的手，右手蒙著自己的臉，眼淚從他的指縫裡流下來。七年以來流亡各地，這是我惟一得到的眼淚，我非常非常感動。

我獨自沿著大街走回，一路聽自己的腳步聲，我從不知道我的腳步聲那樣響亮。回到碼頭，船艦仍在，我不知道船艦一直升火待發，隨時可以離港。今日讀王海城《把紅旗插在秦皇島碼頭上》，國軍撤出市區後，冀東軍區獨立第八團還不知道秦皇島已是空城，這怎麼會？當年共軍情報何等靈通！事實俱在，我去探望欒大夫的時候，秦皇島正在那裡等新的主人，想想看，那又是一個我最危險的時候，軍隊行動「人不離群」，我犯了大忌。

回到碼頭，正值港口司令部派兵搜船，搜出一些穿軍服的少女來，她們每人都愛上一個青年軍官，難分難捨，軍官的同事們掩護她們上船同行，家長發現女兒失蹤，跑到港口司令部投訴。她們雖然換上軍服，但是軍帽蓋不住長髮，加上身材曲線，一眼就可以認出來。軍法無情，碼頭上一片抽泣之聲，女兒哭泣，女兒的母親哭泣，青年軍官也擦不完眼淚。今天想想，「地老天荒，堪歎古今情不盡！」那時我心腸硬，只覺得軍紀廢弛到這般地步，沒人顧慮集體的安危，怎麼不怕中共的地下黨帶著炸彈來！

我們奉令進艙，聽見砲聲，國軍軍艦發砲射擊，掩護撤退，運輸船隻緩緩離岸，我如果在市內再多逗留十分鐘，就會被海軍撂在碼頭上了。我聽見砲聲，想到當前並沒有敵情，海軍照本子辦事，有板有眼，可惜用美金買來的砲彈，而且射擊之後，大夥水兵要辛辛苦擦一遍砲膛。船到海中，有人等著眺望碼頭倉庫爆炸的聲音煙塵，據說爆破部隊已完成準備，只待一聲令下，可是上面改變了心意，最後命令沒有下來。東北各地國軍撤守時，炸毀了一些軍火庫，沒有破壞道路橋樑、自來水和發電廠，記得那時《大公報》有一篇社論加以稱讚，社論中也隱然有和平的主張。

船行一二七海里（二三五公里）到塘沽，三年前，一九四五年九月，美國海軍陸戰隊第一師在此登陸，給國軍多留下一個「活眼」。東北失守以後，華北唇亡齒寒，南京中央打算把華北的國軍撤到天津，由塘沽出海運往南方，那時傅作義主持華北軍政，反對南遷，我們在塘沽住了大約十天，大概是等待最後決定。記得居住的環境像一個樸素的小鎮，記得附近有個地方叫新河，國軍三千人駐紮，我們奉命去設立彈藥堆積所，以利駐軍久守，可是一夜之間新河失守，一切盡入共軍之手。記得房東女兒俊秀，同事中一個中尉押運員調戲她，回到辦公室和死黨計議如何弄上手。我想起古人說過「惡徒向來愛村姑」，我想起當時民間批評國軍的順口溜：「見了壯丁他要抽，見了錢包他要搜，見了女人他要勾。」東北的百萬共軍即將入關，華北的局勢岌岌可危，還有這等人不知死活。

傅作義拒絕南撤，防守天津的陳長捷說，傅先生不走我也不走，於是我們帶著大批糧食和彈藥向天津出發。塘沽距離天津市中心只有四十五公里，可以說，當我們的專車開動的那一刻，華北國軍的命運業已註定。我很想留在塘沽，塘沽是港口，有退路，可是塘沽沒人發薪水給我，我怎麼寄錢給父親？滾動的石頭只好繼續滾動，我以後的命運也在那時註定了，小人物的生死禍福常繫於大人物的一步棋。

我很後悔，由一九四二年離家到一九四八年此時，我第一次為做過的事後悔不已。那時，我如果知道四十幾天以後天津失守，我就留在塘沽和自立兄他們一同撤往上海了，可是我猶豫難決，我聽到的判斷是，東北共軍需要整補，中共需要消化戰果穩定後方，空軍天天偵察，不見部隊調動的跡象。共軍大約要三個月到六個月才可以發動華北戰役，他們要先打山海關，天津和北平這兩個名城重鎮大約可以堅守一年。我怎麼可以一年沒有收入？父親斷了接濟，怎麼支撐？不料通貨膨脹那麼快，平津的局面又維持得那麼短。

我硬著頭皮北上，領到本月所得，直奔銀行。我在天津只領到一次錢，然後天津就解放了，塘沽就撤退了！好像我是為筆錢赴湯蹈火。後來父子重逢，父親說他看到匯款通知，沒有去領這筆錢，那點錢只能買幾粒花生，那時候小孩子吃花生米，可以一粒一粒買。我奮不顧身的全部所得啊！

那時機關部隊領到經費，先拿去投資進貨，三天五天以後貨物漲價幾倍，他賣掉貨物再發員工薪水，穩賺一大筆錢。匯兌也是這樣，我領到薪水送進銀行，銀行裡的某一個人，先把匯款併入他的資金投資周轉，一兩個星期以後再匯出去；對方銀行收到了錢，也有那麼一個人先拿去投資周轉，一兩個星期以後再通知我父親，這時候那點錢就成了廢紙。咳，「人為財死」，而我只是為了一疊廢紙。

多年後，一位在南京參謀本部參與情報作業的某將軍告訴我，那時國軍根本沒有從東北來的情報，只能憑空軍偵察，共軍白天宿營，夜間行軍，越過長城，瞞過空軍。華北國軍只注意山海關，根本忘了長城有很多缺口可以通行，自古以來，長城從未擋住入侵的軍隊。解放軍入關以後，悄悄埋伏在鄉村裡，監視天津塘沽，「一面包圍、一面休整」。

天津，我留下一生最深的烙印，但對生活環境只有最淺的印象。

我們住在市區南部，那一帶從前是租界，我們借住的洋房依然洋味盎然，客廳大，地毯厚，一人高的落地大鐘豎在牆角裡，拖著長長的鋼鍊，好大的鐘擺！分量一定很重，也能照常搖來擺去，房主人的管家每天拉那根長鍊上緊發條。怎麼會有這麼大的鐘擺！為甚麼要用這麼大的鐘！天津是一個洋化的都市，一眼望去處處洋房，那時中共憎惡西方的東西，我一直揣摩他們會怎樣對付這些洋房。

我完全沒有心情遊覽，極少出門，只有一次，我遠遠離開居住的地方去找銀行。管家指點先坐一段電車，那年代左派文人大罵天津電車，電車搶走了人力車的顧客，又一再撞死小童，我一路揣摩中共怎樣對付電車。下車步行，走過一座漂亮的大橋，當地人管它叫法國橋，那麼我是身在往日的法租界了？橋下流水是有名的海河。雖然天津已是危城，銀行行員依然富泰尊貴，氣定神閒，左派文人也曾大罵他們，我揣摩中共怎樣對付銀行。

我沿途看見結婚的禮車來來去去，看見這裡那裡都有承辦喜筵的館子，懸燈結采，賀客盈門，只是不准放鞭炮。眼看天變地變，他們趕快兒娶女嫁，了卻心頭一分牽掛。我想起「末日來臨的時候，人們照樣又吃又喝，又嫁又娶」。人行道旁，難民牽著小女孩行乞，對過往行人作揖哀求，我在瀋陽秦皇島見過許多，現在反應沒那麼強烈，只希望他們也遇見天使。

我們借用的洋房很堅固，地下室很深，看樣子我們要準備忍受大砲轟擊。不久，外圍據點開始交火，天津塘沽之間的路切斷了！我們各部門業務清閒，只有管軍糧的王少校加倍忙碌，幾乎每天都有野戰部隊上門領糧，每次都發生激烈的爭吵。陳長捷真想久守，他規定每次只能發一個星期的主食，他的想法是，有戰鬥就有傷亡，各部隊的人數就會減少，每個星期照實有的員額發糧，天津存糧就可以多支持一些日子，他要求部隊長和補給單位「核實」。可是各部隊領糧的單據上永遠有那麼多官兵，王少校質問他們：「你的兵難道一個也不死？一個也不逃？」對方回答他：「必死不死，倖生不生，別以為你在後方就能長命百歲！」伸手撫摸佩帶的手槍，公然恐嚇。起先王少校硬頂著，最後蹤影不見，他了解戰況，捏住分寸，再過兩天，解放軍進城，一了百了。

從來沒有人為了彈藥爭多爭少，那時候彈藥不能變錢。白花花的大米縱然不是金子也是銀子，部隊長都想多控制一些糧食，兵凶戰危，王少校公事公辦也就罷了，何必擋他們財路？原來那時補給單位也有私心，他們也想盡量把糧食控制在自己手裡，所以對陳長捷的規定熱心執行。那時為了減少戰時損失，也為了運補方便，軍糧分散寄存在幾家糧棧裡，城池一旦失守，公糧不必報銷，糧棧老闆算是進了一批便宜貨，他立刻把「成本」付給某一個人，收款人當然不是王少校，也當然也不是聯勤總部。那時部隊長，補給單位，糧棧商人，他們彼此有默契，天津很快就會「淪陷」，鬼才相信你能守半載一年。

一月五日，天津保衛戰開始，外圍重要據點灰堆，北倉，東局子，張貴莊，紛紛失守。灰堆守軍四千人，防守七個小時，好像「彈藥堆積所」裡堆是不是子彈，是「灰」。東局子像個賭場，開局坐莊後馬上賠光。共軍砲兵向城中射擊，彈道劃破空氣，發出刺耳的嘯聲，我們席地而臥，全身的神經接受震動，輕輕呼吸硝煙的氣味。想起在北戴河抽籤，抽到「昨日雲，今朝雷，明晚霞」，籤語靈驗？這就是那「雷」了！

夜晚，東西南北都有信號彈衝天而起，報紙說共諜向砲兵指示目標，沒說守軍布線搜捕任何人。信號彈沒法掩飾，發射信號彈的人又怎能掩藏，捉人應該容易，那時國軍士氣低落，誰也不想跟中共結怨，「人情留一線，日後好相見」。美國上將馬歇爾來華調停國共衝突，助長了這種傾向，東北崩潰，人心悲觀，「多一事不如少一事」。有一天，市內出現共軍的傳單，報紙把傳單的文句寫入新聞，全登出來。變相為中共宣傳！

一月十四日，共軍對天津市區發起總攻，這時天津已是「剝了皮的橘子」。天津市地形狹長，北部、防守的兵力強，南部、防衛工事強，共軍由中部攻入，將天津市斬為兩段。以平津之戰為題材，中國大陸攝製了劇情片，電影描述，守軍司令官陳長捷一再使用無線電話呼救，上級總是告訴他「援軍馬上就到」，實際上並沒有甚麼援軍，最後一次，陳長捷聽到同樣的答覆，丟下聽筒，哈哈狂笑，笑聲淒厲。那時國軍顧此失彼，上級常常用「援軍馬上就到」讓下級望梅止渴，可是天津並沒有演出這一幕，陳長捷知道不可能有援軍，他從未倚賴援軍解圍。後來的報導說，陳長捷惟一的怨言是、傅作義一面命令他堅守，一面暗中和中共商談「投降」。他怎會不知道「兵不厭詐」也包括對自己的部下？他被俘，大赦，事隔多年，見到傅作義，還說出怨言。

天津防守戰役只打了二十九個小時。一九四九年一月十五日早晨，槍聲停止，我們躺在地下室裡還不敢亂說亂動，同事中有位朱少校，他起來打背包。我很納悶：你這是做甚麼！他有作戰的經驗，也有被俘的經驗，他知道時候到了，我應該照著他的樣子做，可是我沒有那個智慧。然後，只聽見地下室入口處有人喊叫：「出來！出來！交槍不殺！」緊接著，咚咚咚一個手榴彈從階梯上滾下來，我們躺在地上睡成一排，我的位置最接近出口，手榴彈碰到我的大腿停住，我全身僵硬麻木，不能思想。我一手握住手榴彈，感覺手臂像燒透了的一根鐵，通紅，手榴彈有點軟。叨天之幸，這顆手榴彈冷冷的停在那兒沒有任何變化。那時共軍用土法製造手榴彈，平均每四顆中有一顆啞火，我們有百分之二十五的機會，大概我們中間有個人福大命大，我們都沾了他的光。以後許多年，我每次想起這段奇遇渾身冰冷，又是一個「最危險的時候」！我常常夢見像踢足球一樣踢一顆手榴彈，它飛出去，又折回來，還是在我們面前爆炸了，我們彼此相看，個個好比風化了的石像，一張臉坑坑凹凹，面目模糊不清。

不久，房主人的管家走下來，他說解放軍已經知道我們是後勤人員，沒有武器，歡迎我們上去迎接解放。朱少校立刻穿上大衣，揹起背包，踏上階梯。有一位姓富的中尉，毫不遲疑，他也穿上大衣，揹起背包，跟在後面。他年輕單純，未經世故，但是他知道跟定一個人，一個年長厚道、人生經驗豐富的人，有樣學樣。朱少校並未教他怎樣做，他自動模仿，只做不問。事後證明他做對了。

我們蟄伏在地下室裡，不知道昨夜快雪初晴，冬天畢竟是冬天，地下室有暖氣，院子裡只有寒風，這溫差教人怎麼適應。我們在解放軍軍官指揮下，十幾個人踏著殘雪，排成橫隊，一律不准行動，人人羨慕朱少校有先見之明。軍官聲明優待俘虜，我們要求回地下室取大衣，或者請解放軍戰士代取大衣，得到的回答是：「你們的行李原封不動存在地下室裡，等你們受訓完畢再來拿走。」

我一點也不怨朱少校，我已經知道，你在最緊要的關頭總是最孤獨。天不絕我，我們的何軍械官有一個五歲的兒子，只有他還可以在院子裡跑來跑去。多麼好的孩子！他回到地下室，給他父親取來大衣。正好我和何軍械官並肩站立，趁勢請求他再跑一趟把我的大衣也取來，說時遲那時快，當這位小朋友抱著厚重的皮大衣登上地面的時候，我們也在解放軍的押送下整隊出發，我們都是滾動的石頭，身不由己，何軍械官頻頻回首，他急得臉色蠟黃，惟恐丟失了孩子，孩子很能幹，一路小跑追上來。我接過大衣，悲喜交集，那時陽曆一九四九年一月十五日，陰曆臘月，節氣在小寒和大寒之間，沒有這件大衣我怎麼挺得住，我到底不是石頭！我多麼感激這位姓何的小朋友。

正是這天，我成了「蔣匪軍」的被俘官兵。我本是冒名頂替的一個上尉，如果是馬克・吐溫，他會說：「不知道那天被俘的究竟是不是山東臨沂的王鼎鈞，也不知道今天寫自傳的究竟是不是河北徐水的王鶴霄。」我可沒有那份俏皮輕鬆，中共的官方資料說，解放天津，

「全殲」守軍十三萬人。「殲」的意思是「殺盡」，從那一天起，我們已是死人，是雖生猶死的人，是該死沒死的人。

天津中共戰俘營半月記

解放軍攻克天津的時候，對處理大批俘虜已經累積了豐富的經驗，繳械就擒的國軍官兵也有充分的心理準備，好像一切水到渠成。

我的遭遇或許有代表性。我們這十幾個後勤軍官聽從解放軍的指揮，離開住所。路上只見掉下來的招牌，斷了的電話線，傾斜翻轉的電車汽車。成群結隊的解放軍交臂而過，沒人看我們，我偷偷的看他。我們走進一所學校，只見成群的俘虜從各個方向陸續湧來，擠滿了房子，擠滿了院子。他們都是在第一線繳械就擒的戰鬥人員，軍官跟士兵穿一樣的衣服，一律不佩符號，但是你仍然一眼可以分出階級，比方說，士兵穿又髒又舊的軍服，連長穿乾乾淨淨的軍服，團長穿嶄新的軍服。解放軍的一位營指導員坐在校長辦公室裡管理我們，我們人數這麼多，他們僅僅一位營指導員，身旁幾個通信兵，門口幾個衛兵，胸有成竹，不慌不忙。他們已有豐富的經驗。

雖說是押送和集中監視，他們並未怎樣注意我們，反倒是我，我沒忘記我是（或者準備是）一個作家，趕緊趁機會觀察新事物。雖說是東北解放軍入關，那些戰士並不魁梧健壯，個個臉色憔悴，嘴唇皸裂，雙手赤紅，我擔心他們生凍瘡。有人光著頭，大概是戰鬥中失去了帽子，倒是沒人伸手來摘我們的皮帽子，很難得！他們沒穿大衣，腰間紮著寬大的布帶，想是為了禦寒。裝備陳舊，多是民間用手工縫製，土布的顏色單調，軍容灰暗，只有腰間插著一雙布鞋嶄新，兵貴神速，他們一晝夜可以急行兩百華里，鞋子是最重要的裝備。還記得國軍宿營的時候，照例派人四出偵察，報告說百里之內並無敵蹤，於是放心睡覺，誰知拂曉時分已陷入解放軍重重包圍，神通就在這雙布鞋。個別看，解放軍哪裡是雄師？何以集體表現席捲江山？當時被俘的國軍軍官陷入沉思，沒有答案。

我設法擠到辦公室門口去看指導員，他抽菸，看不出香菸牌子，聞氣味品質不壞。一個國軍軍官擠進來向他介紹自己是是甚麼團的團長，跟指導員攀同鄉，團長是在戰鬥位置上被俘的，他已經好多天沒回家了，要求指導員行個方便，讓他回去看看孩子，他發誓一定回來報到。又有一個軍官擠進來，他說他跟解放軍司令員劉亞樓是親戚，劉亞樓指揮解放天津的戰鬥，目前人在市內，他要求去找劉亞樓見面。那位指導員一面抽菸一面微笑，慢動作撕開香菸盒，掏出鉛筆來寫字，他用香菸盒的反面寫報告，向上級請示。通訊兵去了又回來，字條上面批著兩個字：「不准」，用的也是鉛筆。他們的公文程序怎麼簡化到這般程度，我非常驚異。指導員拿批示給他們看，不說話。

戰鬥結束了，許多國軍軍官沒有回家，有些太太真勇敢，牽著小孩出來找丈夫。她們有人找到我們這一站，衛兵不許她們進來，但是可以替她們傳話，「某某團的副團長某某在這裡沒有！你太太帶著孩子在門口找你！」這樣的話由大門外傳到大門裡，由院子裡傳到屋子裡，沒有反應。於是有人高聲喊叫，重複一遍又一遍，還是沒有回聲。於是有人低聲議論，就算他在這裡也不敢出頭承認，他還想隱瞞身分呢。那時國軍軍官被俘後常常謊報級職姓名，武官冒充文官，將校官冒充尉官，這樣做都是枉費心機，以後還有多次清查，總有辦法把你一個一個揪出來。

俘虜實在太多了，解放軍不斷增加臨時收容的地方，我們這裡一批人疏散出去，騰出空間，於是進行下一個程序，「區分山羊綿羊」。第一步，軍官和士兵分開，他們把士兵帶走了。第二步，上校以上的軍官和中校以下的軍官分開，他們又把上校以上的軍官帶走了。斬頭去尾，我們中間這一段人數最多，這才發現我們那個單位只來了我們十幾個呆鳥，別人早有脫身之計，人人祕而不宣。兩個月後我逃到上海，發現我們的新老闆先到一步，住在一棟花園樓房裡。四個月後我逃到台北，陸續遇見許多同仁，他們也都是狡兔。

俘虜分類之後進行編隊，編隊之後立即前往指定的地點受訓，指導員不再微笑，也沒有講話，他只是冷冷的看部下工作，他的部下也不多講話，只是冷冷的工作，一片「晚來天欲雪」的感覺。他們為甚麼不講話？這是不祥之兆嗎？由鬧烘烘到冷冰冰，看看日色西沉，解放軍似乎要趕快把俘虜弄出天津市區，出門以後指導員不見了，他的臉色還像塊冰壓在我心上。我越走越心虛，胡思亂想，想起滾進地下室的手榴彈，想起德國納粹把俘虜運到郊外集體槍決。

還好，我們一直走一直走，走到楊柳青，東看西看好像沒有楊柳。一直走一直走，走到北倉，看見碉堡殘破，交通壕翻邊，鐵絲網零亂，大概是砲兵猛轟造成的吧，想見戰鬥還是很激烈。我們一直走下去，有路可走就好，這夜無星無月，野外有人不斷發射照明彈，（為甚麼？）顯示最後的戰時景色，冷光下依稀可見隊形蜿蜒。途中隊伍距離拉得很長，身旁沒人監視，可是一個人也沒逃走。走了半夜才投宿農家，老大娘為我們燒火做飯，整天僅此一餐，可是並不覺得餓。

第二天黎明上路，有大隊解放軍同行。我放慢腳步，一再用眼睛的餘光打量他們，他們的基本教練簡單馬虎，肩上的步槍東倒西歪。我注意他們的槍械，那時，共軍用「小米加上步槍」打敗國軍的飛機大砲，已經成為流行的口號。我只看見日軍的制式步槍「三八式」，國軍的制式步槍「中正式」。我心頭一懍，想起我在瀋陽揩過擦過的那枝槍，那枝槍流落何方？我還記得它的號碼，真想看看他們每個人的槍，看他們的號碼離我多近多遠。解放軍打天津，除了飛機以外，大砲機槍衝鋒槍甚麼武器都有，據「火器堂」網上資料，抗戰八年，內戰四年，聯勤的兵工廠大約製造了五十萬枝中正式步槍，我想平津戰役結束時，總有三十萬枝已經握在解放軍手中了吧？韓戰發生，中共派志願軍抗美援朝，正好用「中正式」跟聯軍大戰三百回合。

我們一直往北走，天氣忽然起了變化，風沙撲面而來，那風沙強悍詭異，難以形容。我拉低帽沿，掏出手帕遮臉，閉緊眼睛趕路，每隔幾秒鐘睜開一條縫，看一看腳下的路，塵土細沙趁勢鑽進來。四面一片濛濛的黃，空氣有顏色也有重量，鼻孔太小，難以呼吸。我想到我的眼睛，那時我只為眼睛擔憂，作家可以沒有手，沒有腳，必須有眼睛。現在我知道，那天我們遇上了「沙塵暴」，西北風挾帶內蒙的塵沙，向南撲來，它一年比一年嚴重，現在已經形成天災，華北東北都成災區。現在「沙塵暴」過境的時候，人取消戶外活動，飛機停飛，沙塵落地造成「沙化」，土地沒法耕種，人民沒法安居。專家總是往壞處想，他們憂慮多少年後，東北華北一半變成沙漠。倘若真有那麼一天，後世史家會指指點點，國共兩黨興兵百萬，血流成河，爭的就是這幾粒沙。

當時風沙中辛苦掙扎，哪會想這許多，我只擔心我的眼睛。好不容易到達目的地，風也停了。那是一個很大的村莊，瓦房很多。我們先在村頭一字排開，解放軍戰士抬了一個籮筐來，我們在軍官監督下自己搜查自己的口袋，把所有的東西掏出來，鈔票，銀元，戒指，手錶，都放在籮筐裡，我能了解，這是防止我們逃亡。所有的文件也要放進去，鋼筆，照片，符號，日記本，我明白，這是要從裡面找情報。他們做應該做的事情，好在我除了一張符號以外，甚麼財物也沒有。我的職位是個上尉軍需啊，軍隊裡不是常說「窮書記、富軍需」嗎，解放軍官看了我一眼，他怎知道我實際上是個「窮書記」？似乎懷疑，倒也讓我過關。他強調受訓以後所有的東西都會發還，這位軍官是我們的指導員。

下一步是分配住宿的地方，我們住在地主留下的空屋裡，屋裡沒有任何家具，大概是「階級鬥爭」取走了一切浮財。每一棟房屋都沒有門，應該是民伕拆下門做擔架去支援前方的戰爭。每一棟房屋也沒有窗櫺，這就奇怪了，我想不出理由來。既然門窗「洞」開，解放軍戰士管理俘虜，要看要聽，十分方便。夜間風雪出入自如，彷彿回到抗戰時期流亡學生的生活。

我必須說，解放軍管理俘虜還算和善寬鬆，伙食也不壞，一天兩餐，菜裡有肉。當然我們仍然要踏灰跳火，早晨起床以後，第一件事情是集體跑步，這時，住在這個村子裡的俘虜全員到齊，大概有兩百人左右，解放軍駐紮的武力大約是兩個班，果然一以當十。跑步之後，大家在廣場集合，班長登台教唱，第一天學的是「解放區的天、是明朗的天」。這天夜裡降了一場淺淺的雪，天公慈悲，沒颳大風，早晨白雲折射天光，總算晴了。第二天學的是「換槍換槍快換槍，蔣介石，運輸大隊長，送來大批美國槍。」我聽了不覺一笑，也不知他們有幽默感，還是我有幽默感。

所謂受訓，除了跑步，就是唱歌。跑步容易唱歌難，終於有這麼一天，早操以後，班長教唱，劈頭就是「蔣介石，大流氓，無恥的漢奸賣國賊。」我張口結舌，這未免太離譜了吧？這並不是侮辱蔣氏，而是侮辱我們的知識程度。我讀過教會歷史，當年羅馬帝國打算消滅基督教，把教堂屋頂上的十字架拆來擺在地上，命令教徒一個一個踐踏，如今解放軍玩的是同樣的把戲，可是跟羅馬統治者比，格調太低了。大約人同此心，解放軍班長領頭起句以後，全場默然，指導員一向不說話，臉色像上了一層釉子，這時帶著槍兵走過來，指著我們的鼻子喝問：「你為甚麼不唱？為甚麼不唱？」隊伍裡這才有了嗡嗡之聲。他不滿意，又一個一個指著鼻子喝令：「大聲唱！大聲唱！」隊伍裡的歌聲這才一句一句提高。

我一直不肯學唱，於是被指導員帶進辦公室。我模仿朱連長向副團長抗辯的態度，立正站好，姿勢筆挺，有問必答，一口一個「報告指導員」。他好像很受用，但是仍然厲聲斥責，「你已經解放了，為甚麼不唱解放軍的歌？」我告訴他，我是唱八路軍的歌長大的。不待他考問，我自動唱起來，我採取提要式的唱法，「在那密密的樹林裡，有我們無數好兄弟。」唱了兩句，馬上換另外一首，「風在吼，馬在嘯，黃河在咆哮。」再換一首，「延水濁，延水清，情郎哥哥去當兵，當兵要當八路軍。」再換一首，「中國人不打中國人，抗日軍不打抗日軍。」

他大喝一聲：「夠了！你這些歌現在沒人唱了，你到這裡來受訓，就是教你趕上形勢。」我說報告指導員，八路軍的那些歌真好，我們愛唱，有人禁止也禁不住。現在教的歌哪裡比得上？現在這支歌怎麼這麼低俗？這哪裡像解放軍的歌？我不顧他的反應，連唱帶說，他用銳利的眼神觀察我，好像看我的精神是否正常。我後來我知道，他們認為抗拒爭辯都是真情流露，他們對「真情」有興趣，如果我馬上無條件適應，他反而認為是虛偽，引起他們的戒備懷疑。

他沉默片刻，忽然問我對這裡的生活有甚麼意見。「報告指導員，沒有意見。」怎麼會沒有？他不信。「報告指導員，抗戰的時候，國民黨的游擊隊捉到了八路軍要活埋，我們都是該死沒死的人，在這裡吃得飽，睡得好，當然沒有批評。」這幾句話他聽得進。你對國民黨還有甚麼幻想？「報告指導員，沒有任何幻想。」是不是還想倚靠蔣介石？「報告指導員，我跑江湖混飯吃，從來沒倚靠蔣介石。」大概這句話太沒水準，他皺了一下眉頭。那麼你對自己的前途有甚麼打算？「報告指導員，我的父親在南京做難民，我要到南京去養活他。」我簡化問題，隱瞞了弟弟和妹妹。他說南京馬上要解放了，全中國都要解放了，你去南京也是白去。他說他也有父母，個人的問題要放在全國解放的問題裡解決。

他靜待我的反應，我默不作聲。

他拿出一本小冊子來交給我，他說這是我從未讀過的書，他用警告的語氣說，「接受新知識的時候要用心，還要虛心。」他等著聽我的心得報告。那時候我的左眼開始腫脹疼痛，天津失守那天，我們逆風行軍，塵沙傷害了我的眼睛。他不看也不問我的病痛，他顯然打算教我用一隻眼睛讀他指定的教材。

俘虜營裡沒有醫療服務，班長忽然慈悲，替我弄到一截紗布，我只能把左眼包起來，乍看外表，倒是很像個傷兵。冷風吹拂，我發覺自己跑進指導員的射界，做了他的目標。他們閉上一隻耳朵，沒再強迫我唱歌，我難道已在享受某種優待？代價是甚麼？我不知道在人群中隱身，也許因而不能脫身，我那年才二十四歲，對中共多少有用處。

五年前我也許願意加入共青團，可是我的人生觀改變了，大我，紀律，信仰，奉獻，都是可怕的名詞，背後無數負面的內容。我一心嚮往個人自由，我曾在新聞紀錄片裡看見要人走出飛機，儀隊像一堵磚牆排列在旁邊，新聞記者先是一擁而上，後是滿地奔跑追趕，我當時曾暗暗立下志願，從那一堵牆中走出來，到滿地亂跑的人中間去。其實「自由」也有陰暗面，那時我還不知道「事情總是向相反的一面發展」，以螺旋形的軌跡尋求救贖。

我已放棄一切偉大非凡的憧憬，無論是入世的還是出世的。我只求能有必需的收入，養活父親，幫助弟弟妹妹長大。我已知道解放區絕對沒有這樣的空間，中共管理人民的方式我很難適應，他對老百姓的期許我無法達到，我只有到「腐化的、封建的、自私的、渙散的」社會裡去苟活。我必須奔向南京。

腳下有到南京去的路嗎？顯然沒有。如果我的左眼長期發炎得不到治療，必定失明，中共不會要一個殘廢的人，那樣我就可以一隻眼睛去南京。我猜父親看見一個「眇目」的兒子回來，不會有快樂的表情，但是半盲的乞丐也許會得到慷慨的施捨。我在兩利兩害之間忐忑不安。那時我的父親並不知道他自己也面臨選擇：損失一個兒子、或者僅僅損失兒子的一隻眼睛。

我始終沒讀指導員交給我的那本書，只是偶然揭開封面看了一眼。果真「開卷有益」，封面裡空白的那一頁蓋了一個圖章：「東北軍政大學冀熱遼邊區分校圖書館」，正好蓋在左下角。我大吃一驚，天造地設，一張空白的公文紙，可以由我寫一張路條。我以前從未想到逃走，這時左右無人，不假思索，我悄悄把它撕下來。解放軍顯然還未建立文書制度，士兵文化水平低，沒有能力鑑別公文真偽，如果他們不放我，我也有辦法！圖章的印文是楷書簡體，草莽色彩鮮明，後來知道，中共的印信一律廢棄篆書。

左眼越來越痛，「難友」朱少校幫助我，他說用食鹽水沖洗可以延緩病情。我到附近農家討鹽，一位太太說，她家的鹽用光了，還沒有補充，她讓我進廚房察看，柴米油鹽一無所有，鍋灶冰冷，使我想起「朝朝寒食」。我走進另一農家，當家的太太說她可以給我一撮鹽，但是必須班長許可。我又到處去找班長。

討到了鹽，朱少校捲起袖子，客串護士。每一次我只能討到一撮鹽，好一個慈悲的班長，他天天帶我奔波找鹽，他走在前面，我在後面六英尺左右跟著，他沉默無聲，農家看他的臉色行事。今天回想，我最大的收穫不是食鹽，我有機會看到「老解放區」人民的生活。好像家家都沒有房門。我沒看見男人。天氣晴朗，陽光普照，打麥場邊怎麼沒有一群孩子嬉戲，沒有幾隻狗搖著尾巴團團轉，怎麼沒有老翁抽著旱菸袋聊天，怎麼也沒有大雞小雞覓食，也沒見高高堆起來的麥稈高粱稈。安靜，清靜，乾乾淨淨，一切投入戰爭，當初「不拿人民一針一線」，而今「人民不留一針一線」，這就是解放戰爭的魅力，這就是每一個班長的驕傲。

我在俘虜營的那段日子，外面發生了兩件大事，蔣介石總統宣布「引退」，副總統李宗仁代行職權；傅作義接受局部和平，北平解放。我們看不到報紙，兩件事都由班長口頭宣布，我還記得，蔣氏引退的消息夜晚傳到俘虜營，我們都已躺好，宿舍裡沒電燈，班長站在黑暗裡說，蔣介石「引退」了，理由是「不能視事」。我了解《中華民國憲法》，其中提到總統「缺位」和總統「因故不能視事」，兩者有很大的區別，班長聲調平靜，用字精準，把「不能視事」重複了一次，表示強調，很有政治水準。也許是黑暗遮住了臉孔吧，大家竟鼓起掌來，那時大家在心理上忽然變成觀眾，歹戲拖棚，不如早點落幕，散場回家。

散場以後一定可以回家嗎？天曉得！資料顯示，內戰第一年，六十萬俘虜參軍，第二年，七十萬俘虜參軍。濟南十萬俘虜，或參軍，或勞動生產，一個不放。中共佔有東北全境後決定釋放俘虜，而我恰恰在這個時候被俘，硬仗已經打完，俘虜太多，無處消耗，索性由他們投奔國民黨，國民黨既要照顧他們，又要防範他們，雙方必然產生矛盾，他們縱然抗拒洗腦，多多少少仍然要受一點影響，他們不知不覺會把影響帶到國府統治的地區，成為活性的「病灶」。世事總是如此，又是如此，千千萬萬小人物的命運繫於大人物一念之間。必須說，中共這一著高明！國軍退守台灣，大陸失敗的教訓深刻難忘，萬事防諜當先，盡力布置一個無菌室，那千千萬萬「匪區來歸官兵」跟有潔癖的人吃一鍋飯，難免動輒得咎，軍政機構疑人也要用，用人也要疑額外消耗多少元氣。

我們在俘虜營過陰曆年，萬年曆顯示，那是一九四九年一月二十九日，歲次己丑，牛年！我的生肖屬牛，我的本命年，而我命在旦夕。事後推想，那時他們已經決定釋放我們了，所以停止一切爭取吸收的工作。大約是為了留些「去思」，過年這天午餐加菜，質量豐富，一個高官騎著馬帶著秧歌隊出現，據說是團政委。我第一次看見扭秧歌，身段步伐很像家鄉人「踩高蹺」，親切，可是無論如何你不能拿它當作中國的「國風」。他們唱的是「今年一九四九年，今年是個解放年，鑼鼓喧天鬧得歡，我給大家來拜年。」先是縱隊繞行，然後橫隊排開，唱到最後一句，全體向我們鞠躬，我又覺得折煞。

團政委登台訓話，我用我的一隻眼睛努力看他，希望看得清、記得牢。他的氣質複雜，我當時用三句成語概括記下：文質彬彬，威風凜凜，陰氣沉沉。我被俘以後見到的解放軍人，跟我在抗戰時期見到的共產黨人完全不同，後者比較陰沉。有人解釋，中共陰沉是由於俄共陰沉，俄共陰沉是由於氣候嚴寒。有人作另一種解釋，中共陰沉是因為他們捨身革命，生活在逮捕和屠殺的陰影之下，因而培養出特殊的氣質。還有一說，中共黨員長期浸潤在唯物辯證之中，而唯物辯證法是一種陰術。

家鄉父老常說「一分材料一分福」，團政委口才好，勝過連指營指。他稱讚我們都是人才，可惜走錯了路，迷途知返不嫌晚，誰願意參加解放軍，他伸出雙手歡迎。然後他加強語氣，誰對國民黨還有幻想，解放軍發路費，發路條，願意去南京的去南京，願意去廣州的去廣州，願意去台灣的去台灣，你們去的地方都要解放，你們前腳到，解放軍後腳到，水流千遭歸大海，誰也逃不出如來佛的手掌心。一番話鏗鏘有聲，驚心動魄。他最後強調解放軍守信用，說話算數，路條路費明天就發給你們，任你們行動自由。大家聽呆了，不敢鼓掌。演說完畢，團政委上馬，他還要到另一個村莊去演說，大概他要走遍附近的村莊。

解放軍說話算數，第二天路條到手，我打開一看，有效期間只有兩天，我今天出了這個門，明天路條就成廢紙，以後的路怎麼走？路條的效期是兩天，路費也是兩天的伙食錢，他們好像假定我兩天以後就可以到南京到廣州了！我是否可以找指導員申述困難？正在猶豫不決，有個小夥子在我身旁急得團團轉，他反覆自問：「我的戒指呢？我的手錶呢？」

我想起來，我們進村子那天，人人把財物掏出來，一起放在大籮筐裡，交給解放軍保管，當時指導員明確交代，受訓期滿之日發還。這時候，有一個人，我心裡一直想著這個人，現在我才下筆寫到這個人，他也是個俘虜，看樣子是個中年人，是個病人，每天閉目打坐不說話，如果夜晚我們上了床不睡覺，如果我們談天說地東拉西扯，他才喝一聲「趕快睡覺！不要擾亂別人！」倒還有幾分精氣神。有時候，我們三五個人在院子裡閒談幾句，他也要站在門口喝斥：「走開走開！」一聲調毫不客氣。他真有先見之明，總是我們聽從他的喝斥之後，班長就像獵犬一樣跑過來，察顏觀色一番。當那小夥子滿口戒指手錶追問不捨的時候，那個沉默的中年人又喝一聲：「你這個混蛋！還不快滾！」人間確有當頭棒喝，我和那個小夥子陡然醒悟，兩百人的手錶戒指都混雜在一個大筐裡，哪個是你的？怎麼發還？當初解放軍收集俘虜財物的時候，並沒有一人一個封套包裝起來寫上名字，可見壓根兒就沒打算發還，那還嚕嗦甚麼？難道想留下不走？我們大徹大悟，四大皆空，萬緣放下，急忙上路。咳，那中年病夫是有心人，是好心人，文章寫到這裡我思念他，不知他後半生何處浮浮沉沉，可曾風平浪靜。

一九四九年一月十五日天津失守，我當天被俘。一月二十九日過年，我次日釋放。中間管訓十五天，解放軍果然說話算話。無奈人心不足，我時常想起某某公司設計的一張海報：美女當前，含情望著你，下面的文字是「某某公司信守承諾：某月某日這位女郎全身脫光」。人人記住這個日期，到了那一天，急忙去找海報，海報換新，女郎果然全裸，海灘遼闊，她只是個遙遠的背影，下面一行文字：「某某公司永遠信守承諾」。

為一隻眼睛奮鬥

沒人願意待在俘虜營裡，可是我走出俘虜營以後，忽然覺得非常空虛，我不屬於共產黨，我也不再屬於國民黨，我也不是一個老百姓，大地茫茫，頓覺失去重心，飄浮在大氣之中。我那時的感覺正如今天一位詩人所說：天空是沒有彼岸的。

人，有時候我覺得像演傀儡戲，總得有根線牽著你走，如果所有的線都剪斷了，他會癱瘓下來。我們單位有位姜參謀，秦皇島撤退，他回老家，平津不守，他帶著家眷走出解放區，奔到國軍控制的青島，眼看青島不能久守，他又帶著妻小回頭走，走回老家，因為他全身的線都剪斷了！咳，這一去再也沒有音訊！他是個老好人。

我身上還有一根線沒斷，我有一個大家庭，我家老父、弱妹、幼弟都在「國統區」漂泊，母親臨終時託姨母帶話，要我負起長子的責任。母親晚年受盡辛苦，我沒能還家給她一個笑臉，甚至沒能親親熱熱給她寫一封信，若說報答於萬一，也只有照著她的心意全力以赴了。

這是我今後生存的意義，我還得繼續向前，今天回想，當時本來無路可走，憑此一念，我終於走了出來，雖然後來國事家事雙重折磨，但若比起土改、反右、文革，又算得了甚麼？我不應有恨，不應有悔。

俘虜營設在天津市以北的鄉鎮裡，我們不知道地名，我也曾向當地居民打聽，沒人回答。出了俘虜營，行人問行人，才知道地在寶坻縣境內，鐵路資料顯示，寶坻站到天津站一百一十五公里。離開寶坻，我由河北而山東，由青島而上海，這一段路走得十分痛苦，我一向能夠正視痛苦，反芻痛苦，惟有這一段經驗不堪承受，我一直逃避它，隱藏它，盡可能遺忘它，於今細數平生，我曾想省略它，越過它，只因為這條路上有幾位好人，我要用文字紀念他們，這才不得不寫。

我和朱少校、富上尉一同直奔天津，路旁風景和來時不同，農家在門口擺攤賣菜，村頭也有人吸菸閒聚，我們的狼狽逃不掉他們的欣賞。我的左眼發炎，用紗布蒙住，他們以為解放軍的砲火打瞎了我一隻眼，特別愛看。眾多「難友」們三三兩兩各奔前程，沒人互相交談，歧路分散，也沒誰看誰一眼，砲彈震碎了人和人之間的紐帶。一群民眾揪住一位難友拳打腳踢，這是甚麼時候，甚麼地方，他居然犯了老毛病，隨手拿了人家一個雞蛋。這個「混蛋」！我低頭疾走，不敢多看一眼。

我一心記罣留在天津的行李。我們被俘的時候，解放軍的軍官說過，「東西放在這裡，你們受完了訓回來拿。」我身無分文，半絲半縷對我都很重要，解放後的天津市很安靜，路上也沒人盤查，房東仍然和氣。他說，我們所有的東西，當天就被解放軍取走了！料想如是，果然如是，總要到了黃河才死心。

天津不能停留，朱少校問我下一步怎麼走。我必須設法保全我的左眼，想起秦皇島那位好心的眼科醫生、欒福銅大夫，我斷然作了一個危險的決定，回頭兩百八十六公里，深入解放區，獨自再去秦皇島。

由天津車站登上火車，沒人向我要票，秩序還沒有完全恢復。秦皇島下車，沒人多看我一眼，來到海陽路，街寬海風大，沒灰塵，也沒甚麼車馬行人。我向瞎子學習，一隻手扶著牆，低下頭慢慢走，門巷依然，牆上的標語全換了，據說解放軍第一天做的第一件大事就是刷掉舊標語寫上新的，他們看重意識型態。重寫標語表示要重寫一切，標語的變化是一切變化的開始，我一向看輕了標語，現在才發現它關係重大。

聽見鑼鼓秧歌隊迎面而來，交臂而過。有甚麼東西劈臉搧我一個耳光，急忙抬頭，秧歌隊的排頭人物撐著兩面大紅旗縱橫飛舞，旗角掃到我的右頰，沒碰眼睛。我用右眼看清楚了，左上角鐮刀斧頭，竟是蘇聯的國旗。後來才知道當時並沒看清楚，那是蘇聯的黨旗，比國旗多一顆星。那時世界各國共產黨的黨旗都跟蘇共一模一樣，蘇聯是無產階級祖國。

欒大夫的診所容易找，海陽路上，以前我們辦公室旁邊。我進門第一句話是：「欒大夫，我求你看眼來了！」他急忙起立，把我安置在就診的位子上，按部就班檢查了，用藥水洗眼，點上眼藥。我問病情，他這才說出第一句話來：「你多禱告。」他是虔誠的基督徒，也許他勸人禱告已成習慣，可是我頓覺凶多吉少。

欒大夫的眼科診所和一位李大夫的牙科診所共用一個大門，進了門，中間是兩家診所共用的候診室。李大夫原籍哈爾濱，遼瀋、平津兩大戰役之後，東北華北一統，李大夫好不容易有返鄉探親的機會，只留下他的學徒看守診所。欒大夫安排我跟這位青年一同吃飯，晚上睡在候診室裡。我遵照當局規定去申報臨時戶口，窗口裡面軍人當家，我把路條送進去，他瞄了一眼丟出來：「准你住半個月！」快刀切梨，好不爽快。

欒大夫每天為我洗眼兩次，我按時點眼藥，病人稀少，我可以坐在候診室裡閉上眼睛背誦唐詩。我絕不出門，但是我已沒有自己的私密空間，有個小青年天天來東拉西扯，我在補給單位工作的那些日子早就認識他，他好像沒有工作，但是營養良好，笑口常開，形象高出游手好閒的小混混，那時對他難猜難度。等到華北一統，他的生活方式未改，對我這樣的人有興趣，我對他的動機也就無須再猜再度。我知道我必須給他情報，否則他為了交差，一定胡編亂造，非常可怕，我提供情報時選擇內容，也就控制了影響。我從來沒有機會兩利取其重，只懂得兩害取其輕。

我告訴他，解放軍作戰英勇無敵，我很佩服。我抄襲團政委說的話：國軍退到哪裡，解放軍會追到哪裡，哪怕是天涯海角。我把對連指導員說過的話對他再說一遍：我是該死沒死的人，感激中共寬大，我對國民黨毫無幻想，但是我必須到南京一帶去尋找我家的老小三口，照顧他們，即使回山東老家種田，我也得帶他們一同回去。

我知道我也必須有一點牢騷，對他們有幾句批評，才可以減少他們的猜疑。我說我只是一個出門找飯吃的人，別說我反革命，我甚麼都不反，只反餓肚子。我說我也承認地主制度不合理，但是對付地主的手段太過分，弄得我在抗戰勝利後無家可歸。我說我是小人物，隨波逐流，有奶便是娘，哪能跟共產黨員一樣？他們都是英雄豪傑，國民黨的飯他們不要吃，國民黨的官他們也不要做。

這些話，小青年聽得津津有味。

我偶爾聰明，常常糊塗。星期天，欒大夫帶我到教會，那時信徒還可以聚集，但是沒人講道，牧師知道神的意思，不知道人的意思，這時候人比神大。教友人人帶著《聖經》，但是沒人打開，那時候，當局允許整本《聖經》存在，《聖經》裡的話未必句句可以存在，他們惟恐讀錯了章節。取消聚會，惟恐得罪神，參加聚會，又惟恐得罪「人」，個個像纏足的小媳婦，我這個「傷兵」突然出現，更增加了幾分戒備的氣氛，大家靜坐，默禱，散會，彼此幾乎沒有寒暄。

欒大夫安排我跟教會管理人面談，對方認識我。這一次我犯了糊塗，他對我說，「你要感謝神」，我說世上只有人，沒有神。他立刻對我嚴陣以待。他說「你心裡有魔鬼」，我說世上也沒有魔鬼，只有人。他厲聲說：「上帝已經降下刑罰，世人要知道悔改。」我說共產黨創造歷史，世界照著共產黨的意思改變，不是照著神的意思改變。依照邏輯，他只有說共產黨執行神的旨意，神借著共產黨行使權能，可是他說不出口，他還沒有進步到那些程度。直到今天，中國基督徒在這方面的進步仍然有限。

我們不歡而散。今天回想，他希望聽見「我是罪人」，求神垂憐。他希望我能提供神蹟，例如我在天津市的地下室裡禱告，手榴彈滾到我的身旁，天使出現了，手榴彈沒有爆炸。欒大夫帶我去聚會，也許是想替我爭取一丁點兒關懷，可憐我身處絕境還不知道取悅於人，我跟在欒大夫後面一路走回，他一句話也沒說，今天回想，他的沉默就是批判。

我在秦皇島住了一個星期，慢慢看見我給欒大夫帶來的壓力。他越來越沉默，我不知道應該說甚麼，也不知道能夠做甚麼。終於他對我說，明天有一班火車可以把我送到山東，機會難得。至於我的眼睛，他說沒有問題，我帶著眼藥水上路，每天點三次。他問我有沒有盤纏，我哪有一文錢，可是我覺得他已經幫了這麼大的忙，對好人需求太多傷天害理，我咬緊牙關說「有」。

這夜我作夢，又夢見駕著一架小飛機漫天飛，沒有目標，也飛不高，急得出汗。拂曉時分，欒大夫帶我從火車站貴賓室特別入口到月台，他做過鐵路醫院院長，有人脈。

欒福銅醫師是河北清苑人，存心慈悲，助人無數。四十年後，中國大陸對外開放，我輾轉找到他的大公子，這才知道老太爺已在一九七六年去世，還有老太太健在，我說明原由，獻上感謝。欒醫師敬畏上帝，一生熱心救人。人生自古誰無死，怎麼說他不該死於唐山大地震。那次大地震發生在一九七六年七月二十八日凌晨三時四十二分，僅十幾秒鐘時間，這座新興的工業城市變成一片廢墟，二十四萬人死亡，十六萬人重傷，沒有辦法給死者個別營造墳墓，只能找許多地點集體掩埋。天心難測，難怪無神論者振振有詞；所幸他的兩位公子、一位女公子也都成了名醫，馳譽國際，有神論者也還能找到支點。

火車離開秦皇島直奔天津，把這兩百八十六公里再走一遍。車上人多，汗流浹背，不能轉身。沒看見女人小孩，個個男子漢都穿著深色的便服，只聽見呼吸聲。這到底是一列甚麼車？小站不靠，大站也沒全停。天津站有人下車，我們沿津浦線南下，奔馳三百六十五公里到濟南，一路上沒見隨車服務的鐵路員工。我不知道這到底是一列甚麼車，我到底是託了甚麼人的福。

一路上不斷有人下車，車到滄州，站務人員減少客車車廂，加掛一串平台車，繼續南行。車入山東境內，我知道要經過黃河，我也知道離黃河最近的車站，南有灤口，北有鵲山，中間是有名的黃河大鐵橋。我很想下車步行，到河岸的草棚底下喝一碗魚羹，到河中的淺灘上印幾個腳印。

我也料到火車可能不在灤口或鵲山停靠，我走出客車，坐在平台車上，等候看河。乘客坐在平台車上違反鐵路局的安全規定，幸而沒人干涉。車到鵲山，我扯下眼罩丟掉，火車果然直上鐵橋，河水安靜，火車匆匆，冬天的黃河水少，沙地枯草多，像缺水的湖，不像是哺育我們民族的河，也不像是多少母親投水自盡的河。一九四六年出潼關，入河南，我有機會遠望五月的黃河，一九四九年過山東，我遠望二月的黃河，緣分比冬天的河水還淺。河寬橋長，奈何火車飛快。沒有興奮，沒有傷感，煙景稍縱即逝，我只是像盡義務一樣用心看，用力看，對中國工程界引以為傲的鐵橋，對小學老師滿口讚揚的鐵橋，幾乎沒留下多少印象。黃河留在我的血管裡，四十年後我六十三歲，它忽然沸騰，傾瀉出一本《左心房的漩渦》。

一九四六年遠望黃河，排長提起「不到黃河心不死」。一九四九年遠望黃河，我想的是

「跳進黃河洗不清」。行走在外，多少人問我這個山東人，這兩句諺語到底是甚麼意思。我猜第一句嘛，黃河之水天上來，它的長度，古人無法繞過，它的寬度，古人很難越過，它的深度，古人無法涉過，到了黃河就是到了盡頭，到了絕路，只好放棄一切妄想。第二句嘛，人生在世要注意避嫌，一旦蒙受某種誤解，可能永遠無法剖白，縱然有黃河那麼多的水，也無法洗淨他的汙垢。

那天過黃河，我忽然另有一番領悟。黃河水多，但是非常混濁，書上說，這條河一年有十六億噸泥沙，世界第一，每立方公尺河水含沙三十四到九十公斤，龍門段的泥沙達到百分之九十，出海口的海灘每年延伸一百公尺。「黃河洗澡一身黃，黃河燒茶一鍋湯」，河邊居民用水，必須先用明礬把泥沙沉澱下去。所謂「跳進黃河洗不清」，應該是說，你已經跳進了黃河，還想洗清？你跳進了黃河，「所以」洗不清。是了！那時候我走出瀋陽，天津被俘，正是跳進了黃河。

眼藥水用完，左眼算是康復了，但視力未能完全恢復，也比較容易疲勞。後來經常看醫生，醫生說心理作用大，「越接近頭頂的病越需要心理治療」。我喜歡眼科醫生，輕柔如一陣和風。醫生叮囑注意保養，我看書寫稿一小時就閉上眼睛休息，常有人以為我在禱告。不喝酒，不抽菸，後來又加上不喝咖啡，不吃辣椒。常讀有關眼疾的資料，偶爾難免緊張過度，自以為出現甚麼症候，這樣那樣檢查，浪費醫生的時間精力。醫生說，「疾病大辭典」之類最好別看，看見甚麼病就好像得了甚麼病。沒錯，「越接近頭頂的病越需要心理治療」。

膠濟路上的人間奇遇

我在濟南車站下車，應該立即沿膠濟鐵路東行，這條鐵路的東端終於青島，當時青島尚在國軍手中，海路可以通往上海。可是濟南是山東首府，故鄉的大門，我得上街走走。

久聞濟南市馬路用石塊鋪成，可是我沒見「家家流水、戶戶垂楊」，路旁有垃圾，有鬥象棋的攤子，也有游手好閒身分不明的人。也許是快要「白日依山盡」的原故吧，色調灰暗，氣象蕭條，解放五個多月了，還帶著戰後的病容。

我站在十字路口向南看，若要回老家，就從這裡一直走。我已來到離臨沂蘭陵最近的地方，死火山忽然復活，我心潮洶湧，由拂曉離家的蒙昧，到流亡學校的熱血，倉促投軍的懊喪，不甘墮落的煎熬，生命歸零的恐懼，瞬息之間重演一遍。我的心裡裝著一具指南針，泰安，曲阜，兗州，滕縣，棗莊，嶧城，這些地名都是磁石，我努力把身體釘在地上，這才明白為甚麼舊約裡面的羅德之妻要化成鹽柱，只有那樣她才可以牢牢站定。

我站在那裡看了又看，我沒有還鄉的權利，只有漂泊的命運。我不是鹽柱，我是無頭蒼蠅，憑本能橫衝直撞。天色不早，費了一番力氣轉過身來回到車站，這才發現坐車必須買票，車站對客運管理已經有效執行。我揚起下巴看天，今晚無風無雨，決定沿膠濟公路步行，抗戰後期，流亡學校西遷，我曾一個人步行橫跨河南全省。

夜行省得宿店，而且走路可以取暖，第二天肚子餓了，就到路旁村子裡去乞食。我有過乞食的歷練，抗戰發生後，日軍打到家鄉，父親帶我們逃到蘇北避難，那時沿途難民也是無頭蒼蠅，成群結隊，一家人常被日軍的騎兵衝散。父親一生謹慎，他設想了一種情況，萬一孩子脫離了大人的掌握，沒有飯吃，要懂得怎樣乞討，我曾奉命實習。他老人家萬萬沒料到他的訓練如此這般有了用處！

膠濟路乞食的經驗很難堪。那時我穿著國軍的軍服，村頭百姓大聲嘲問：「老總，我家還有一隻老母雞，你要不要吃？」那時鄉人跟國軍士兵叫「老總」，國軍紀律壞，老百姓家養的雞捉來就殺，一個連長曾經得意洋洋的告訴我，他在山東行軍作戰的時候，炊事班長每天早上向他請示，問連長今天想吃甚麼菜，他眉頭一皺：「來盤雞心！」炊事班就挨家捉雞，剖腹取心，炒一盤雞心奉上，雞肉丟進行軍專用的大鐵鍋清燉，全連士兵享用。有時候他吃雞肝，有時候他吃雞腦。現在老百姓要出氣，我只有裝聾作啞。有人特別注意我的眼睛：「你的左眼怎麼啦？是不是解放軍的砲火打傷的？怎麼沒把你的兩隻眼睛都打瞎呢？」咳！我把心一橫，挺胸昂首走過。

心軟的人肯施捨，然而他們窮苦，有人掀開鍋蓋，雙手捧出地瓜葉豆餅混成的食物給我，他們自己也吃這種東西，我來增加他們的負擔，心中另有一種羞愧。我雙手接過食物，立刻上路，邊走邊吃，我是不祥之物，惟恐給「施主」添麻煩。

有時候，我必須站在廚房裡喝一碗開水。雖然我總是在村頭村尾乞食，村幹總會立刻出現，村中顯然有高效率的通報系統。村幹不跟我交談，他站在廚房裡盯著我把水喝完，那一碗水特別燙嘴。我在村幹目送下離開村莊，擔心他會責備那個施捨的家庭，咳，我成了那條路上的一害。

那年山東半島冬暖，走到中午，就像童話書所說「太陽勸人脫掉大衣」。我穿的是寒冷地區作戰的美式裝備，老天不會把我凍死，由濟南到青島三百多公里，鄉親也不會讓我餓死。睏倦來了，太陽勸人合上眼皮，我到空曠的田野裡尋一個低窪的地方躺下，趁著一天之內溫度最高的時分睡上一覺。

心神不安，我總是突然睜開了眼，好像出現了危機。真奇怪，一隻豬的大臉逼近，我在熟睡中感受到牠的壓力。豬於人無害，我從容看牠，距離近，牠臉上的皺紋都放大了，線條古樸，形象居然有悲苦之美。我從來不知道豬的臉這樣好看，許多年後，有人發表他的審美觀念：「遠看女人近看豬」，聞者失笑，我沒有笑。又過了許多年，台灣的攝影家黎漢龍以豬為題材，多次得到國內外大獎，別人覺得奇怪，我不詫異。

另外一次，我突然醒來，看見一隻狗，牠的嘴巴離我的臉大約只有一英尺。這還了得！牠想幹甚麼！父老相傳，戰場附近家犬多半吃過人的屍體，從此有了狼性，愛吃人，牠即使不敢吃大人也敢吃小孩，不敢吃站著的人也敢吃躺著的人。膠濟沿線正是國共兩軍多次激戰的地方，我確實嚇了一跳，不敢動也不敢不動，還好，牠看見我睜開眼睛，掉頭走開。牠還是一隻善良的狗。

我遭到解放軍人的搜查，我說「解放軍人」，因為我料定是他個人的行為。他獨自徒手站在十字路口，只對穿國軍軍服的人有興趣，他不看路條，不搜口袋，仔細摸我們衣服下襬的邊緣，那時候流行把金戒指縫在那裡，他大概嘗到過甜頭。任何人都能判斷，這不是依照規範執行勤務的方式，我的衣服貨色好，檔次高，但是搜不出任何值得一看的東西，他觀察我的臉，流露出懷疑的神氣。

盤查總以避免為上，我離開公路沿著鐵軌走，這條路上沒有行人，尤其是夜間，遠處的人看不見我，火車經過的時候，我到路基下面臥倒隱蔽，不讓車裡面的人發現。沿途有幾處簡易的橋樑，鐵軌懸空架設，人走在上面沒法躲避火車，我使用打游擊學來的方法，過橋之前，先用耳朵貼在鐵軌旁聽一聽，如果遠處有火車駛來，可以聽見地殼震動的聲音，我躲一躲，先讓火車通過。後來回想，我的做法包藏著好幾種危險。

自作聰明的人總要受到懲罰。記得那天我進入濰縣境內，慶幸全程已走過一半，仍然是夜間，仍然走在鐵軌上，黑暗中突然聽見嘩喇一聲子彈上膛，同時有人大喝一聲：「站住！舉起手來！」我站好，雙手舉高，說明自己的身分，對方命令：「你拍著巴掌走過來。」真好笑，我打游擊的時候聽到故事，敵人教他拍巴掌表示手中沒有武器，他左手打自己耳光，右手握緊手槍，這個解放軍戰士居然沒聽說過。

解放軍在站外布哨，我進入警戒網，這又是以西各站沒有的措施，可以看出中共對佔領區的管理正在一步一步加強。他們把我帶到一個據點枯坐，天亮以後接受軍官審問。

受審時我呈上路條，他說你的路條早已過期作廢了，我默然。他說你離開路條上的路線私自行動，違反規定，我又默然。我的天！他把路條撕了，他說我在河北山東逗留究竟有甚麼目的，他要調查，調查期間我到連隊學習。

班長拿來一套土布做的棉軍服，換走我的美式裝備。抗戰期間我穿過那種土布軍服，纖維疏鬆，粗細不勻，很像裝米的麻袋，棉花薄，多處沉澱到下襬去了，簡直是一件夾衣，他們自己早已不穿這種衣服了，也許他們拿準備報廢的東西，故意發給我這個可以報廢的人。他們有棉大衣，也沒給我，換裝以後，立刻寒氣逼人。沒有路條，我不能行動，沒有那套防寒的衣服，我怎麼度過春寒？我是跌入谷底了！

我加入連隊以後，並沒有人教我這樣那樣，他們幾乎都不理我。有一天，我信步外出，試一試有多少自由，沒人阻止盤問或跟蹤。我看見一家中藥鋪，產生靈感，我對掌櫃的說我想寫一封家信，請他們借筆硯一用。

果然人要衣裝，掌櫃的把我當成解放軍戰士，十分客氣，立時端出文房四寶，還擺上茶菸。我仿效當年八路軍的作風，一口茶沒喝，一枝菸沒動，我從貼身內衣的口袋裡把那張紙取出來，那張我在俘虜營的書本上偷偷撕下來的紙，上面印著「東北軍政大學冀熱遼邊區分校圖書室」的圖章。我用那張紙寫了一張路條，然後我按照當年八路軍的傳統，向掌櫃的敬禮道謝。

沒人防止我逃走，他們也許盼望我逃走，看樣子他們只對我的一身冬裝有興趣。我不必再回連隊了，沿著膠濟公路一直往東走。

沒錯，人要衣裝。走著走著，一輛汽車在我身旁停下來，民間商用的貨車。坐在司機旁邊的那個人跳下來，問我要不要搭順風車，他們的目的地是膠縣。太好了！我又遇見天使，那時中共治下火車通到膠縣為止，膠縣以東是國軍防守區，坐汽車去膠縣簡直一步登天。後來有人替我分析，也許車上有私貨，他們要借你這一身老虎皮擋一下，我可不願意那樣想。

膠縣和城陽縣相望，城陽是青島的外圍據點，國軍尚在駐守，兩者中間有一道「無人地帶」。我路上遇見六七個「難友」結夥前行，國軍哨兵制止，我們到哨所接受盤問，填表登記，交出證明文件，我就憑自己偽造的路條申請國軍收容。

那時代總統李宗仁派「顏邵章江」四老北上，正與中共商談和平，考其時在一九四九年二月底。那時國軍徵兵，把南方徵集的新兵送到北方，防止他們逃亡，這些人想家，盼望和平。我對國軍防地第一個印象是，守在碉堡外面和橋頭的國軍士兵都在翻看地圖，看他的家鄉在哪裡，有一個小青年從未使用過地圖，他請我教他怎樣在圖上找他的家鄉，教他怎樣估量離家鄉有多遠，他是江西贛縣人，說遠不遠，說近也不近。後來我在台北聽到青島撤退的消息，還想起那個小兵，不知道他回到家鄉了沒有，咳！那年代，世界上最難到的地方就是老家。

我在秦皇島工作的時候，參與收容東北潰散的國軍，發棉衣，發路費，車輛早已備妥，立即送往後方安置。我以為駐守青島的國軍也會這樣辦，我忘了一個重要的因素，遼瀋戰役結束時，平津的局面尚能維持，淮海戰役還沒開打，國軍當局辦事還有舊譜。平津既失，徐蚌又敗，加上統帥引退，危局之中，就沒有心情再談大計顧後果了。我一路行來，發現中共亂中求治，天天改進，兩相對照，看見國軍陣營的「失敗主義」。

我們奉命住在城陽縣城周邊的村莊裡，每天每人發給主食大米，沒有菜金倒也罷了，沒有燃料，生米如何煮成熟飯？那時青島地區由山東名將劉安祺駐守，保境安民、撫輯流亡都是他的職責，將在外，國防部必須尊重他的意見，有些事情只要他認為重要，他可以彌補、挽回、便宜行事。我們這批殘兵都從他眼皮底下過，他到底是怎麼想的？他打算要我們怎麼活？四十二年以後，台北中央研究院出版了他的口述歷史，書中細說青島勳績，娓娓動人，只是對我們這些「壓傷的蘆葦」、這些到了黃河不死心的「餘數」，隻字未提。

我們每十個人編成一班，生活各自料理。起初，我們賣掉一部分食米換錢買柴，馬上發現食米的斤兩本來不足，拿米換柴之後更吃不飽。我們兩人一組輪番打柴，說是打柴，誰也不敢離村一里，一里之外都是解放區的天。村頭村尾大樹不少，我們沒有工具，沒有技術，沒辦法爬上去鋸幾枝下來。我們只能朝農家種的果樹下手，果樹枝椏多，姿勢低，木質鬆脆，舉手之勞喀嚓一聲，「桃李杏春風一家」，桃李杏一同遭殃。我們的鍋灶變熱了，農家的臉和心變冷了。

農民總有上訴的管道，我們奉指示（也不知誰的指示）保護果樹。好吧，果樹當然應該保護，我們又豈能「凍死不拆屋」？那時鐵路兩側有很多碉堡，下面用木材支撐，上面堆土，時局演變到這一步，那些碉堡已經沒有機會使用，裡面的木材也乾透了。三年前，美國的馬歇爾將軍來華調停國共衝突，中共要求拆除膠濟鐵路沿線的碉堡，國民政府堅決拒絕，現在輪到我們動手。破壞碉堡是死罪，每座碉堡前面都掛著牌示，大家摸黑動工，我的後腦勺陣陣發涼，隨時可能背後一聲不許動！回身只見槍口，第二天就死在法場上。但是輪到幹活的時就得幹，誰也不能獨善其身飯來張口。幸虧邊防巡查的部隊貪睡怕苦，打牌喝酒，留給我們一線生機。哀哀父母，你們說過一千遍：犯病的（東西）不吃，犯法的（行為）不做。哀哀天地，你們普降下民作匪作盜，終於輪到我作惡。我至今痛恨自己做過這些事情，我的人生完全失敗了！我也責怪劉安祺，他本來可以使我們不必做這些事情。

解放軍發給我的棉軍服，增添了許多寫文章的材料。「只看衣裳不看人」，別人總以為我是參加了解放軍再逃回來。他們推想，參軍之前要做積極份子，坑害一同被俘的人，參軍之後多多少少對著國軍放過幾槍，他們如何能容納這樣的敗類？我成為他們憎恨的對象，他們用白眼看我，沒人跟我講話，分配工作的時候，多數人拒絕跟我聯手，他們之間若是必須提到我，就說「那個匪兵」。那時國軍還沒有推行整肅清洗，他們對我只能止於歧視，我把心一橫，不屑尋求諒解。（我錯了嗎？）

這套軍服襤褸不堪，抗戰時期，我們稱之為「麻袋裝」，沒想到抗戰勝利四年以後，還有這種衣服，沒想到年光倒流，我又穿這件衣服。我困在城陽大約一個星期，查萬年曆，陰曆節令大約元宵節後，「六九」和「七九」之間，冬天還在當令。那年冬暖，白天好過，膠東半島海風大，夜晚難熬，我這這樣一身衣服，加上食物的熱量不足，單憑一句「春天還會遠嗎」實在挺不住。我們寄宿的農舍也是沒門沒窗，他們壟斷鋪草，佔據「避風港」，我的位置正對房門，風吹進來正面潑在我身上，真箇「一寒涼到骨」！我的胸腔腹腔好像成了冰箱，放出來的屁都成一股寒流，我夜夜咬緊牙關，白天滿口牙根都痛。寒氣由地下冒上來，我根本沒法躺下去，幸虧還有一面破鼓沒人要，我可以坐在鼓上，幸虧有一隻貓沒人發現，牠悄悄挨過來，我把貓抱在懷裡，貼近胸口，牠像輸血一樣把溫度輸進我的心臟裡，我趁此機會打個盹兒。

事後回想，那又是我的「最危險的時候」，只要一場大雪，或者我害一場重感冒，我就得勞動他們到亂葬崗挖一個坑，聽他們一面挖一面咒罵。

按規定我們不能進城，千幸萬幸，當局說過也就算了，並未嚴格執行，竟有人跑到青島市逛了一圈兒。我夜間身體縮成一團，白天天氣好，也想出去舒展一下。我走到縣立中學門外站住，學校永遠是使我沉吟的地方。它立在大路旁邊，圍牆很高很長，大門兩側靠路的這面牆，石灰粉刷，平坦潔白，上面卻密密麻麻寫滿了行人的留言：

祖宗保佑青島見面不見不散
城陽不能待我帶孩子先走了
但願你能看到我留下的這行字謝天謝地

圍牆上密密麻麻。我明白，這些題壁留言的人，城陽是他們從解放區逃出來的第一站，很顯然，他們和親人分頭行動，或者途中和親人離散，他們盼望親人隨後來到，讀了放心，他們盼望彼此之的某些約定能夠實行。那是一個連一根游絲也要抓住的時代，他們在空中留下游絲。

這時，學校大門裡走出一個胖子來，穿著筆挺的中山裝，居然是我中學的國文老師，同時也是訓育主任。他是膠東人，我在《怒目少年》裡仔細寫過他，上國文課的時候，我是他最喜歡的學生，可是談到訓導管理，我是他的一個麻煩，加減乘除，他是寬大的。我上前敬禮，他的表情很難解讀，好像說，怎麼這樣不爭氣，瞧你這副德性！他沒有多講話，把家中的地址告訴了我，（難得啊難得，我穿著一身破舊的軍服呢！）晚上我到他家，吃到一頓飽飯，聽他如何立志教育家鄉子弟。他目前正是縣立中學的教務主任，他說他可以安排學校僱用我，他知道我能用毛筆寫整整齊齊的小楷。（難得啊難得，我穿著一身共軍的制服呢！）聽到我的婉謝，他掏出一塊銀圓給我，難得啊難得，他當天下午才領到薪水呢！我本想跟他要一套舊衣服，消除「匪兵」的形象，只是未免得寸進尺，我把心一橫，沒有開口。（我錯了嗎？）

他的大名叫牛錫嘏，牛老師給的這塊「大頭」，後來發生了極大的作用。一九八六年我向中國大陸尋覓前生，知道牛老師在一九五七年畫為右派，他始終拒絕認罪，他認為抵抗日本侵略、教育青年子弟，都是正正當當的行為。「抗拒從嚴」，他受的折磨比別人多，他一向那樣整潔，連抗戰流亡都衣冠楚楚，奉命下放養豬，跟豬住在同一間屋子裡。像千千萬萬個故事一樣，牛師母也和他離了婚，反革命份子的子女不准讀書，兩個兒子都不識字。牛老師也好容易熬到鄧小平撥亂反正，可是沒多久就去世了！得青島校友張力一之助，我找到牛老師的兒子牛阜生，「阜生」生於安徽阜陽，正是牛老師教我讀書的地方，聽來倍感親切。我寄了一張支票給他，「這是我欠牛老師的債」，阜生收到了錢，不能自己回信。

國共和談的氣氛濃得化不開，南京的國民政府為了向中共表示謀和的誠意，決定就地遣散「來歸官兵」，（又來這一套！）我們面前出現了國防部派來的少將高參，此人形貌猥瑣，大約是掛名吃閒飯的人物，想起國軍多少窩囊「豆瓣醬」，難免有人不順氣。少將的護衛從農家借來一張桌子，少將站在桌子上對我們講話，他說你們抗戰八年，剿共四年，父母妻子倚門而望，現在國防部發路費，你們回家吧！聽他一席話，大家怒火上升，有人立刻怒斥「放屁」，接著有人喊叫「揍他」！許多人一擁齊上，掀翻了桌子，少將跌倒在地，他帶來的護衛一面擋住眾人，一面把他拉起來。

總有老成持重的人出面講理，他才知道我們都有回家的路條，解放軍也發了路費，若是願意回家，根本不來城陽。少將畢竟是少將，他戴上帽子，整整衣服，扈從擺好方桌，他重新登台致詞。他說我親眼看見諸位反共愛國的精神，國家正需要這樣的精神。他說回到青島馬上打電報告國防部，國防部一定會派船接人。

沒幾天，我們登上卡車，駛向青島碼頭。當時口耳相傳，輪船送我們到上海，大家高興，後來知道此乃一句假話。青島擦邊過，只記得街道高高下下，市內整齊清潔。只記得招商局的輪船有粗大的煙囪，分三段漆成三種顏色。我在甲板上遇見瀋陽時期的指導員，他打扮成有錢的商人，棉袍和皮鞋（還有他的臉色）都發亮。我到底替他捉刀寫過文章，我如果開口借錢，他很難拒絕，我把心一橫，算了！他對我總得應付一下，急忙寫了一個紙片給我：「這是我在上海的地址」，匆匆退入客艙。到了上海，我拿著他給我的地址團團轉，找不到門牌，卻遇見了一位天使，絕處逢生。甚麼人說過，「生活」沒有眼睛，「欺騙」是它的導盲犬。幸虧有這個假地址！

好了，我已實現壯志，走完膠濟全程，沿途大小車站五十個，三百四十四公里，大約等於台北到台南。大演奏照例有個尾聲，「來歸官兵」坐在貨艙的艙底，同路人早已坐滿了，我想找「立錐之地」很難，我挨近誰就教我滾開，在他們眼裡，我是仇敵。我只有坐在由貨艙通往甲板的樓梯上，依照規定，樓梯不能坐人，船員來趕我，我賴住不動，他無可奈何。

最後有個小高潮。我坐在樓梯上打盹，一頭栽下來跌到人叢中去了，他們按住我一頓打。這身軍服給了我一些方便，也招來無妄之災，禍福相倚也是一種拉鋸戰，寒來暑往如同患了一場瘧疾。

上海市生死傳奇（上）

由青島到上海，海程四〇八海里（七五六公里），一路風平浪靜。我在艙底打盹，斷斷續續作夢，又夢見自己在空中飛行，肉身沉重，醒來筋骨痠痛，發覺船已停了，甲板上一片靜悄悄，沒有人聲。

我走上甲板察看，只見天氣晴朗，紅日東昇，船停在水中，水色濁黃，岸上有樹木人家，顯然已離開大海，駛入江心。青島上船時，聽到的消息是上海報到，開航以後，船員說實話，他們奉命到安徽安慶第七綏靖區交人，這裡顯然仍在中途。

我不想去安慶，直覺反應此處不宜久留，可是下一步怎麼走？徬徨間只見有人搖著一隻小舢板來賣香菸，我打聽這是甚麼地方，千幸萬幸他聽得懂，他說這是上海，千幸萬幸我也聽得懂。我明白了，押船的官兵為我們布置了一個「水牢」，然後進城遊樂去了！我當機立斷，掏出牛老師給我的那一塊銀元，那是我飢寒交迫中的全部財產，我知道必須罄其所有快刀斬麻。多麼可愛的牛老師！多麼可愛的銀圓！然後，多麼可愛的船夫啊，他立刻收起生意，渡我上岸。那時一九四九年三月，金圓券面臨崩潰，銀圓一元兌換紙券三十萬元，這個數目對他有很大的吸引力。

千幸萬幸沒人看見。上岸後照船夫指示的方向走，經過一些農家，看見田地裡插著東倒西歪的木柱，掛著稀稀落落的鐵絲網，心中納悶，難道這就是防禦工事？這樣的工事怎能抵抗解放軍進攻？一直往前走，掏出指導員留下的地址問路，一直走進中心區最繁榮的地方，兩年零十一個月以前我來過，我還認識它。

指導員指定的那條馬路，一側全是高檔商店，店員看見我走近，急忙拿出幾個零錢來打發，我搖手拒絕，請他們看地址，他們伸手往馬路對面一指。怎麼對面這一邊根本沒有住宅？馬路很長，我由這一頭找到那一頭，再從那一頭找到這一頭，不見目標。好容易攔住一個行人，他懂普通話，他告訴我這裡是上海有名的跑馬廳，根本沒有門牌號碼。我的心往下一沉，可是我不死心，我不能離開這條馬路，這條路是我在大海中的一根救生繩。我仍然沿著馬路尋找，由這一頭找到那一頭，再從那一頭找到這一頭。我想我是瘋了。

後來知道，那時上海警備司令部組織了糾察隊，沿街逮捕散兵游勇，倘若被他們捉到，以我尷尬的裝扮、凶險的經歷，經過他們的安排，我會化成保衛大上海的一滴血。可是我在市區逗留了那麼久，沒碰見糾察隊，（也許他們正在打牌？）我是活在國民黨的缺點裡。（死在共產黨的優點裡？）

萬難設想，我碰見了同事朱少校，如果這是寫小說，讀者一定認為不可能、不合理。「不信書，信運氣」？我是歹命，當命運打盹的時候，我就絕處逢生。

我與朱少校一同在秦皇島兵站辦公，一同在天津被俘，同時釋放，他在俘虜營裡替我用鹽水洗眼消炎，河北一別，我以為再也沒有見面的機會。他的臉色黯淡，那時到處可見精神萎靡的軍人，連續的挫敗消蝕了他們的自信。他第一句話就是告訴我：「上校爺爺」擔任上海軍械總庫的副總庫長，秦皇島的那個軍械庫也來了，設在江灣，可愛的朱少校，他知道我最需要的是甚麼。然後他掏出幾張鈔票給我，我把他的手推回去，他淡然說：「你還是那個脾氣」，像是褒又像是貶，不再勉強。

他甚麼也沒問我，倒是我問他時局怎麼樣，他說「壞透了」。我問他在哪個單位工作，他說他要去安徽安慶，安徽安慶？我真希望他這句話是個謊，倘若果真，一個月後解放軍渡江南下，東南地區國軍全線潰退，朱少校啊你在何方！

奔到江灣軍械庫，先找我的堂弟東才和同學袁自立，他倆都是我在秦皇島從中安排得到工作，劫後重逢，兩人熱情接待。不僅如此，我赫然發現父親也在江灣，蒙他們兩位照料！

這一驚一喜非同小可。淮海戰役發生，父親難以留在浦口，妹妹和弟弟把他接到流亡學校裡去住了些時，跟學生一同吃大鍋飯，學校缺糧，他又到上海投奔堂弟。我能脫離解放區回到父親身邊，對他們每個人來說都是個意外，他倆能在我行蹤不明之後照料我的父親，真是今世難見的高風。

我和父親無言相對，多少該說的話都沒說，多少該問的問題都沒問，多少該流的淚也沒流。我們都知道相逢是個奇蹟，但是也知道只有一個奇蹟不夠，下一個奇蹟更難、更不可能。我們等待更大的痛苦，更深的絕望，因而陷入致命的疲倦之中。

江灣區的位置在長江南岸，靠近吳淞口，水運方便，住宅稀少，適合囤放軍械彈藥，聯勤選中這個地方，用鋁版組合了一望無際的庫房。我的工作是每天登記械彈發出和收進的數目，製作日報表呈報總庫，工作清閒，可是我完全不能寫作，因為我喪失了反芻和想像的能力。

我也不再那麼愛看報紙，我彷彿可以料到以後會發生甚麼事情，人若未卜先知，還需要新聞報導嗎？辦公室裡有一份《新聞天地》周刊，那時正是這份刊物銷量最大、聲望最高的時候，我在江灣只接觸到這一份新聞媒體，我寫這篇文章的時候，從聖約翰大學圖書館找到《新聞天地》合訂本，整理我的回憶。

還記得我到上海不久，代總統李宗仁再派五名代表與中共議和，中共指定代表團四月一日北上，我看到這天出版的《新聞天地》，封面大字標題印著「萬愚！萬愚！」四月一月是西方的愚人節，中共怎麼選了這個好日子，簡直是「痛苦的滑稽」！那時《新聞天地》熱心討論國府「畫江自守」，國共「隔江而治」，它說長江以南沒有共軍，長江號稱「天塹」，有利防守，「反共靠水」，國府尚有完整的海軍。它說國府雖失去東北和華北，白崇禧的大軍尚在湖北，胡宗南的大軍尚在陝西，陳明仁兵團尚在湖南，山西有閻家，甘肅有馬家，加上四川和雲南，國府還有議和的本錢。它說史大林反對解放軍渡江，對毛澤東當然有影響力。美國駐華大使赫爾利和美國總統特使馬歇爾調停國共衝突的時候，中共都堅持組織聯合政府，現在中共可以一償宿願了！這些推斷，可以代表當時江南多少人的希望。

可是這一切都是夢幻泡影。

父親原住北四川路底，有一段時間我每天在北四川路上通勤，看我生命中最後的上海。舊地重來，景光變了多少，怎麼處處有衣冠楚楚的人擺地攤？原來百貨滯銷，公司沒錢發薪，改用產品折價相抵，由員工滿街擺攤求售，居然是日本投降日僑等待遣送的景光。歷史絕不重演，只是往往相似！交臂接踵，多少賣美鈔的小販，手中新鈔刷刷響，多少賣銀元的小販，手裡的銀元叮噹響，那是他們的廣告，他們低著頭沿著人行道不停的走來走去，等顧客找上來，一同躲進小巷裡成交。那時販賣美鈔銀元是死罪，馬路作刑場，就地槍決，我曾撞上行刑的場面。可是不久禁令解除了，又准許人民使用銀元，我情感麻木，理智未泯，這就是法律的「相對性」！書本上說，宣信爵士（James Simpson）是最後一個因盜竊罪而被吊死的人，那麼最後一個上法場的銀元小販是誰？他也該留下名字。三十年後，兩岸政策急轉彎，總有最後一個因「通匪」而判刑的人，總有最後一個因「反革命」而勞改的人，他們應該是重要的新聞人物，讓我們思考法律到底是甚麼。

那時人人買銀元，通貨惡性膨脹，「金圓券」每小時都在貶值，餐館賣酒按碗計算酒錢，第二碗的價錢比第一碗價高，排隊買米，排尾的付出的價錢比排頭貴。坐火車的人發現餐車不斷換價目表，一杯茶去時八萬元，來時十萬元。買一斤米、鈔票的重量超過一斤，銀行收款不數多少張，只數多少綑。信封貼在郵票上，而不是郵票貼在信封上。飯比碗值錢，煤比灶值錢，衣服比人值錢。「騎馬趕不上行市」，「大街過三道，物價跳三跳」，生活矯治猶豫，訓練果斷，人人不留隔夜錢。鄉間交易要鹽不要錢，要草紙不要鈔票。

還記得讀過張恨水的小說《大富國》，人人有一本鈔票簿，每一頁上印著「1」字，付款的時候，自己掏出橡皮圖章蓋數字，圖章上刻著「0」字，你愛蓋幾個零就蓋幾個零。還讀過誰寫的〈李伯大夢〉，李伯打電話，接線生告訴他每分鐘多少錢，通話中間，接線生每分鐘插播進來，告訴他電話費漲了，現在每分鐘多少錢了。算盤本來十三檔，大商店用的算盤加到十七檔，再加到二十一檔，因為交易的款項動輒幾百億幾千億。

那時只見新鈔不見舊鈔，鈔票還沒印好，印製的成本已急速上漲，許多新鈔不能發出，或發出後成為廢紙。我看見兒童用新鈔摺飛機互相投射，狼藉滿地。政府只有拚命印大鈔，小鈔成捆、還有虛幻的重量和體積，三兩張大鈔在手，才令人孤苦悲淒，命薄如紙。最後新疆省銀行發行過時世界最大面額鈔票，每張六十億元，共印製四百八十萬張。二〇〇四年五月十四日，美國一位收藏家展出這張鈔票，電視螢幕上猶足以令人觸目傷心，這一張鈔票已說明多少人蕩盡了家產。

發行金圓券是個駭人的連環騙局，當初說金圓一圓含金 0.22217 盎司，但是並未鑄造硬幣，這是一騙；當局定下比例，以金圓券二億換回法幣六百萬億，這是二騙；本說發行總量二十億，馬上又有「限外發行」，這是三騙；然後乾脆無限制發行，最後發行量超出三十四萬倍，這是四騙。他騙誰，金圓券出籠的那天，聰明狡黠的人立刻去換銀元、買黃金，把金銀埋藏在地下，那效忠政府、信任政策的人，紛紛把黃金美鈔送給銀行兌換新鈔，政府騙了最支持他的人，騙得很無情。那時民不聊生，我和父親的生活當然也十分困難。

亂世傳奇多，這時候五叔忽然來到上海。我曾在上一冊自述《怒目少年》裡詳細敘寫五叔，他是個英勇的抗日軍官，自武漢會戰起，參加多次重大戰役，抗戰後期駐紮雲南，曾參加緬甸的苦戰。他受繼祖母的影響，和我的父親感情不睦，我做流亡學生的時候，他還是兩次匯錢接濟我。

抗戰勝利，國府裁軍，多少軍官降級或失業，五叔所屬的第二軍也改成整編第九師，他本是砲兵營中校營長，立下很多戰功，整編時反而升為上校砲兵指揮官。國共兩軍衝突激烈，眼看要打內戰，五叔反對內戰，毅然辭職。當時國軍將領一片主戰之聲，五叔寫信給「上校爺爺」提出自己的看法，他引用《孫子兵法》：「知敵之可擊而不知吾卒之不可以擊；知敵之可擊，知吾卒之可以擊，而不知地形之不可以戰。」

五叔脫離軍職以後，一度在京滬線上經商，共軍渡江之前，他到上海探望「上校爺爺」，順便約集在上海做難民的本家本族見面。他叮囑必須瞞住我們父子兩個，他離開上海的時候又交代族人傳話給父親：「告訴他我來過。」五叔為甚麼這樣做？我只能有一個解釋，他要傷害我父親。我怎樣描述父親的反應呢？沒有憤怒，沒有悲傷，沒有驚訝，也沒有評論，我不知五叔達到目的了沒有，我無法窺探父親的心靈，他確實傷害了我，聽到消息，我的小腹好像遭人猛擊一拳，隱隱作痛，斷斷續續痛了許多年。五叔匯錢到流亡學校接濟我，並且和父親通信，那是表示對我有期望，上海過門不入，那是表示對我絕望，我連累了父親。從那時起，以後許多年，我們再也不提五叔。我自己暗中納悶：一九四九年，上海，當時已是「人之將死、其言也善」的時候，五叔幹麼還要來這一套？

以後的事情我提前寫在這裡。和談破裂，共軍渡江，五叔一家帶著繼祖母、五姑還有四叔一家逃難，他們經湖南、入廣西，最後逃到雲南。繼祖母在廣西柳州去世，五姑在廣西南寧出嫁。五叔一家和四叔一家在雲南昆明定居。五叔在昆明之南的呈貢弄到一塊地，親自下田耕種，做胼手胝足的農夫，他為了符合「無產階級專政」的要求，努力轉型。

他不知道這種努力完全徒勞，他不知道在「人民民主專政」的體制下，「隱居」是消極抵抗，「隱者」是敵人潛伏蹲點。終於有人檢舉他組織反共救國軍，終於他受審、判刑、交付長期勞動改造。勞動改造驅使政治上毫無價值的人發揮他的經濟價值，同時也寓有教育作用，「曬黑皮，煉紅心，汗水洗掉舊思想」。不幸中之大幸，中共沒有把五叔發回原籍受辱，異鄉的心理壓力畢竟輕一些。五叔沒有惡行，審判他的人也知道「反共救國軍」是欲加之罪，案情雖然嚴重，但只有他一個被告，沒有一兵一卒，也沒有一槍一彈。中共專政雖然嚴苛，好歹也還有些寸短尺長，僅僅判了勞改。昆明的氣候保護了他，種植的作物容易生長，一年到頭幾乎沒有冬天，挨凍和受餓都免了。

但是人生如戲，場地布景有差別，劇本情節有樣板，五嬸和五叔劃清界限，離婚改嫁了，他的子女分散各地，我對住在寧夏銀川的弟弟和住在雲南楚雄的妹妹努力作了一些回報。

在戰場上，中共測驗人可以效忠奉獻到甚麼程度，在勞改營裡，中共測驗人可以忍辱受苦到甚麼程度，兩者都得到十分滿意的答案。不過中共對五叔的思想改造恐怕沒有徹底成功，我看到他刑滿釋放後拍的一張半身照片，肌肉健壯，眼神流露著不明白和不甘心。那時政策上開始平反冤錯假案，他四出奔波申訴，沒有成功。那時海外統戰工作優先，海外關係吃香，他打聽我在台北的地址，希望我能替他申請，無奈我們彼此音訊斷絕。我本來不可能對五叔有任何用處，兩岸新局硬是把我這樣的人抬高，使我能做出根本不可能做到的事情。五叔僥倖，我只有慚愧。

我尊敬五叔的為人，中國大陸對外開放以後，我在紐約開始打聽五叔的消息，他現在需要我，一如我當年需要他，他的投資並沒有落空。第一步，我先和老家蘭陵的族人通信，用「順藤摸瓜」法找到五姑（廣西南寧），又從五姑處找到五叔的大兒子（甘肅銀川），再找到五叔的小女兒（雲南南華）。那時海外華人流行給國內親友寄錢，我也順從時尚。五叔早已去世了，他在小女兒家終其天年，後事也是小女兒和女婿獨力操辦，我對這位小妹妹表示了偏愛。五叔念念不忘平反，我根據他老人家的遺志，找到本族出身的一位老革命王言誠先生。

王言誠和五叔是少年時期的玩伴，他抗戰前參加共產黨，名字改為「田兵」。他是田野詩人，隨軍記者，在劉鄧大軍中有優異表現，內戰結束後調到中央，參與文藝政策的執行。雖然是老革命，始終還有儒家的忠恕之風。文革期間，忠恕之心誤事，貶到貴州省做文聯主任，人脈仍在。蒙他老人家出面運用，以我的名義提出申請，五叔的未了之願得以實現。

五叔的平反是真正的司法平反，雲南省高級人民法院重新開庭宣判，做成刑事判決書，上面寫著五叔晚年幾件重大的事蹟：

一九五六年，以組織反共自救軍罪名被捕。

一九五七年五月三十一日，判處有期徒刑十五年，不服上訴，加判五年，改判為二十年。

一九七六年釋放。

一九九三年五月，原判撤銷，宣告無罪。

我把判決書影印了，寄給五叔的子女們，每人兩份。我希望他們把其中一份交給服務單位的人事部門存檔備查，使他們不再是黑五類反革命的後代。這些弟弟妹妹終有一天發覺這張紙重要。

內戰時期，解放軍非常需要砲兵人才（還有工兵、通信兵和軍醫），五叔即使作戰被俘，也能受到相當的優待。如果及早隨著部隊起義，還會吃香一陣子。五叔反戰，因為內戰是自相殘殺，五叔拒降，因為投降喪失人格氣節，他選擇了「隱」，希望用背脊朝天低面求土贖回自己。這些年，我想來想去，他是個儒家，那年代，國內外一切儒家之徒都沒有好下場，他不能倖免。

五叔一九〇八年四月生於蘭陵，一九八四年一月因腦溢血死於南華，享年七十七歲。一九九六年十二月八日正式營葬，墓地選在雲南呈貢郊外的山坡上。據說蘭陵王氏是由異地移民而來，許多山東人本來世居雲南，因吳三桂反清失敗，遭清廷集體發配山東。據說山東老人病故，家屬在出殯時祝福亡靈「大道西南，一路平安。」意思是魂歸雲南故鄉。五叔安葬雲南，也算是死得其所了罷。

山東青年的艱苦流亡

一九四八年，解放軍在山東戰場上節節勝利，佔領區不斷擴大。那時中共要徹底改造中國社會，對原有的價值標準、生活方式、倫理秩序完全顛覆，而且手段極端激烈，原有的中上層階級難以繼續生存，所以每逢國軍敗退的時候，照例有大批難民跟隨逃亡。這些難民原以為國軍可以收復失地，他們可以重整家園，可是失地越來越多，他們卻沒有能力越逃越遠，他們大多是地主，沒有辦法跟故土永遠隔絕。

在他們逃亡的時候，許多學校也隨著戰局的變化遷出山東，成為流亡學校，孩子們離開父母，另外去過集體生活，他們的父母家庭坐地認命等候解放，他們的學校還能奔向天涯海角。中國人有一個傳統的想法，即使抄家滅門，只要有一個孩子逃出去，這個家庭就有一條根留下來，對祖先有個交代。於是難民家庭紛紛把孩子送進流亡學校，這就是為甚麼山東有那麼多流亡學生。

依王志信、陶英惠合編的《山東流亡學校史》，那時山東省政府在江南一帶成立了三十二所學校，收容學生三萬多人。其後輾轉遷移，山東省教育廳長李泰華，繼任者徐軼千，主任祕書李梅生，加上全體督學，他們千辛萬苦，各校校長更是歷盡艱險。

父親住在徐州的時候，有人介紹他到鄉下農家去教家館，也就是私塾。父親知道資訊重要，每逢星期天進城打聽新聞，他聽說山東省政府在江蘇宜興成立「海岱中學」，收容魯南魯西的流亡學生，決定把弟弟妹妹送進去讀書。那時妹妹和弟弟都沒讀過中學，資格不合，父親步行北上到嶧縣，拜訪嶧縣中學校長宋東甫，請他證明弟弟妹妹都是嶧縣中學的學生。徐州到嶧縣大約七十公里，父親從這條路逃出家鄉，現在又走回去，一路上只見屍體，不見行人，村莊裡有槍聲，沒有炊煙，共軍、國軍或還鄉團都可能殺死他。他老人家一向行為謹慎，為了子女，這是他平生最大的冒險。

父親是個守舊的鄉紳，嚴厲而沉默，平時和兒女沒有甚麼溝通，更不相信「以鼓勵代替責難」之類的誡條，用今天的標準衡量，他有許多缺點。但是他的道德勇氣也是從舊環境舊人生觀培養出來，他在激湍中堅定的撐著一艘又小又破的船，沒有幫手，只有載重，他有高度的毅力和責任心，臨難應變，大勇大怯，能屈能伸。

宋校長慨然答應父親的請求，他是一個有遠見的教育家，相信年輕人「讀書便佳」。他不久就率領嶧縣中學師生南遷，行前擴大招生，帶出來一千多名家鄉子弟，那時山東是全國流亡學生最多的一省，嶧縣則是山東全省流亡學生最多的一縣。宋校長和他的學生加入濟南第四聯合中學，共軍渡江，情況緊急，他帶領師生經湖南廣州到台灣，學校帶出來一部《萬有文庫》，連一本也沒丟掉，他治校的能力可見一斑，學生至今對他感念不忘。

海岱中學校長先為馬觀海，後為劉洪九。校本部設在江蘇常州，第二分校設在宜興，上海、宜興兩地不遠，中間隔著蘇州。這些地方都在長江南岸，著名的徐蚌會戰（淮海戰役）就在江北一大片土地上進行，那時父親住在長江北岸的浦口，國軍失利，京滬一帶的秩序已經亂了，十五歲的妹妹孤身一人，穿過一群一群散兵和難民，把六十二歲的父親從浦口接到宜興。妹妹去見校長，要求學校暫時收留父親，妹妹還去見宜興縣長，要求縣政府給父親安插工作。平津戰役結束，堂弟東才隨軍械補給庫撤退到上海，妹妹跟他聯絡，要求他暫時照顧父親。這位堂弟答應了，所以父親到了上海，住在江灣。

讀《山東流亡學校史》，據劉朝賢、祁國祥撰文記述，一九四九年四月，解放軍渡江南下，各流亡學校並沒有完善的應變計畫，倉促之間，有些學校陷入解放軍的大包圍圈，無路可逃，有些學校的師生認為走到這一步、流亡學校的人事已盡，今後只有各憑天命。海岱中學校長出差還沒回來，校中無人定奪大計，出走的時機稍縱即逝，海岱中學校本部教務主任單一之對學生振臂一呼：「誰願意走？跟著我！」八十幾個人站到他的身邊來，我的弟弟妹妹都在其中，第三分校訓導主任王遜卿來了，他決定走，學生兩百人緊隨不捨。人在這個時候是孤獨的，十幾歲的孩子只有自己作出決定，自己負擔後果。

這時南京不守，上海保衛戰開始，由宜興到上海的路斷了。他們繞了一個大圈子，上海在他們東邊，他們不向東走，向南走，經過五晝夜奔波，到達杭州。海岱中學原有師生兩千七百人，杭州集合只剩下六百多人，這時杭州已是空城。

單一之、王遜卿兩位老師再一次追問：大家誰願意繼續往前走？有些學生意志動搖，有些學生實在走不動，他們離開杭州的時候，只有兩百多個男女學生一同上路，我的弟弟妹妹仍在其中。他們繞道蕭山、紹興、餘姚、寧波，冒險前進，砲聲中進入上海市。一路快跑慢跑都在「真空地帶」，他們經過村莊，國軍剛剛退走，他們離開村莊，共軍跟著進來，這才明白甚麼叫「勢如破竹」，用刀劈竹子，刀刃未到，竹已裂開，解放軍未到，村鎮城市已經解放了。那年弟弟十三歲，妹妹十五歲，年齡那麼小，他們怎麼能走過來，他們餓了吃甚麼，渴了喝甚麼，累了怎麼休息，夜裡怎麼睡，萬一病了怎麼辦，他們怎麼能不掉隊，掉了隊落了單怎麼還能找到路，我不敢想也不敢問，他們對這一段經歷永遠永遠不能忘記。

海岱中學師生兩百多人五月八日到上海，當天晚上，弟弟妹妹來江灣見面。那時我逃到上海大約四十天，通貨膨脹的壓力沉重，我和父親度日十分拮据，口袋裡的錢只夠請他們在路邊攤喝開水吃燒餅。弟弟和妹妹長大了，還不夠大，需要有人布置環境供他們順利成長，共軍渡江，流亡學生星散，他們能通過百分之九十的淘汰率，奮勇出線，也許在心理上、在下意識裡，上海還有一個哥哥做了無形的牽引吧，但是我能做甚麼，「與君一世為兄弟，只是相逢在道旁！」

我是流亡學生過來人，知道弟弟妹妹多麼需要零用錢。我穿著解放軍士兵的「麻袋裝」到江灣，連一根皮帶也沒有，腰裡捆著繩子，上海難民區有蘭陵王族二十多家，沒人請我喝過一杯開水。軍情緊急，上海隨時可以失陷，銀行已停止貸款，商家巳拒收期票，我如何能向同事借錢？我任他們空手而來，空手而去，我雖然麻木了，仍然覺得羞愧，比我在青島外圍收容所裡偷雞摸狗更羞愧。我只能暗中思想，以後，如果還有以後，我再努力補償。

短短十六年，中國出現三代流亡學生，短短十二年，我家出現兩代流亡學生。我以第二代流亡學生看第三代流亡學生，弟弟出生對我十分重要，父親一生惟謹慎，他有了第二個兒子才敢放走第一個兒子。他老人家的規畫沒有錯，只可恨從第一個兒子流亡到第二個兒子流亡，命運給的時間太短了，我想我們是在張皇失措中挫傷了心靈，以後許多年，我們都不懂得怎樣使別人快樂，也不懂得怎樣使自己快樂。

單、王兩位老師求見指揮上海戰役的湯恩伯，湯將軍馬上接見，也馬上給他們調度船位。五月十九日，他們在機槍聲中駛入大海，前往台灣，這時是上海失守前七天，普通人等乘船已不可能。抗戰時期，湯恩伯辦過流亡學校，他有觀念，知道學生重要，「任何一層地獄裡都有天使！」可是這些流亡學生到了廣州，想去台灣，坐鎮台灣的陳誠就另是一副面孔了。

放眼看山東流亡學校的大流，煙台聯合中學才是高潮。山東學生離鄉流亡有兩個出口，一條路南下到江蘇徐州，一條路東進到青島，青島是山東全境最後的孤島，青島撤退前，省政府把流亡學生兩千多人送往上海，成立煙台聯合中學。

煙台聯合中學由五所學校合成，其中兩位校長爭著做總校長，相持不下，教育廳決定另外請一位更有聲望、更有能力的教育家出山擺平，以免組織的裂縫擴大，他們想到張敏之。

據〈煙台聯中師生罹難紀要〉張敏之先生年譜，他是山東牟平人，復旦大學畢業。他從二十六歲起即擔任教育工作，三十一歲出任山東第六聯合中學校長，有率領千餘師生遷出戰地的經驗。李仙洲將軍成立流亡學校（國立第二十二中學），聘他為教務主任，他三十五歲。山東省政府成立流亡學校（山東第一臨時中學），聘他擔任校長，他三十六歲。抗戰勝利，共軍擴充解放區，張敏之又率領第一臨時中學師生走避徐州，希望遷回山東。他在戰爭威脅下一面流動一面推行正常教育，校風和教學成績都是一等一。

抗戰時期，風聞山東省教育界有一「共識」，抗戰勝利，第一臨時中學當然就是山東省立山東中學，校址當然設在濟南。可是爆竹一聲勝利了，收復區發生政治利益分配的問題，連學校的校址也成為籌碼，張敏之到了徐州，才知道「省立山東中學」已在濟南成立，他一怒辭職，跑到青島市政府去做參事。

山東省教育廳主任祕書李梅生對我談起張敏之，一九四八年十一月，山東省教育廳長李泰華為煙台聯中物色校長，惟恐張敏之心中尚有「前嫌」，不肯答應。李梅生認為張敏之是個肯做事的人，青島市政府的那個參事是個閒差，他不會戀棧，如果他知道這裡有兩千多名山東子弟需要他，他的使命感會超過一切。

可不是？電報打過去，人立刻飛過來。他十一月十五日帶隊出發，半個月後、也就是次年一月，煙台聯中在湖南開學，這時張校長四十二歲。

張校長真的跳了火坑，國軍守不住江南，他把學生帶到台灣澎湖，山東流亡學生到澎湖者約八千人，澎湖軍方硬把五千多男生編入野戰部隊，各校推張敏之為總代表，為學生受教育的權益力爭，澎湖軍方為他量身定做了一個「煙台聯中匪諜組織」，置他和分校長鄒鑑等七人於死地。而今而後，談教育史必定談到流亡學生，談流亡學生必定談到山東，談山東流亡學生必定談到張敏之、鄒鑑，談張、鄒兩位校長必定談到煙台聯合中學，先烈之血，教育之花。我常想，如果他留在青島做他的參事，七個月後青島也撤退了，他到台灣弄個中學校長幹諒也不難，那些年，在台灣當中學校長是很舒服的差事。可是「他是一個肯做事的人」，老天這樣對待他！難怪那是一個無神論的時代。

張敏之校長就職四個半月，解放軍渡江南下，各路流亡學生倉皇向廣州集中，「地經七省，跋涉萬里」（陳子雷語），三萬流亡青年經過疾病的篩減，恐懼的篩減，飢餓的篩減，懷鄉病的篩減，多少人陷入解放軍的包圍圈，那也是一種篩減。最後還有大約一萬人奔到廣州，那已是一九四九年六月，上海已經失守。

那時山窮水盡，中國大陸勢將沒有他們的容身之地，可是在國民政府眼中，這些人應該是非常難得的「餘數」，如果國民政府還有價值標準的話，這些人應該是千挑萬選的精金美玉。各校校長天天開會，天天奔走請願，要求國民政府把全體師生接到台灣，居然很難，很難。

那時台灣由陳誠當家，他禁止學生入境，除非學生先當兵。政治大學和國民黨淵源極深，陳誠拒絕他們的申請，他們只好退到四川。教育部青年輔導委員會要在台灣設立台灣辦事處，竟然也辦不到。我手邊有長白師範學院學生楊道淮的《流亡學生日記》，海軍擅自把他們由海南島送到澎湖，陳誠大發雷霆，他們的院長奔走交涉，受盡委屈，最後還是必須把學生送進青年訓練團。

內戰發生前後，全國各地不斷發生學潮，學生的口號和行動幾乎都是配合中共的鬥爭路線，學潮成了中共的戰術工具。國民政府處理學潮焦頭爛額，既喪失顏面又消耗元氣，多少軍政要人對學生的看法情緒化了，陳誠不但把學生當作禍水，就他拒絕教育部的青年輔導委員會設立辦事處來看，簡直把教育看成亂源，可以說是這種情緒的代表，他「虐待」現在看得見的學生，當作是懲罰以前鬧學潮的學生。後來澎湖軍方對山東流亡學生打壓摧殘，特務和軍隊聯手構陷，手段毒辣，恐怕也都同樣出於「情緒失常」。

那時秦德純來到廣州，他是軍界前輩，以國防部次長兼山東省主席，他和陳誠對話，打開了流亡學校的申訴之門。聰明人想出一條妙計：山東的流亡學生不入台灣本島，只到澎湖，而澎湖島事實上是台灣的一部分。澎湖防衛司令部負責收容這些學生，十七歲以上的男生文武雙修，半天受戰鬥兵訓練，半天受中學教育，如果解放軍打過來，這些青年拿起槍桿進戰壕，如果太平無事，這些青年將來拿著文憑去考大學，這批流亡學生既是兵也還是學生。另外軍方成立「澎湖防衛司令部子弟學校」，供女生和十七歲以下的男生讀書，陳誠的意志貫徹了，山東人的要求也沒落空。

無論如何這是把學生送進軍隊，軍隊怎樣對待學生，老師們平素都有所見所聞，但是除此之外再也沒有別的辦法。這時一個幻覺出現了，日暮窮途的人靠幻覺支持。澎湖防衛司令李振清也是山東人，而且他的另一個名字也叫李仙洲，山東人稱為「小李仙洲」。抗戰時期，「大李仙洲」收容山東的流亡青年，教育的目標也曾以文武合一為名，實際上卻是偃武修文，「大李仙洲」雖是軍人，他對流亡學生的培育呵護儼然有大學校長之風，那個叫大李仙洲的山東人可靠，這個叫小李仙洲的山東人也應該可靠，於是大家由無可奈何變成心安理得，登上輪船。山東流亡學生原有三萬多人，廣州集結一萬多人，登船去澎湖者八千多人。

大難來時各自飛，怎麼飛也飛不出苦難的網羅。那年代事情總是向壞的一面發展，澎湖防衛司令部把五千多名學生強迫編入步兵團，「文武雙修」根本是個騙局，騙局！學生抗議，他們暗殺學生，校長抗議，他們槍斃校長，這個「白色恐怖第一大案」在台灣發生，我的下一本回憶錄寫台灣歲月，勢必有個下回分解。大李仙洲做夢也沒想到，他留下信用，小李仙洲的幹部拿去惡性倒閉，「每一層天堂裡都有一個魔鬼！」天下事誰能先知，善因常結惡果，休怪我也有過無神論時代。

這一群流亡學生雖然再經過消磨折損，還是出了許多人才。張敏之校長夫人王培五女士在特務監管、親友疏離、生活貧困之中，把兒女教養成國際知名的學人，她並且在回憶錄《十字架上的校長》裡，縷述山東流亡學生日後的成就，計有將級軍官近百人，佼佼者如國防部副部長王文燮，海巡部司令王若愚，陸軍總司令李禎林。

文教界多人，佼佼者如政大校長歐陽勛，中央研究院院士張玉法，近代史研究所研究員陶英惠、呂實強、張存武，中華經濟研究院院長于宗先，國民黨黨史會主委李雲漢。台大文學院長朱炎，台大教授孫同勛、韓復智。文化大學史學系主任馬先醒，政大教授李瞻、楊懋春、徐炳憲、姜占魁，花蓮師範學院校長鮑家聰，師大視聽教育館館長陳永昭。

政界學界兩棲人物，佼佼者如台大校長、國防部長孫震，台大教授、考試院祕書長王曾才，內政部主任祕書莊惠鼎。

警界出身的佼佼者，如警政署長顏世錫，出入境管理局副局長劉蓬春，警務處長于春艷，營建署長潘禮門。

藝文界人士也極多，眾人熟知者有小說家朱西甯，編劇家張永祥、趙琦彬，畫家于兆漪。科學方面有核子專家莫瑋，昆蟲學家程華，太空醫學中心主任王文景，三軍總醫院副院長杜方等多人。

這麼長的一串名字，證明當初禁止流亡學生入台，決策人犯了大錯。不僅如此，這一串名單也提醒我們，人在壓抑之下、憂患之中，仍然要勇猛精進。澎湖的生活一言難盡，吃不飽，穿不暖，挨打受罵，冒着強勁的海風翻山越嶺，修路築碉，時時準備橫屍海灘，保衛台灣，正如某政論家所說，政府對他們「待之不如牛馬，所望有過於聖賢」。他們依然立志，依然進修，絕不自暴自棄，壓傷的蘆葦自己不肯折斷，將殘的燈火那是自己熄滅。天助人助者，人助自助者，這群流亡學生無論成就大小，知名度高低，都成社會上的有用之材，「苦其心志，餓其體膚，空乏其身，動心忍性」，都發生了正面的作用，這「八千子弟」是八千個證人，證明咱們受中華文化陶冶的人可以具有這般韌性，青年朋友可以從中尋找大勉勵、大啟發。誰來從青年成長的角度敘述山東第二代流亡學生的歷史？恨我不能。

事後回想，我替「小李仙洲」可惜。一九四九年，澎湖，如果他能培養這批青年，上面這一張耀眼的名單，都是他的學生，其中任何一個人的成就都是他的成就，這一群人對他的感念，足可使他的晚年享到天國的幸福。這張名單上，如果有任何一人不朽，足以使他不朽。在這方面，他的機會比「大李仙洲」好。他無須永久的惡名維持那暫時的軍權，可惜他沒有智慧。

上海生死傳奇（下）

一九四九年四月我在上海的時候，國共內戰未歇，大家仍然幻想和平。那時李宗仁主政謀和，以李宗仁為首的桂系和中共有交情，抗戰期間，桂系人馬常說，國民黨藍色，共產黨紅色，我們桂系是紫色。那時大家的印象是，中共一向主張和平，全是蔣介石要打。

但是中共把李宗仁列為內戰的第二號戰犯（第一號是蔣介石），李宗仁上台努力謀和，中共的電台仍然天天廣播四十三名戰犯名單，要求嚴懲戰犯，沒有緩和的跡象。

本來「戰犯」是國際戰爭才有的罪名，國內戰爭用不上。那時抗戰勝利未久，審判日本戰犯的經過深入人心，中共宣傳家乘勢襲用這個名詞，搶佔正統上風。中共推出的和平條件「八條二十四款」，也是模仿盟軍要求日本「無條件投降」。現在可以讀到張治中的回憶錄，他是國府派出和談的首席代表，一向親共，主和最力，連他也在回憶錄裡說，中共的條件「苛刻」。現在可以讀到毛澤東的談話，他說他故意提出這樣的條件，料定敵人不敢簽字，這樣敵人就要對和談破裂負起責任。

可憐的北方難民，可憐的南方百姓，猶在巴望和平。霹靂一聲，四月廿一日夜間，解放軍在安徽荻港渡江，他們事先挖了一條運河，準備船隻，國軍毫無所知，而渡江前一連三個月，氣象台向解放軍提供天氣風向風力預報，中央地質調查所提供了五萬分之一的地圖。說甚麼「長江無邊，燕子也要飛三天」，說時遲那時快，西起九江，東至江陰，兩天之內，三十萬解放軍全線強渡成功。

那時依我們可憐的、有限的常識推想，江防既已不守，兩軍應在江南決戰。可是國軍紛紛不戰而走，那時報紙使用次數最多的字就是「撤退」，劉汝明在他的回憶錄裡面說，那時國防部命令他在第二線布防，他找不到第一線在哪裡。

後來台灣的歷史教授編寫教科書，把這一連串撤退寫成「不守」。十幾歲的少年學生問老師「你們為甚麼不守」，二十幾歲的青年教員怔住了，無法回答。李宗仁在哥倫比亞大學口述歷史，指責當年蔣介石故意放棄東南的半壁江山，使他無法收拾殘局，今天回顧歷史，他那時想「守」也不成。四月二十一日，江陰要塞投共。二十二日，海軍第二艦隊投共，浦口失守，我想起朱自清寫的〈背影〉。二十三日解放軍佔領南京，南京中央廣播電台有一位女播音員，長於播報新聞，那天晚上九點鐘的廣播新聞仍然由她播出，只是換了不同的立場和口吻。南京是首都，依傳統觀念，首都失守就是「亡國」。安慶也失守了，軍方曾指示潰散官兵都到安慶報到，抓到散兵游勇也送到安慶編訓，安慶顯然是整軍經武的基地，離此一步，他們往哪裡走？我想起朱少校。除此之外，無錫、鎮江、宜興（我的弟弟妹妹讀書的地方啊！）、嘉興、常熟、常州、蘇州，紛紛告「失」。杭州也失守了，那是上海的大後方。解放軍已在陸上三面包圍上海，我頓覺呼吸迫促，氧氣不足。

在那一片撤退聲中，每天晚上，我在那跼促的「蝸居」裡和父親相對，整晚不說一句話，任時間流過，命運逼近。那時我只有「無用的知識」，我坐在父親面前，想到唐詩「千尋鐵索沉江底，一片降幡出石頭」。我也想起《桃花扇》裡的名句：「俺曾見金陵玉殿鶯啼曉，秦淮水榭花開早，誰知道容易冰銷。眼見他起朱樓，眼見他讌賓客，眼見他樓塌了！」我偏愛《桃花扇》裡那首七言排律：「龍鍾閣部啼梅嶺，跋扈將軍譟武昌。九曲河流晴喚渡，千尋江岸夜移防。……南內湯池仍蔓草，東陵輦路又斜陽。全開鎖鑰淮揚泗，難整乾坤左史黃！……」

我回想「插柳學詩」的時候，瘋爺涕泗橫流朗誦「哀江南」。瘋爺安在？《桃花扇》有一折〈沉江〉，劇情是史可法投江自盡，瘋爺也偏愛。他以大清遺民自命，不用中華民國年號，在這個年號之下，他還可以西軒南圃，喝酒罵人，共產黨來了，他逃到徐州，徐州告急，他逃到浦口，浦口不守，他下落不明。八〇年後，我千方百計找到他的女公子，也沒問出究竟，傳說他老人家拒絕渡江南逃，跳進長江去了！

後來我常猜謎：那時，父親心裡想些甚麼呢？上海是父親的舊遊之地，民國十四年、公元一九二五年，父親「宦遊」上海，那時軍閥割據，上海是孫傳芳的地盤。孫傳芳，山東泰安人，他控制福建、浙江、江蘇、安徽、江西五省，自稱五省聯軍總司令，兼任江蘇省督軍。他的總部下設八個處，有四個處長是臨沂同鄉，父親也投奔孫傳芳幕中，擔任祕書，在上海辦公。我見過他早年的照片，儀表稱得上英俊，十里洋場的繁華，他是個過來人。他，二十多年以後，重來上海，淪為衣食不周的難民，沒有說過一句「想當年」。他幾乎沒嘆過一口氣。

民國十五年、西元一九二六年，國民革命軍北伐。民國十六年八月龍潭之役，孫傳芳全軍覆沒，父親只提了一個小小的手提箱回家。都說軍閥時代的官吏和貪汙畫等號，父親的手提箱裡卻裝滿了上等的白紙！我曾寫過一篇〈白紙的故事〉略述其事。

父親讀過山東法政專門學校，所謂「法政」，就是今天的政治經濟，這個學校專門訓練那個時代的官僚。抗戰發生後，他的同學紛紛在淪陷區出任偽政權的官吏，也就是當了漢奸，那時當漢奸是脫貧致富的捷徑，可是父親從來沒動過心。那時偽政權把國民政府設置的專員公署改成「道」，委派「道尹」，臨沂是沂州道，我父親的同班同學來做道尹。我記得有一次，這位道尹坐小轎車經過蘭陵，事先通知八區區長要和我父親見面，區長在歡迎道尹的隊伍裡給父親安排了最好的位置。我記得那天街巷特別安靜，幾乎所有的人都去列隊歡迎道尹，父親卻留在家裡教我讀《荀子・勸學篇》。抗戰勝利時，我家在經濟上已是貧民，論政治成分仍是地主，他帶著未成年的子女離鄉逃亡，困苦顛連，沒有錢的人走不遠，最後來到上海束手無策，很多老人後悔他當年做過的好事，父親從未說過一句「悔不該」。

格言說「小心的人一直後悔」，父親似乎從未後悔。

我說過，父親一向重視資訊，他有個朋友在復旦大學教書，那人是父親通往外界的一扇窗子，惟一的窗子。父親常去找他談時局，我到上海以後也跟著同去。這人的態度還算和氣，他說你來了、父子團聚就好。我們從他那裡得到的，很少是消息，多半是意見。他說，老蔣打算死守上海，守到逐屋巷戰，把上海守成二次大戰時的史大林格勒，倘若那樣，上海市就要遭受很大的破壞。上海人本來很害怕，後來一想，湯恩伯不是能「死守」的人，老蔣把上海交給他，大家就放心了。

他強烈反對內戰，他說：「也許我的一個學生正在向另一個學生開槍。」抗戰勝利後，陳誠揚言六個月內消滅共軍，復旦大學這位「進步人士」就說，國民黨在寫神話。上海保衛戰開始，他說：守，上海是守不住的，逃，你們也逃不掉。他說，其實又何必逃？你換一頂新帽子還有三天不舒服呢，兩星期後就習慣了。談到中共的作風，他認為打天下的人照例不擇手段，一旦打下江山，必定換一個做法，至少至少他要善待及早歸順為他出力的人，所以識時務者為俊傑，逃得越遠，罪孽越重。他介紹一首順口溜：「走不如留，留不如投，晚投不如早投。不留有禍，不投有過，早投沒錯。」

那時民心如此，這位教授的看法代表很多人的想法。保衛上海期間，上海影劇界拒絕勞軍。國民黨辦的中央電影公司撤往台灣，電影廠的一切器材都沒撤出來，員工「護廠」，工人拒絕搬運。人人閉口無言，連鴿子也是沉默的，可是，每天又幾乎可以看見流言從家家門窗裡流出來，里巷成河。你不是希望和平嗎，「結束戰爭最好的方式就是投降」。解放軍圍城，中共的工作人員在市內深入家庭，教婦女扭秧歌，拿南方的圓形枕頭當腰鼓，解放軍入城，立即有萬人秧歌隊出來歡迎。標語畫像也早已準備好，鬧區和大道貼滿。

現在風雨欲來還沒有來，萬木無聲而商店櫃檯上的收音機裡總是有周璇的歌：

五月的風吹在天上
朵朵的雲兒顏色金黃
假如呀雲兒確有知　懂得人間的興亡

上海的確守不住了，我們最後一次去復旦大學，那位教授問我們有甚麼打算，父親表情徬徨，教授說人到上海，回頭是岸。「你想想看，國民黨也壞，共產黨也壞，反正都壞，又何必去跟一個打了敗仗的呢？」他不斷上下打量我，好像代表解放軍看我是個甚麼材料。那時多少人猶豫不決，很像是叔本華說的那個寓言，一頭驢子面前有兩堆草，牠不知道該吃那一堆，結果餓死了。

辭出以後，父親問我的想法，我說：「沒錯，國民黨共產黨都壞，但是國民黨有多壞，我知道，我估量還可以對付，共產黨到底有多壞，我不知道，恐怕對付不了。」父親默然無語。上海不守，我僥幸脫走，而且越走越遠，中國接連發生鎮反，反右，文革，如果我們父子留在大陸上，以我們的性格和背景，縱有九條命也沒法過關。三十年後，中國大陸對外開放，我在紐約結識了幾位中國留學生，他們的家人都在政治運動中受盡陽謀陰謀的折磨，尤其是十年文革。他們問我，當年文藝青年普遍左傾，我何以能作相反的選擇，我把復旦大學的最後對話再說一遍。他們聽了大笑：「現在你該知道共產黨究竟有多壞了吧！」

五月十二日，共軍開始攻打上海，他們手中有上海防衛工事的詳圖。上海南有黃浦江，北有長江，中間由西到東有蘇州河，都是天然防線。軍械庫在蘇州河以北，靠近「上海的脖子」吳淞口，出海方便。解放軍從南部進攻，我們到二十二日聽見砲聲。我完全不知道戰況發展，辦公室裡，每個人都不慌不忙，好像一切如常。到了二十四日這天，我看見每一位同事都袖手閒坐，停止辦公，他們也不談天，辦公室異常寂靜。我發現這天郵差沒來，送報生也沒來，由早晨到中午，電話沒有響過，氣氛詭異。後來知道，這天共軍已越過黃浦江，佔領蘇州河以南。

二十四日這天下午，同事們一個一個減少。中校分庫長沒來上班，少校庫員上午來過、下午不見了。然後是尉官悄悄消失，我看見某上尉往皮帶裡插一把手槍，順手撈起一枝汽槍，大步出門，他抬頭看電線上的小鳥，舉起汽槍射殺了一隻。他怎麼還有這份閒情！到了這個時候，怎麼還不多積一點德！人走光了，空空的辦公室裝滿惶恐，我知道我不能留下，可是我也不知道怎樣離開，軍人在「敵前」擅離職守，也許殺頭！

多年後，我知道有一首樂曲叫〈告別交響曲〉。據說當年某一樂團的團員很想回家過節，可是出錢支持樂團的「老闆」要他們演奏，樂團的指揮特別寫了這個曲子。我也從電視上看見演奏的場面，每隔一段時間，就有一兩個團員放下樂器，退出舞台，最後所有參加演奏的人都走了，只剩下音樂指揮。一九四九年五月二十四日，上海江灣軍械庫辦公室的情景宛然如此，不同的地方是：指揮先退，最後剩下的是我。後來知道此時湯恩伯已退到軍艦上指揮作戰，上海市長陳良已委派工務局長趙祖康代理市長，準備向中共辦理移交，只做了七天市長的趙祖康，後來寫了一篇文章，為上海的「末日」留下速寫。母親常說：「我要你安全，不要你偉大。」她老人家不知道要偉大才有安全，那是「生男埋沒隨百草」的時代，我不去找危險，危險會來找我。

且說那時，軍械庫辦公室門外出現大隊國軍，一個氣宇軒昂的人來到門外，左右隨從打開地圖，聽他東指西畫。他轉頭看見我：「你在這裡幹甚麼？」他朝我的符號看了一眼：「你如果要走，那就趕快離開，如果你還不走，我就永遠不讓你再走。」看樣子他是帶著軍隊來布防，他現在有最高發言權。我能判斷蘇州河以南的陣地不保，江灣已成前線。

好吧，戰地指揮官教我走，我就走，帶著我的父親。此時已是夕陽西下，父親問我：「往哪裡走？有路嗎？」我說：「沒有路也得走。」父親連忙用麵粉口袋裝了一點白米，這是他逃難養成的習慣。他提起米袋，環顧四壁，掉下一滴眼淚，好大一滴淚，只有一滴。我心頭震動，原來父親也有滄桑之感，家國之痛，炎涼之憾。

通往吳淞口的公路上有成群結隊的軍人，路旁多少拋錨的汽車和坦克，東倒西歪。那時故鄉的王氏家族四散奔逃，有二十幾個年輕人逃到上海做難民，「上校爺爺」把他們一一安插在軍械庫的「監護營」裡看守倉庫，領餉吃糧，免受飢寒之苦，我在路上和他們相遇，他們和我一樣，茫茫然往可能有船的地方走。他們有人和妻子訣別，告訴妻子說「你等我兩年」，意思是兩年以後我會回來，如果我不回來、你可以改嫁。妻子慨然回答：「我等你二十年！」那時以為二十年就是天長地久了，誰知這一等就是三十五年。

一路上右方和後方遠處幾處火頭，後來知道國軍燒毀了汽車千輛和機場倉庫裡的物資。眾人走到一處軍用碼頭旁邊停住了，我們也停住，後來知道這個地方叫張華浜，位置鄰近吳淞口，上海市出海的咽喉。眾人怔怔的望著江水，誰也不知道為甚麼要到這裡來，站在這裡有甚麼希望。路已走到盡頭，大海蒼茫，前景遼闊天地一望無盡，但是我們寸步難移。「在家怕鬼，出門怕水」，水是我們的屏障，也是我們的絕路。

暮色變夜色，砲聲震動碼頭，看見砲彈爆炸的火光。海面電光閃閃，海軍軍艦發砲射擊共軍的陣地，掩護國軍撤退。碼頭上堆著無數木箱，沒有閒情推測裡面是甚麼物資，只盼望它能擋砲彈的碎片。來時路在我們腳下騷動，好像隨時可以豎起來，把我們舉高，使我們紛紛滑落落回到原點。以後許多年，我每逢看見「上海撤退」四個字，我就回想這天夜晚的情景，這是撤退嗎？這是逃亡！上將先逃，以後按官階高低、職權大小，分成梯次脫逃，上帝遺棄了將軍，將軍遺棄了下級官兵。

後來知道，這天夜裡，蘇州河以南地區完全失守，負責守河的五十一軍連夜開會，商討起義投共。說時快那時慢，就在守軍「找關係」向中共輸誠的時候，張華浜海面駛來一艘船，起初我以為是幻覺，可是看眾人的反應，證明那是事實。船緩緩靠岸，甲板上已經坐滿了軍人，它分明剛剛離開上海，為甚麼去而復返？這個偉大的謎、慈悲的謎，至今沒人解得開。船離碼頭還有兩三英尺遠，岸邊的人就往船上衝，大家都是軍人，個個跳過木馬。守船的部隊也有準備，舷邊甲板上站了一排強壯的士兵，你衝上來，他把你推下去，接二連三有人掉進江裡，我聽見類似下餃子的聲音。還是有很多人往上衝，到了這般時分，你就是銅牆鐵壁，也要來個魚死網破。

輪船趕緊後退，離碼頭更遠一些，守船的軍隊開槍鎮壓，子彈從我們頭上掠過。人群稍稍安靜下來，據說岸上的高級軍官和船上的高級軍官展開協商。大概協商有了結果，由船舷到碼頭架上一條長長的木板，好像一座獨木橋，我們可以從木板上走過去。可是又有變數，甲板上早已坐滿了官兵，他們本來已經脫離戰場，又要回來冒這莫名其妙的險，簡直火冒三尺。更何況摸黑上船的人可能踩著他們的腿，踢著他們的頭。第二波推擠出現，先上船的人朝船外推後上船的人，船外就是江水。

我緊緊抓住父親，我們裹在人流裡，父親跨上甲板，我的身體猛烈震盪，站立不穩，撒手下墜。我絕望中伸出一臂，幸而勾住了欄杆。我聽見父親低聲喚我。可憐當初在新兵連咬牙切齒練過的單槓有了用處，我慢慢把身體舉上來，這時候最怕有人再推我，這是我的最後關頭。甲板上有隻手拉了我一把，我轉危為安，那天晚上這一推一拉，我歷盡生死禍福。我們擠上甲板，只能在靠近碼頭的一邊就地插針，以致船身開始傾斜，守船官兵再度開槍驅退碼頭上的人群，輪船急忙開入江心，駛向大海。天亮以後，我發現父親是甲板上僅見的老人。我們周圍都是憤憤的臉色。我小聲探問昨天晚上是誰拉了我一把，居然沒人回應，咳，他大概要避免觸犯眾怒吧，我想結一個生死之交念頭落空。

許多年後，我看電影《滾滾紅塵》，這部戲因三毛編劇而知名，因第一次把漢奸塑造成正面人物而引起討論。這部戲裡有一九四九年五月上海撤退的場面，一切如我親身經歷。但是我得指出，那天晚上，張華浜碼頭只有軍人，沒有平民。國軍撤退，一向受難民拖累，到上海撤退的時候，上海的老百姓看清局勢，沒人再跟著一同顛沛流離。

船上的滋味真好，「苦厭塵沙隨馬足，卻思風浪拍船頭。」我並不知道船往哪裡開，只要開走就好。行走比停留好，道路比房屋好，海水比陸地好，漂浮比沉沒好。三年半我奔波了六千七百公里，累了！而今而後，但願能找到一尺土地可以站著不動，我再也不打算向外邁出一步。

第二天，一九四九年五月二十六日，上海易手。中共史家以解放上海為段落作了一個小結：解放軍以農村起家，費時三年九個月奪得全國城市的百分之五十一（一千零六十一座），然後解放軍僅僅以半年時間，再佔領城市九百五十三座，合計為全國城市總數的百分之九十八。這最後半年，解放軍進展之速，可以想見。

國軍失去上海，時在抗戰勝利、湯恩伯由柳州飛上海接收之後三年零八個月，我經過上海轉往瀋陽之後兩年零十一個月。還得指出，一九二一年七月，中國共產黨第一次全國代表大會在上海租界召開，共產主義在中國萌生，二十八年後，共軍佔領了上海。

此地一為別，正合了後來隱地的詩句：

擁抱我們的人
最後都成為
看不見的背影

參考資料

銘謝各地政協文史委員會出版的文史資料，留下珍貴記述，茲永志各位方志史家芳名於此：

1.《阜陽史話》，第三輯，一九八四年四月，劉奕云。
2.《阜陽史話》，第五輯，一九八五年八月，張樹山／梅良材／岳鎮／王登山。
3.《阜陽史話》，第六輯，一九八六年五月，廖運澤／周世忠。
4.《棗莊名勝古蹟》，一九九一年十二月，王廣才主編。
5.《棗莊文史資料》，第二輯，一九九〇年九月，邵劍秋／童邱龍。
6.《臨沂文史資料》，第二輯，魏賓／陳常進／王澎／吳仲賢／李澤鈞／沈林甫。
7.《臨沂文史資料》，第三輯，田玉峰／顧相貞。
8.《臨沂文史資料》，第四輯，唐士文／田玉峰／鄭慎。

9.《臨沂文史資料》，第五輯，一九八六年四月，唐毓光／唐士文。
10.《蒼山文史資料》，第一輯，一九八三年四月，黨史辦公室／張文明／劉廷堯／郭懷欽／李學忠／王善才。
11.《蒼山文史資料》，第二輯，一九八三年十二月，王伯華／靳耀南／秦澤甫／魏玉華／周志誠／田兵／戎相見。
12.《蒼山文史資料》，第三輯，一九八四年十一月，王子通／張文強。
13.《蒼山文史資料》，第四輯，一九八五年十一月，王玉璞／狄井薌／王慶祥。
14.《蒼山文史資料》，第七輯，一九九一年二月，田兵／靳耀南／王玉久／異石。
15.《河南文史資料》，第二十五輯，一九八八年二月，楊廷貞／王國謨。
16.《河南文史資料》，第三十三輯，一九九〇年二月，王凌云／陳浴春／別炳坤。
17.《峰城文史資料》，第一輯，一九八九年十月，孫業林／席德本。
18.《峰城文史資料》，第二輯，一九九〇年九月，楊傳珍。
19.《峰城文史資料》，第三輯，一九九一年四月，董益錫／苑畔岩。
20.《南京文史集粹》，一九八六年七月，袁辟璋。
21.《南京文史集粹》，第三輯，一九九一年五月，曹藝。

22.《古城風雲錄》，一九八八年三月，宋黎／鄭誠／史香濤／孫海瀾／趙略／佟理／李達一。
23.《蒼山縣志》。
24.《阜陽市志》。
25.《阜陽縣志》。
26.《安康縣志》。
27.《漢陽縣志》。
28.《瀋陽縣志》。
29.《阜陽市志》。
30.《南京市志》。
31.《上海市志》。

文學叢書 561

INK PUBLISHING

關山奪路——王鼎鈞回憶錄四部曲之三

作　　者　王鼎鈞
總 編 輯　初安民
責任編輯　宋敏菁　林家鵬
美術編輯　陳淑美
校　　對　吳美滿　王鼎鈞　宋敏菁　林家鵬

發 行 人　張書銘
出　　版　INK 印刻文學生活雜誌出版股份有限公司
　　　　　新北市中和區建一路249號8樓
　　　　　電話：02-22281626
　　　　　傳真：02-22281598
　　　　　e-mail:ink.book@msa.hinet.net
網　　址　舒讀網 www.inksudu.com.tw

法律顧問　巨鼎博達法律事務所
　　　　　施竣中律師
總 代 理　成陽出版股份有限公司
　　　　　電話：03-3589000（代表號）
　　　　　傳真：03-3556521
郵政劃撥　19785090 印刻文學生活雜誌出版股份有限公司
印　　刷　海王印刷事業股份有限公司

港澳總經銷　泛華發行代理有限公司
地　　址　香港新界將軍澳工業邨駿昌街7號2樓
電　　話　852-2798-2220
傳　　真　852-2796-5471
網　　址　www.gccd.com.hk

出版日期　2018年 5月　　初版
　　　　　2022年 7月 1日 初版二刷
ISBN　978-986-387-229-0

定價　499元

國家圖書館出版品預行編目(CIP)資料

關山奪路——王鼎鈞回憶錄四部曲之三
／王鼎鈞 著. --初版.
--新北市中和區：INK印刻文學，2018. 05
面； 14.8 × 21公分. --（文學叢書；561）
ISBN 978-986-387-229-0（平裝）
1.王鼎鈞 2.回憶錄
783.3886　　107000120

舒讀網